Siegfried Kobelt

Flucht und Rückkehr

Bericht aus dem schlesischen Liegnitz

FRIELING

Die Deutsche Bibliothek – CIP-Einheitsaufnahme
Kobelt, Siegfried:
Flucht und Rückkehr : Bericht aus dem schlesischen Liegnitz /
Siegfried Kobelt. –
Orig.-Ausg., 1. Aufl. –
Berlin : Frieling, 1994
(Frieling – Erinnerungen)
ISBN 3-89009-548-8

Hünefeldzeile 18, D-12247 Berlin-Steglitz
Telefon: 0 30 / 7 74 20 11

ISBN 3-89009-548-8
1. Auflage 1994

Printed in Germany

Meiner Mutter gewidmet

Inhalt

Prolog	9
Die Stadt	12
Flucht	32
Sirgwitz	38
Bünauburg	44
Rückkehr	53
Ankunft	58
Ulica Nowi Swiat 8 (I) (Nikoleistraße)	62
Haynau	76
Ulica Nowi Swiat 8 (II) (Nikoleistraße)	81
Ulica Matejki 2 (Wörther Straße)	96
Ulica Zlotoryska 88 (Goldberger Straße)	141
Breslau-Hundsfeld	203
Endstation Wolperndorf	222
Epilog	235

Prolog

Solange ich zurückdenken kann, bin ich immer und immer wieder gefragt worden: Warum seid ihr am 26. Mai 1945 wieder nach Liegnitz zurückgekehrt, nachdem ihr die Stadt am 9. Februar 1945 fluchtartig verlassen habt? Schlesien fiel doch unter die unter polnischer Verwaltung stehenden deutschen Ostgebiete?

Ja, warum wohl?

Wo wir hingeflüchtet sind, beziehungsweise wo uns das Schicksal hingetragen hatte, war auch nur Deutschland bis 8. Mai 1945. Wir mußten als erste das Sudetenland wieder verlassen, danach folgten die Sudetendeutschen selbst.

Und wohin, wenn man mit seiner Habe von vier Personen auf dem Leiterwagen bei Nacht und Nebel auf der Straße steht? Also nach Hause, etwas anderes kam für uns gar nicht in Frage. Bei uns zu Hause war ja richtiges Deutschland, da sprachen alle nur deutsch. Hatten wir gedacht, weil wir es nicht anders kannten und es uns nicht anders vorstellen konnten. Nicht wie im hingeflüchteten Bünauburg unweit von Tetschen-Bodenbach. Da hatte man gestern noch das NSDAP-Abzeichen am Revers und grüßte stramm mit rechts erhobenem Arm, und am anderen Tag, nach dem Einmarsch der Roten Armee, war man plötzlich Tscheche. Hängt die rot-weiße Fahne mit dem blauen Dreieck aus dem Fenster und wollte absolut kein Deutscher mehr sein.

Wir in Liegnitz waren alle reine Deutsche. So eine Situation wäre bei uns zu Hause undenkbar, dachten wir. Nur wer wußte das alles so genau zum Zeitpunkt unserer Rückkehr? Alle Massenmedien schwiegen. Die Umstände von damals sind mit den heutigen absolut nicht meßbar. Das größte Übel war der völlig fehlende Informationsfluß. Ich bin mir darüber im klaren, daß sich viele, nachdem sie das Buch gelesen haben werden, fragen: Warum haben sie das so gemacht und nicht anders?

Es ist nichts konstruiert. So und nicht anders hat es sich bei uns zugetragen. Aus heutiger Sicht und Ansicht mag man dazu eine völlig andere Meinung haben.

Aber das Geschilderte sind Tatsachen auf der Basis von Wahrheit. Übertrieben dargelegt, waren wir in Liegnitz und die deutschen Ostgebiete im allgemeinen die leidende Pufferzone.

Grenzen waren willkürlich verschoben worden. Es wird über solche Machenschaften noch berichtet werden.

An führenden Positionen saßen nach dem Krieg unqualifizierte, den Machthabern hörige Bürokraten, die Oder, Katzbach und Neiße nicht auseinanderhalten konnten und gar nicht wußten, fließt einer der Flüsse vor ihnen oder hinter ihnen, appellierten aber lautstark für die Oder-Neiße-Friedengrenze.

Wer wußte damals schon, daß der Sieger im Osten seine Grenze ein unbeschreibliches Stück nach Westen verlegt hatte und der dort einheimischen Bevölkerung kein Zurück aus den deutschen Arbeitslagern gestattete? In welcher Zeitung für uns stand das damals? Nirgends! So setzten sich die Menschen bei uns fest. Da war Platz genug. Der überwiegende Teil der geflüchteten Ortsansässigen war nicht zurückgekehrt. In die Städte nicht und auch nicht in die Dörfer. Das bot Platz für eine neue Besiedlung durch Menschen aus dem Osten. Es mußten Jahrzehnte ins Land ziehen, ehe für all diese Umstände untereinander Verständnis aufkam. Für die Betroffenen war es wohl am schwierigsten, Einsicht zu zeigen.

Unrecht und Tragödie der Vertreibung der Deutschen ist ein böses Kapitel Vergangenheit.

Das Unrecht setzt sich nach der Wiedervereinigung im eigenem Land fort. Im Westen unseres Landes wurden die Menschen aus den Ostgebieten für ihr verlorenes Hab und Gut vom Staat entschädigt. Das steht in den neuen Bundesländern noch aus.

Da stellen sich namhafte, gegenwärtige, deutsche Politiker hin und sind der Meinung, daß der Aufschrei der Vergangenheit keine Beachtung verdient. Sicher, wer immer noch da sitzt, wo er immer gesessen hat, kann so reagieren.

Zumal ist man damals, als wir DDR-Boden betreten haben, weitaus rigoroser und rücksichtsloser mit uns verfahren, als es heute bei Nicht-Deutschen der Fall ist. Wir waren bar jeglicher Fürsorge. Aber wir waren eben Opfer der früheren Politik. Wollten wir weiter existieren, mußten wir uns in der neuen Umgebung unterordnen und einfügen, und unser schlesisches Volks- und Brauchtum wurde eingefroren. Das wirtschaftliche Gefälle war damals hier weitaus schlechter als das, wo wir herkamen. Es war einfach schwer belastend.

Um der Wahrheit die Ehre zu geben, mußte ich mit meiner heute 84jährigen Mutter umfangreiche Recherchen betreiben. Der Rückblick in die Vergangenheit riß alte Wunden auf, und da ist seit dem Geschehen fast ein halbes Jahrhundert vergangen.

Zur ortsmäßigen Orientierung standen zwei Stadtpläne von Liegnitz zur Verfügung. Ein deutscher von 1915 und ein polnischer von 1978. Beide sind äußerst lückenhaft. Das hat seinen Grund in zweierlei Hinsicht.

Beim deutschen Stadtplan fehlten die später erst entstandenen Stadtrandsiedlungen, die prominenten Villenviertel in der Nobelgegend der Stadt, die im Dritten Reich erbauten Kasernen an der Peripherie und der Flughafen.

Der polnische Stadtplan von Legnica sieht nicht besser aus – aus strategischen Gründen, was man heute vielleicht in Legnica immer noch selbst bedauert. Er gibt nur Auskunft über das Territorium, welches von Polen bewohnt ist. Es fehlt das gesamte Stadtgebiet mit seinen Straßenzügen, das bis vor kurzen noch von den Siegern bewohnt war, es fehlen auf ihm sämtliche Kasernen am Stadtrand sowie der Flugplatz und das Hauptquartier der Sieger, das ehemalige „Haus der Wehrmacht".

Ein leuchtendes Beispiel für das zerrissene Verhältnis unter den Machthabern. Die Großen haben immer noch das Sagen. Die Sicherheit und Strategie geht dabei über alles Kommunale. Auch ein Stück Nachkriegsgeschichte, eingebettet in undurchschaubare Hinterlassenschaften.

Jetzt, da wir frei sind, kann darüber gesprochen und geschrieben werden. In Wahrheit und nicht irgendwie verschlüsselt.

Offen – so war es! Das war unser Schicksal!

Es war auch ein Stück deutsche Geschichte, deutsche Nachkriegsgeschichte, die das Leben schrieb.

Selbst nachdem wir im September 1950 Liegnitz endgültig und für immer verlassen hatten, waren alte Wunden noch nicht verheilt. Und bis heute sind Narben geblieben. Aber wir wollen lieber mit den Narben in Frieden leben, als alte Wunden wieder aufzureißen. Über das alles wird in dem Nachfolgenden zu berichten scin.

Die Stadt

Der Spätherbst 1944 lag über der Stadt – über unserem Liegnitz. Die Bäume hatten die Blätter abgeworfen, die Tage wurden merklich kühler, und das sechste Kriegsweihnachten stand vor der Tür. Die sonst so ruhige Beamten- und Garnisonstadt mit ihren fast 100 000 Einwohnern war noch stiller geworden. Der totale Krieg hatte alle Tanz- und Vergnügungslokale sowie das Theater schließen lassen.

Nur die fünf Kinos der Stadt zeigten durch Tobis, Bavaria oder Ufa ihre Durchhaltefilme. Viele Kriegsfilme – wo immer die Deutschen siegten. Natürlich alles jugendfrei. Und wir Halbwüchsigen waren begeistert.

Unseren Eltern offerierte man die Stars der vierziger Jahre. Z. Leander röhrte, M. Röck lieferte die Koloraturen mit ihren Beinen, und W. Birgel und W. Fritsch machten unsere Mütter schwach. Ganz stolz war ich, als es mir gelang, mit erst knapp dreizehn Jahren in einen Film ab vierzehn Jahre hineinzukommen. Es herrschte immer großer Andrang, so daß die Kontrolle im „Reichsadler" oft die Übersicht verlor. Der Ring, das Zentrum der Stadt, mit seinen sternförmigen Straßenabgängen in alle Himmelsrichtungen, war immer noch Dreh- und Angelpunkt des Verkehrs. In der Mitte das Alte Rathaus, in dem Gerhard Hauptmann sich als Ehrenbürger in das Goldene Buch der Stadt eingetragen hatte, der Gabeljürge, die kleinen Häuser mit Wachtelkorb und das Theater.

Ringsherum alles Geschäfte. Da war Woolworth, EHP, Eiscafé Gloria, Lebensmittel Raschke, Hotels, Edeka, Kaiser's Kaffee-Geschäft und dann unter den Arkaden Schneiders Wild und Geflügel. Ein großes Geschäft mit vielen Schaufenstern. Und da gegenüber die Peter-und-Paul-Kirche, in der ich getauft wurde, evangelisch, trotz katholischer Mutter.
Im Stadttheater sah ich meine erste Operette „Das Land des Lächelns" von F. Lehar und später dann den „Bettelstudenten" von K. Millöcker mit Prinz Eugen. Wie der dort rein kam, weiß ich allerdings heute auch nicht mehr. Nur sehe ich ihn immer noch deutlich vor mir, hoch oben, vor sich eine steile, breite Treppe, groß, mit hoher Puderperücke, weißen Strümpfen, Schnallenschuhen und glitzernden Wams – einfach heroisch.

Barock-Rathaus von Liegnitz (1737–1741), heute Haus der Kultur von Legnica

Piastenschloß in Liegnitz

Es mußte wohl so sein damals, denn schließlich spielt „Der Bettelstudent" in Polen.

Es folgten Märchen und auch Lustspiele. Ging ich da mit Kindern aus der Nachbarschaft, hatten wir meistens Stehplätze, denn unser Taschengeld war knapp.

Nun war auch das Theater aus. Und niemand hätte geglaubt, nicht nur das es geschlossen worden war, daß in diesem hübschen Stadttheater nie mehr ein deutsches Wort von der Bühne an die Zuschauer gesprochen wird. 1945 zogen die Sieger dort ein und sie bespielten es jahrelang mit ihren „sozialistischen" Schauspielen.

Unsere Stadt war eine Gartenstadt. Die Gu-Ga-Li (Gurken- und Gartenstadt Liegnitz) ist jedem noch in Erinnerung und jedes Jahr gab es die Dahlienschau in der Bergerwiese.

In der Bergerwiese mit ihren langgestreckten Blumenrabatten, ihrem Strauchwerk, ihren lauschigen Plätzchen, hohen Bäumen und den vielen Wasserspielen, ein Steinwurf weit floß die Katzbach, stand ein großer, weiß gestrichener Musikpavillon, ganz aus Holz. Dort fanden im Sommer und bei schönem Wetter jeden Sonntagmorgen Konzerte statt. Man flanierte über die Kieswege oder saß in den zu Gruppen aufgestellten weißen, rustikalen Sesseln und genoß die Musik. Dort traf man Verwandte und Bekannte, man betrieb Konversationen und genoß das Flair der Beamtenstadt.

Ja und die zur Garnison gehörenden Kasernen lagen rings um die Stadt. Sogar einen Flughafen hatte Liegnitz. In dessen Halle war in den dreißiger Jahren ein Zeppelin startklar gemacht worden.

Als wir noch in der Goldberger Straße wohnten, kamen aus der Kaserne von der Siegeshöhe herunter die berittene Kavalleriekapelle bei uns vorbeigezogen. Vorneweg der Kesselpauker auf leicht tänzelnden Pferd mit weißen Handschuhen und eben solchen Pauken rechts und links am Pferd hängend und bestimmte Takt und Rhythmus der ihm hoch zu Roß folgenden Musiker. Ein imposantes Bild – und alles hing an den Fenstern und schaute bis der letzte Reiter außer Sichtweite war.

Zu einer Garnisonstadt gehörte natürlich auch ein „Haus der Wehrmacht" mit seinen Anlagen. Es lag im schönsten Villenviertel der Stadt. Aber darüber zu berichten muß der Zeit nach 1945 überlassen bleiben.

Die Straßenbahnen quälten sich noch durch die engen Straßen und vom Bahnhof bis zum Flughafen fuhr der Gasbus. Ein

Liegnitz: Heringsbuden am Ring, rechts vom Alten Rathaus

fürchterliches Monstrum. So groß wie der Bus war der Aufbau zur Aufnahme vom Gas. Wie konnte es anders sein, alle öffentlichen Verkehrsmittel bedienten Frauen, dazu wurde damals in jedem Wagen bei einem Hängerzug von einer Schaffnerin extra abkassiert. Oft sind wir gelaufen, denn zwanzig Pfennig für eine Fahrt waren damals schon viel Geld.

Wir wohnten in der Friedrichstraße 36 im Erdgeschoß rechts und meine Eltern hatten die Hausmeisterstelle inne. Uff – was mußten wir für Schnee schippen. Wir hatten strenge Winter. Der geschippte Schnee türmte sich hoch auf zwischen Straße und Gehweg. Zum Gaudi von uns Kindern, da wir auf den Spitzen der Schneeberge herumtollten. Damals gab es noch viele Pferdefuhrwerke, die bei uns vorbeizogen in die Kräutereien in die Dänemarkstraße. Die mit eisenbeschlagenen Holzräder der Fuhrwerke knirschten im Schnee, daß man es in der Wohnung vernahm. Ein Warnzeichen für Mutter, daß draußen wieder strenger Frost herrscht.

„Junge, zieh immer nuff hin", sprach's und befreite sich selber von Omas handgehäkelten Bettschuhen. Auch ich hatte als Kind handgestrickte, lange Strümpfe, die an einem Leibchen mit je zwei Gummistrippen angeknöpft wurden. Heute unvorstellbar, aber damals – es wärmte.

Die Friedrichstraße 36 war ein großes Eckhaus, in dem sich die Kolonialwarenhandlung von Ackermann befand. Dazu kam vor der Ecke vor dem Laden ein großer, freier Platz.

Und kein Winter verschonte uns. Mutter mußte in „Bedienung“ – heute würde man sagen „putzen“ –, und ich hatte immer ausgerechnet nachmittags Schule, wenn der meiste Schnee gefallen war. Also hieß es ran! Ja, und da war noch Vater, der nicht im Krieg war, da er durch einen Unfall das linke Bein nicht mehr ganz durchdrücken konnte. Er arbeitete bei der Bahnpost im Drei–Schicht–System. Vater war das Dilemma meiner Kindheit und Jugend – da er immer da war. Wie gut hatten es die anderen Kinder. Alle Väter waren im Krieg und die Kinder tanzten den Müttern auf der Nase herum. Für die vielen Lausbubenstreiche bin ich immer arg gezüchtigt worden. Vaters Gürtel saß da sehr locker. Die anderen Kinder bekamen nur Schelte von den Müttern – zum einen Ohr rein und zum anderen Ohr wieder raus. Und das war's dann. Ich war aber auch überall dabei, trotzdem ich doch ganz genau wußte, war mir blüht. Denn raus kam grundsätzlich alles. Ob es der Versuch der ersten Zigarette war, der Sturz vom Baum durch einen morschen Ast, der Schnitt mit dem Fahrtenmesser entlang der Wade, das Dreieck im neuen Wintermantel, die heimlich umgebundene Krawatte aus Vaters Bestand, nicht gewährte Hilfeleistung für Oma nach einem Waschtag bei uns – immer setzte es eine Tracht Prügel.

Ackermanns wohnten also auf der gleichen Etage links. Fräulein Ackermann führte das Geschäft, ihre Schwägerin Frau Akkermann, den Haushalt. Herr Ackermann war im Krieg und ich tollte mit den Kindern durch die Gegend. Der Junge war etwas jünger als ich und das Mädchen noch klein.

Im Keller befand sich das Lager des Geschäftes. Keine großen Reichtümer zur damaligen Zeit, wie sollte es auch anders sein. Aber eine gestibitzte Salzgurke oder eine Handvoll Sauerkraut aus dem Faß war für uns etwas Köstliches.

Das Geschäft war ein richtiger Tante-Emma-Laden.

So geschwätzig Frauen auch sind, bei Fräulein Ackermann herrschte immer Grabesstille. Wenn nicht gerade jemand kam oder ging und dabei die Tageszeit wünschte oder womöglich noch, wie damals gewünscht, mit erhobenem rechtem Arm grüßte, war absolutes Schweigen. Die Frauen standen da wie Statuen in ihren Kopftüchern, weiten, langen Röcken aus

Liegnitzer Barockportal des Jesuitenkollegs neben der Johanniskirche

Kriegsstoffen – alles grau in grau. Und hinterm Ladentisch hantierte Fräulein Ackermann, warm angezogen, mit Stitzeln, sprich Pulswärmer, mit ihrer abgeknabberten Bleistiftverlängerung, in der wie immer nur ein Bleistiftstummel steckte.

Sie pitzelte an den Lebensmittelkarten der Kunden herum. Fein säuberlich, denn die einzelnen kleinen Abschnitte für Fett, Zucker, Mehl usw. mußten anschließend ordnungsgemäß zur Abgabe auf große Bogen geklebt werden. Und da es unterschiedliche Lebensmittelkarten gab und alles in Dekaden eingeteilt war, kamen recht abwegige Gewichte zusammen, die ja errechnet werden wollten – in Gramm, in Pfund, in Geld. Die Beträge wurden auf irgendein Papier säuberlich untereinander geschrieben und die Endsumme im Kopf ausgerechnet. Es war alles recht langwierig – aber eben treu deutsch geordnet.

Wie überhaupt trotz der großen Kriegswirren bis ans bittere Ende und sei es eben auf Marken, die Ernährung halbwegs gesichert war.

Zum Glück hatten wir Verwandte auf dem Dorf – in Crain. Vaters Schwester mit Familie waren dort Hofeleute beim Grafen von Schweidnitz. Das Dorf war am Ende der Welt und immer nur mit Gewaltmärschen zu erreichen. Mit der Bahn eigentlich nur zwei Stationen bis Wildschütz, aber danach ein guter Fußmarsch von einer Stunde über noch zwei Dörfer. Oder eben mit dem Rad. Nur ich hatte noch kein Rad, trotzdem ich eher radfahren konnte, bevor ich in die Schule kam. Fuhr ich mit den Eltern, wurde für mich aus der Verwandtschaft eins ausgeliehen. Das ging ja noch – aber wenn Vater nicht mit konnte, mußte ich sein Fahrrad nehmen und das hatte doch links diese Gesundheitspedale. Und die Berge, und immer Wind an. Aber was tat man nicht alles für eine Mandel oder ein Schock Eier, die gegen Zerbrechen in mit Häcksel ausgefüllten Schuhkartons transportiert wurden, eine Tüte Mehl, ein Glas vom Schweinschlachten.

Schweinschlachten gab es bis Herbst 1944. Früh wurde die Sau geschlachtet und Mittags war die Wurst fertig. Mutter und einer meiner Onkel aßen mit dem Löffel aus dem großen Trog das Blut ehe es weiter verarbeitet wurde. Ich habe mich geschüttelt. Und überhaupt – wie das roch. Das viele frische Fleisch, wie fett alles war und wie der Wurstkessel dampfte, in dem die dicken Blut- und Leberwürste schwammen. Der Clou war dann am Abend, bevor wir alle wieder zurückfuhren, das gemeinsame Abendessen in der großen Wohnküche, wo auch die Zubereitung der Würste durch den Fleischer stattgefunden hatte. Gemeinsam allerdings nicht eher, bis der Trichinenbeschauer die Sau als gesund befunden hatte.

Nun saß die gesamte, anwesende Verwandtschaft am blank gescheuerten Holztisch rings auf Bänken und Stühlen, bewaffnet mit nur einem Löffel. Auf der Mitte des Tisches stand eine riesige Schüssel Wurstsuppe mit eingebrocktem Brot, in der noch Reste von aufgeplatzter Blut- und Leberwurst schwammen. Jeder bediente sich und löffelte aus der Schüssel bis er satt war. Und genau das war nichts für mich als Stadtjungen. Ich aß nicht mit. Ich saß allein in der Ecke des Sofa und sah dem schmatzenden Treiben nur von weitem zu. Ich hätte keinen Bissen runtergebracht, trotzdem ich sehen konnte, daß es allen schmeckte.

Im Finstren traten wir dann schwer bepackt unseren einstündigen Fußmarsch bis zur Bahnstation Wildschütz an. In den Gehöften kläfften die Hunde, die Ketten des angeschirrten Viehs klirrten, durch die Ritze der oft mangelnden Dorffensterverdunklung drang karges Licht nach außen und überall roch es nach Mist. Vater sagte: „Tief einatmen, das ist gesund“, da ich mich über den Geruch mokierte.

Tante Ida, der Schwester meines Vaters, fiel ein, daß wir vergessen hatten, das Gehirn zu essen. Das wiederum aßen eben nur meine Mutter, besagte Tante Ida und ich. Ja, das fiel Tante Ida noch ein. Aber wer hätte selbst im Herbst 1944 gedacht, als die Lichter des kleinen Dorfes Crain hinter uns verschwanden, daß wir dieses Dorf nie wiedersehen werden?

Tante Ida ihr Mann, Onkel Ernst, verblieb in Liegnitz. Sie selbst und ihre Schwester Mariechen mit Onkel Oswald, gesellten sich im Januar 1945 zum Treck der Crainer Bauern auf die Flucht Richtung Westen ins Ungewisse.

Es sollte fast zehn Jahre dauern, bis wir die Verwandten auf einem kleinen Dorf in der Magdeburger Börde wiedersahen.

Auch die Domäne hatte ihre Opfer bringen müssen. Graf Schweidnitz war gefallen. Ein Auto-Konvoi vom Liegnitzer Haus der Wehrmacht rollte an, um der Gräfin die schreckliche Nachricht zu überbringen und zu kondolieren.

Unser Brot kauften wir beim Bäcker Groß. Mein „Herr“ Vater wünschte immer ein halbes, altbackenes Drei-Pfund-Brot. Zwar war schräg gegenüber der Friedrich-/Ecke Prinzenstraße die

Konditorei und Bäckerei Schnabel. Aber da lag wohl selbst im Krieg die Betonung mehr auf Konditorei. Also mußte ich eine Ecke weiter bis zur Prinzen-/Ecke Wilhelmstraße laufen, wo Bäcker Groß seinen Laden hatte. Er war auch unser Hausbäcker. Damals wurde zwar von den noch zur Verfügung stehenden wenigen Lebensmitteln, gestreckt durch Kartoffeln, von den Hausfrauen die jeweiligen Backwaren selbst zubereitet, aber gebakken wurde grundsätzlich beim Bäcker.

Eines Abends kurz vor Ladenschluß, draußen war es schon dunkel, mußte ich schnell noch Brot holen. Dazu muß gesagt werden, daß in der Wilhelmstraße in nördlicher Richtung viele kriegswichtige Industriegebiete angesiedelt waren. Dahinter kam der Bruch (Brachlandgebiet) einige Bahnstrecken und noch weiter lag das Freibad Nord. Abends und im Finstern war das eine furchteinflößende Gegend.

In den Industrieanlagen arbeiteten sehr viele Fremdarbeiter. Und wie gerade die Tochter vom Bäckermeister Groß mir mein halbes, altbackenes Drei-Pfund-Brot über den etwas erhöhten Glastisch reichen will, öffnet sich die Ladentür und ein Fremdarbeiter tritt herein. „Brot", war das einzige, was er sagen konnte. Ich sehe noch das entsetzte Gesicht der Tochter und flink wie ein Wiesel war ich aus dem Laden. Freilich hatten alle Hunger, auch die Fremdarbeiter. Ob sich die Tochter einen Ruck gegeben hat und dem hungernden Brotbettler seinen Wunsch erfüllt hat, konnte ich durch meine plötzliche Flucht aus dem Laden nicht mehr feststellen.

Wir wohnten – wie damals alle – zur Miete. Unser Hausbesitzer wohnte gegenüber in der Nummer 35 in der ersten Etage und betrieb nebenbei noch eine Versicherung. Ihm gehörten einige Häuser in der Nachbarschaft. So ließ er es sich nicht nehmen, pünktlich jeden ersten im Monat persönlich die Miete von allen Mietern seiner Häuser zu kassieren. Zur Sicherheit nahm er seine Frau mit. Sie war Jüdin und mußte den Stern tragen. Der Stern war am Mantel und damit man ihn nicht so sieht, legte sie galant ein Pelzcape darüber. Auch eine Lösung – wenn auch nur eine vorübergehende. Ihre Tochter hat dann nach 1945 einen polnischen Fleischermeister geheiratet. Sie führte ein gutes Geschäft.

Nordviertel von Liegnitz

Liegnitzer Bergerwiese mit Seerosenteich

Mutter hatte eine Freundin, sie hieß Anni. War ein wenig pummelig, hatte eine kleine Stupsnase und schwarzgefärbte Haare. Sie war die letzte Zeit Kellnerin im Eiskaffee „Gloria" am Ring. An sich war sie immer lustig, fidel und guter Dinge. Der Mann im Krieg und mit Tochter Margot, die in meinem Alter war, ging es mal gut, mal weniger gut – wie das bei Kindern eben so ist. Dazu muß gesagt werden, Mutter rauchte, und – mit Verlaub gesagt – Anni fraß die Zigaretten. Nun war es ja im Krieg so, daß es auch sogenannte Raucherkarten gab, nur eingeteilt in die Geschlechter. Die Herren der Schöpfung bekamen im Monat laut Raucherkarte ein paar Glimmstengel mehr. Vater rauchte natürlich auch. Meistens aus Tabak selbstgedrehte, das verlängerte die Monatsration. Nun weiß ich noch wie heute, Mutter versteckte vor Vater ihre Raucherkarte unter der Matratze. Dort hat er sie eigenartigerweise nie entdeckt.

Anni reichte natürlich mit ihrer Raucherkarte nie, trotzdem sie mit dem Zigarettenhändler Schliwa von der Haynauer Straße gut dran war. Der konnte ihr für so einen Raucherkartenschnipsel mal eine Packung über den Ladentisch schieben, in der zwei oder drei Zigaretten mehr drin waren, als die Karte aussagte. Aber Anni wußte Rat. Nicht umsonst war sie Kellnerin. Sie nahm die Kippen aus den Aschern der „Gloria", pulte sie fein säuberlich auseinander, stopfte den so gewonnenen Tabak in eine Tabakspfeife und qualmte mit Genuß. Es war ein Bild für die Götter, wenn sie abends im Sessel thronte und genüßlich an der Tabakspfeife zog.

Sie ist dann kurz vor uns mit Margot, ihrer Mutter aus Lübben und ihre Tochter aus erster Ehe zu ihrer Schwester nach Dresden. Es ist fraglich, ob sie dort die Bombennacht vom 13. zum 14. Februar überstanden haben.

Hier muß mal vorgegriffen werden, denn ein anderes Schicksal ereilte Herrn Schliwa nach dem Krieg.

Herr und Frau Schliwa, ihres Zeichens Tabakwarenhändler in der besagten Haynauer Straße gegenüber der Ritterakademie, waren auch in Liegnitz verblieben. Sie hatten ihr Domizil über dem Geschäft im gleichen Haus. Soweit hatten sie alles überstanden. Nur das Geschäft war halt zu. Vielleicht hatten sie die Absicht und dachten, nun ist der Krieg zu Ende, jetzt können wir wieder unser Geschäft weiterführen. Höhere Mächte hatten dem einen Riegel vorgeschoben und die Umstände wollten es nicht. Wer konnte das glauben, wer wollte das einsehen, wer

Ritterakademie in Liegnitz

wußte das damals schon? Warum sollte nicht in Liegnitz nach dem Zweiten Weltkrieg wieder rege schlesische Geschäftstätigkeit herrschen? Na und – geraucht wird heute noch! Aber es sollte nicht sein.

Da Geschäftsleute von der Sache her gesellige Menschen sind, fand vor allem Herr Schliwa bald Kontakt zu Händlern polnischen Ursprungs. Deren kamen ja immer mehr nach, na sagen wir jetzt, Legnica. Polen trinken Wodka – und Herr Schliwa sagte nicht nein. Eines nachts blieb er aus. Seine Frau suchte ihn, sie wußte auch wo und fand ihn – erschlagen in einem Hausflur. Er sah sie mit noch offenen Augen an. Sie drückte ihm mit den Fingern der rechten Hand die Augenlider nieder und schaut dabei in den leicht geöffneten Mund. Alle Goldzähne fehlten! Ein Menschenleben für ein paar Goldzähne? Wiegt das die Tat auf? Was ist schon Gold gegen Leben? War's nur das Gold? Wo kein Richter ist, ist auch kein Kläger. Und wie vieles ist noch nicht gerichtet!

Mit einem der ersten Zwangsaussiedlungstransporte verließ Frau Schliwa unsere Heimatstadt. Sie ließ nicht nur Geschäft, Haus und Wohnung zurück, sondern auch ihr Liebstes karg bestattet in kühler Heimaterde. Sie sollte nie wieder Gelegenheit finden, mit ein paar Blumen auf dem Grab ihres Mannes zu gedenken. Aber wir sind ja noch in Liegnitz und das Jahr 1944 neigte sich dem Ende zu.

Nach Abschluß der achten Klasse, so mit ungefähr vierzehn Jahren, wird man am Palmsonntag konfirmiert. Aber man muß zwei Jahre lang den Konfirmationsunterricht besucht haben, um konfirmiert zu werden. Ich habe dazu dreimal angesetzt. Eine ungünstigere Zeit für eine Konfirmation hätte ich mir auch nicht aussuchen können. Ostern 1945 waren theoretisch meine zwei Jahre Konfirmationsunterricht beendet, aber Ostern ist gewöhnlich im April, und da waren wir ja gar nicht mehr in Liegnitz und Anfang Mai brach alles zusammen.

Der altehrwürdige Pastor der Liebfrauenkirche hat sich fast zwei Jahre mächtig mit uns herumärgern müssen. Was waren wir auch für Schlingels, nur Dummheiten im Kopf – und der Herr Pastor hat uns alles verziehen. Ich glaube, er kam noch vor dem lieben Gott.

Der Unterricht fand in der Sakristei der Kirche statt. Wir mußten viel singen und der Herr Pastor blies dazu die Trompete. Ja, wenn er konnte. Wir Jungs hatten nämlich vorher Papierknäule vorn in die Trompete gesteckt. Da konnte der Herr Pastor pusten so viel er wollte, der verstopften Trompete war kein Ton zu entlocken. Oft kam der Herr Pastor mit dem Fahrrad. Nach Hause mußte er aber immer laufen. Wir ließen die Luft aus dem Schlauch entweichen und nahmen die Luftpumpe mit.

Im Winter war die Sakristei nicht geheizt, da mußten wir zum Unterricht in seine Wohnung. Da haben wir uns allerdings recht vernünftig aufgeführt.

Wenn auch in der Zwischenzeit im Osten und im Westen Deutschlands feindliche Truppen eingedrungen waren und viele deutsche Städte durch Bombenhagel in Schutt und Asche lagen, war es bei uns verhältnismäßig ruhig. Kein Fliegeralarm, kein Luftschutzkeller. Wir hatten in der Schule in meiner Klasse Kölner und auch Berliner, die wegen den anhaltenden Luftangriffen bei Verwandten wohnten. Sie erzählten für uns damals unvorstellbar Dinge, von denen wir bis dahin verschont geblieben waren.

Wachtelkorb am Liegnitzer Ring

Nur hatten wir sehr viel Verwundete in der Stadt und weil dadurch das Lazarett und die Krankenhäuser hoffnungslos überfüllt waren, wurde eine Schule nach der anderen zum Lazarett, einschließlich der Turnhallen. Es blieb kaum noch eine Schule zum Unterricht. Der Schulweg wurde immer länger. Man hatte ein Zwei–Schicht–System eingeführt. Eine Woche früh und eine Woche nachmittags Unterricht. Die Stunden wurden verkürzt. Fünfundvierzig Minuten zählten als eine Unterrichtsstunde. Und hatten wir nachmittags Schule, fiel zugunsten des „Dienstes“ als Pimpf Mittwochnachmittag die Schule aus. Da wurden wir gestählt nach dem Motto: Hart wie Stahl, zäh wie Leder und schnell wie ein Windhund.

Na ja, und danach waren auch unsere dienstlichen Obliegenheiten. Geländespiel auf der Siegeshöhe rund um den Mattheushügel, die immer mit Schlägereien untereinander endeten oder mit Marschieren und Singen. Im Winter und bei schlechtem Wetter ging es in leere Klassenzimmer. Zur Unterhaltung wurde mit richtigen Boxhandschuhen geboxt, denn das stählte den Körper.

Es wohnten immer zwei Seelen in meiner Brust, manches machte Spaß, vieles war aber nicht nach meinem Geschmack. So standen wir oft wöchentlich mit der Sammelbüchse an der Ecke und verkauften sinnige Abzeichen oder sammelten fürs Winterhilfswerk. Man fand eigentlich immer eine Beschäftigung für uns im „Dienst“. Anwesenheit war Pflicht. Da gab es absolut keine Entschuldigung, zumal ja dafür alle vierzehn Tage nachmittags die Schule ausfiel.

Als letztes Domizil hatte uns die Grünschule aufgenommen. (Damals hatten alle Schulen ordentliche Namen.) Sie lag gegenüber dem Stadtpark. Es war eine achtklassige Volksschule. Ein Klinkerbau, wie alle Schulen ähnlich, mit langen Korridoren und davon abgehend die Klassenzimmer. Die Turnhalle war angebaut und fügte sich in das Ensemble ein. Sie lag lange Zeit schon ungenützt. Denn für Leibesübungen, wie Sport damals bezeichnet wurde, waren keine Lehrer da, und für so wichtig wurde wiederum das Unterrichtsfach Leibesübungen nicht betrachtet, auf Grund des verkürzten Unterrichtes sowieso. Und so ließ man das Unterrichtsfach einfach wegfallen.

Wir hatten einen riesigen Schulhof.

Die Schule hatte den Namen in der Tat getragen. Sie lag mitten im Grünen. Davor lag der Ziegenteich mit seiner Baude, Richtung Hag eine breite Allee mit Parkanlagen. Ostwärts ein

Stück hin floß die Katzbach, und links davon war die Nepomukbrücke. Eine idyllische Lage.

Wieder einmal im Spätherbst 1944 hatten wir nachmittags Unterricht. Draußen wurde es langsam dunkel, in das Dunkel hinein trat unser Klassenlehrer Krinke. Er war ein alter Frontkämpfer aus dem ersten Weltkrieg, dem oft der Rohrstock lokker saß. Es gab wohl keinen in der Klasse, der den Rohrstock an den Händen oder dem Allerwertesten nicht schon verspürt hatte. Er sah recht traurig aus und hatte einen Zug in seinem Gesichtsausdruck, der uns allen fremd war. Ohne ein Wort der Verständigung untereinander wußten wir, es mußte etwas Entscheidendes passiert sein. Wir durften uns setzen.

Stille – er rang mit sich und rang nach Worten. Für so einen an Erfahrung reichen Pädagogen vorerst unerklärlich. Er sah uns alle lange an, einen nach dem anderen und dann kam die Hiobsbotschaft über seine Lippen. Erst langsam und stokkend, als er sagte: „Die Rote Armee hat im Osten die Oder erreicht, der Schulunterricht kann daher nicht mehr fortgesetzt werden."

Wir wurden blaß! Das war das absolute Aus! Der dicke Heinrich neben mir, mit dem ich die Schulbank teilte, raunte mir leise zu: „Die Russen werden doch nicht bis hier herkommen?" und sah mich dabei fragend an. Ich mußte ihm die Antwort schuldig bleiben. Ich hatte keine und mir würgte es in der Kehle.

Wieviel Schreckliches hatte man uns über die Bolschewisten in Bild und Wort propagiert? Und das sollte nun alles bei uns eintreten? Unvorstellbar!

Das war also das Ende unserer Schulzeit!

Wir bekamen noch die Zeugnishefte ohne Eintragung der Zensuren für das letzte Halbjahr der achten Klasse ausgehändigt. Aber was bedeuteten jetzt schon Zahlen? Ob eine 1 oder eine 5. Ob im Betragen gut oder nur befriedigend stand? Jetzt zählte nur der Mensch!

Wir verließen in gedrückter Stimmung die Schule zum allerletztenmal und traten in der bereits vollends eingetretenen Dunkelheit unseren letzten Schulheimweg an.

Na ja, keine Schule mehr – schön. Immer Freizeit und keine Schulaufgaben mehr. Aber was wird werden?

Nun hatte ich viel freie Zeit und da tut man gelegentlich Dinge, in welcher Situation auch immer, die im Nachgang überlegt, der helle Wahnsinn sind.

Inzwischen hatte sich auch unser Stadtbild gewaltig geändert. Mit der Ruhe war es vorbei. 1944 neigte sich seinem Ende zu und die Front kam immer näher. Pausenlos rollten die Trecks aus dem Osten durch unsere Straßen. Pferdefuhrwerke und zum Teil auch Ochsengespanne, hoch beladen, mit und ohne Planen. Die Bauern hatten ihr Hab und Gut hoch aufgetürmt. Müde schleppten sich die Wagen durch die Straßen unserer Stadt von Ost nach West – nur fort – nur weiter. Es war ein zu Herzen gehender Anblick.

Wir Halbwüchsigen verfolgten das Treiben mit Neugier und der bangen Frage, wird es uns auch so ergehen? Aber den Gedanken drängten wir vorerst weit zurück.

Wieder einmal stand der Winter vor der Tür und ich hatte noch keine Skier. Nur einen Rodelschlitten, bei dem hinten ein Teil der Holme abgebrochen waren und ein Paar Schlittschuhe, sogenannte Schraubendampfer, die mittels einer kleinen Kurbel an den Schuhen befestigt werden. Das kostete manchen Absatz. Aber was soll's, Großonkel war Schuhmachermeister, der reparierte für mich alles, wenn er auch oft maulte.

Ex-Schulfreunde aus der Nachbarschaft rieten mir beim Bannführer vorzusprechen mit der Bitte, aus seinen Reserven ein Paar Skier an mich abzugeben. Nun bin ich im Sternbild des Löwen geboren. An sich gebe ich nicht allzuviel auf Horoskope. Aber schon in jungen Jahren setzte ich durch, was ich wollte. In einer unverschämten Waghalsigkeit, daß ich im Nachhinein über meinen damals zur Schau gestellten Mut heute selbst überrascht bin.

Ich ging in die Höhle des Löwen. Wurde auch empfangen und hatte Gelegenheit, mein Anliegen vorzubringen. Ja, da hatte ich die Rechnung ohne den Wirt gemacht. Umsonst ist nichts. Daran hatte ich in meinem jugendlichen Leichtsinn nicht im entferntesten gedacht. In Aussicht gestellt wurden mir die Skier nur, wenn ich in uneigennützigerweise den Flüchtlingen auf dem Bahnhof helfe. Das tat ich dann auch. Aber die Ereignisse Ende 1944, Anfang 1945 spitzten sich derart zu, daß dabei mein Wunsch nach einem Paar Skiern völlig unterging. Dem Verlangen des Bannführers nach trollte ich zum Bahnhof. Es herrschte ein Tumult ohne gleichen. Alles war verstopft. Viele Züge aus dem Osten endeten hier und da ergoß sich der Menschenstrom die Treppen herunter Richtung Ausgang, da alle glaubten, schon weit genug von zu Hause weg zu sein und bei uns unterzukommen. Aber viele Menschen wollten raus aus der Stadt, oder Weiterreisende zu den Zügen, die neu eingesetzt wieder Richtung Westen fuhren.

Die Fahrkartenkontrolleure in ihren sogenannten Wannen waren machtlos, den Strom der Menschen aufzuhalten, geschweige um Fahrkarten zu kontrollieren. Die Kettenhunde, das waren Soldaten mit vorn einem Blechschild, welches mit einer Kette um den Hals getragen wurde und die ausschließlich nur Uniformierte kontrollieren, wurden erbarmungslos an die Wand gedrückt.

Es herrschte ein Geschrei und Gezeter, ein Puffen und Schubsen, so daß die Weisungen irgendwelcher Ordnungshüter vollkommen untergingen. Und ich mitten drin!

Wo nun helfen? Ich stand erstmals ratlos herum!

Was nun tun? Die aufgebrachten Menschenmassen flößten mir vorerst Angst und Schrecken ein. Gleichzeitig tauchte die Frage in mir auf, warum drängen denn die Menschen alle Richtung Hauptausgang? Da lag zwar der Bahnhofsvorplatz und da gingen alle die noch funktionierenden öffentlichen Nahverkehrsmittel ab, aber es gab doch noch den hinteren Ausgang? Von dort aus hatte man es allerdings etwas weiter zur Elektrischen, so hieß bei uns die Straßenbahn, aber man war erst mal raus aus dem Pulk! Ich als Ortsansässiger wußte das freilich, aber woher sollten das die vielen ortsunkundigen, bedauernswerten Menschenmassen wissen.

Mir schoß es durch den Kopf: Das ist die Lösung!

Und im gleichen Augenblick erkannte ich es als meine heilige Pflicht, mit meinen Ortskenntnissen den aufgebrachten Menschen zu helfen. Ich stürzte mich in die Massen und war sofort umringt von zahllosen Hilfesuchenden. Ich spürte Koffer, Taschen und Kisten im Rücken, Waden und Schenkeln. Aber unverdrossen begann ich meine Ein-Mann-Hilfsaktion. Schnappte ihr die erste, beste Familie, fragte, wohin sie wollten und führte sie geschickt zum hinteren Ausgang und brachte sie zur Elektrischen.

Ich startete meine Hilfsaktionen jetzt immer von dort. Aber es waren nur Bemühungen, das Leid der Menschen konnte ich allein auch nicht mehr mildern.

Der Bahnhof glich einem Inferno. Nachts – wenn es etwas ruhiger geworden war – kam erst das ganze Ausmaß der unglückseligen Menschen zum Erkennen. Überall lagen zurückgelassene Gepäckstücke herum. Koffer, Taschen, Säcke, Beutel, Kartons – als Habe der durchziehenden Flüchtlinge, deren sie sich entledigt hatten. Sei es, daß die Kraft nicht mehr reichte, daß sie sich mehr zugemutet hatten, als sie fortbringen konnten. Nur das Wichtigste, das Leben, galt es in Sicherheit zu bringen.

Nun arbeitete Vater auf der benachbarten Bahnpost und wurde mit den Aufräumungsarbeiten beauftragt. Einen Sack voller verderblicher Lebensmittel brachte er nach Hause. So hatten wir Weihnachten keine Not. Einen Teil davon gab Mutter der Verwandtschaft, wo Kinder waren. So erfüllte der Sack einen guten Zweck und nichts konnte verderben. Es war ein trauriges Weihnachten. Es gab nicht mal einen Tannenbaum. Woher auch? Und zum Jahreswechsel! Was wünscht man sich nicht immer alles für das Neue Jahr? Was gab es bei uns schon zu wünschen in Angesicht der immer näher rückenden Front.

Erst im Januar war diesmal Schnee gefallen. Heftig, aber nur von kurzer Dauer. Wir Kinder hatten schon lange darauf gewartet. Dadurch, daß wir keine Schule mehr hatten, kam doch manchmal Langeweile auf. Da der Traum der Skier ausgeträumt war, mußte der gute alte Schlitten wieder herhalten.

Mein „alter“ Schulfreund, Harald Langer, wohnte mit seiner Mutter ein Stück weiterhin in der Dänemarkstraße. Die Mutter arbeitete in einer dort ansässigen Kräuterei. Harald konnte wunderbar Akkordeon spielen. Er hatte dafür Unterricht und spielte auch in einem Orchester. Wenn er so dasaß, das Akkordeon auf dem Schoß, sah man nur seinen Kopf, die Finger, die gekonnt an den Tasten hantierten und seine langen Beine. Ich war oft bei ihm. Interessant für mich war die Wohnung. Langers hatten noch Gaslicht. Da stand man erst im Finstren. Mit einem Streichholz mußte dann die jeweilige Lampe angesteckt werden.

Wir beschlossen eines Spätnachmittags nach der Siegeshöhe aufzubrechen um zu rodeln. Die Siegeshöhe, ein am Stadtrand gelegenes großes Mischwaldgebiet, war das Eldorado für den Wintersport. Es bot Skifahrern sowie Rodeln für Anfänger und Fortgeschrittene die ideale Piste. Der höchste Punkt und zur Abfahrt bestens geeignet war der Mattheushügel Richtung Bürgerwäldchen. Zu uns gesellte sich noch mehr oder weniger zufällig meine um ein paar Jahre ältere Kusine Marianne. Mit ihr gemeinsam hatte ich schon während meiner Kindheit manchen

Streich unternommen. So zogen wir zu dritt los. Am obersten Punkt der Abfahrtspiste im Waldpark angekommen – kein Mensch weit und breit. Nur die tief verschneiten Bäume schienen uns anzublicken und sich zu fragen, sind die Drei noch zu retten? Wir aber in unserem jugendlichen Übermut schwangen uns auf unseren Schlitten und in toller Fahrt ging es bergab. Wir riefen laut und vernehmlich: „Bahne Frei!!!" Aber es war gar keiner da, der unsere rasante Abfahrt hätte behindern können. Wir schrien nur so zum Jux, weil ja gewöhnlich starker Betrieb auf der Rodelbahn herrschte. Nun gab es ja keinen Lift hinauf. Also mußten wir die ganze Anhöhe wieder hinauf kraxeln. Wieder oben angekommen, noch ein wenig ohne Puste, faszinierte uns der Blick über die verschneiten Dächer der Stadt. Und am Horizont sahen wir, da die sternklare Winternacht eine ausgezeichnete Fernsicht gestattete, einen hellen Feuerschein. Es war ein Bild, das bringt kein Maler zustande.

Es war der Feuerschein der Festung Breslau. Wir in unserem kindlichen Übermut erfreuten uns nur an dem Anblick. An die Auswirkungen dachten wir nicht. Wenn man das heute nachvollzieht, ist es schier unfaßbar. Die Front war in greifbarer Nähe, und wir amüsierten uns abends beim Schlittenfahren. Unsere Eltern genauso arglos. Die wußten, wo wir waren, und kannten aber auf der anderen Seite die Situation. Es gab auch bei unserer Rückkehr zu Hause keinen Ärger, daß wir etwas Verbotenes getan hätten.

Aber das volle Ausmaß des Krieges sollte uns in Kürze erreichen.

Flucht

Der Winter war dieses Jahr kurz und schneereich. Anfang Februar waren die Straßen wieder eis- und schneefrei. Die ersten Einwohner verließen die Stadt. Die meisten mit der Bahn. Die Bauern der umliegenden Dörfer formierten sich zu Trecks. Es gab keine offiziellen Informationen von seiten der Behörden oder sonst was. Gehen konnte wer wollte, Frauen und Kinder zuerst. Es war wie bei einem sinkenden Schiff. Eine planvolle Evakuierung fand nicht statt. Die Empfehlung, sich von der anrückenden Roten Armee in Sicherheit zu bringen, tendierte von den sogenannten Blockwarten.

Fort war gut – aber wohin, das blieb offen und jedem selbst überlassen. Wer nicht gehen wollte, der blieb. In der Stadt kursierten die tollsten Gerüchte. Was glauben?

Mutter lief mit mir zu ihren Geschwistern und zuletzt zur Oma. Alle saßen auf gepackten Koffern. Wollten fort doch wann und wohin wußten sie selbst nicht. Nur fort, nur fort gen Westen – die Russen kommen!

Es gab auch keine Anzeichen der Verteidigung, keine Panzersperren, keine zusätzlichen Schützengräben, keinen Volkssturm. Die Bevölkerung war sich ganz einfach selbst überlassen. Nach und nach schlossen die letzten Geschäfte, denn sie hatten trotz Lebensmittelkarten sowieso nichts mehr zu verkaufen.

Noch verließen einige unfahrplanmäßige Züge die Stadt mit unbekanntem Ziel – nur eins war vorprogrammiert: gen Westen.

Ich kam mit Mutter von Tante Lotte, ihrer Schwester, aber die war mit Sohn Helmut mit unbekanntem Ziel schon über alle Berge. Im gleichen Haus im Erdgeschoß wohnten Sternagels, Omas Schwester mit Mann, dem Schuhmachermeister, hoch betagt. Hatten vergangenes Jahr mit allem katholischen Pomp erst ihre Goldene Hochzeit gefeiert. Sie wollten nach Berlin zu Bekannten. Wie sie waren, fast ohne Gepäck, denn sie hätten aufgrund ihres fortgeschrittenen Alters nichts mehr weiter mitnehmen können.

Als wir wieder aus dem Haus traten Richtung Kristallpalast (Kino) auf der gleichen Straße, um zu Tante Gertrud zu gelangen, hörten wir plötzlich ein starkes Motorengeräusch über uns und gleichzeitig Einschüsse. Wir kamen gar nicht dazu uns in Sicherheit zu bringen, so schnell war der kurze Spuk vorbei. Ich hatte nur den roten Stern auf den Jagdfliegern erkannt. Wo die russischen Tiefflieger auftauchen, ist die Front nicht mehr weit. Es gab auch weder Fliegeralarm noch Entwarnung. Um die Sirenen zu bedienen, war vermutlich auch keiner mehr da. Tante Gertrud, die ältere Schwester meiner Mutter mit ihren drei Kindern wollte nach Radebeul. Dort wohnten die Eltern des Freundes ihrer zweiten Tochter. Auch sie kamen im Mai 1945 wieder nach Liegnitz zurück.

Bei Tante Mariechen in der Moltkestraße sah es nicht anders aus. Der zuständige Blockwart hatte ihr geraten, mit ihren vier Kindern die Stadt zu verlassen. Auf die Frage meiner Tante, wo sie denn mit ihren Kindern hin soll, hatte er nur ein Schulterzucken. Die älteste Tochter war übrigens Marianne von der Schlittenpartie.

Trotz der Situation, so richtig ernst war es uns Kindern damals gar nicht. Meine Tante konnte sich mit ihren vier Kindern keine Reise und keine Ferien leisten. Also faßten die Kinder das als willkommene Abwechslung auf, endlich mal raus aus der altgewohnten Umgebung, um mal die Ferne kennenzulernen.

Durch die Kinder war das Gepäck auf ein Minimum beschrankt. Also wurde alles doppelt und dreifach angezogen. Sogar drei Mützen übereinander mußten dem Jüngsten über den Kopf gestülpt werden. Sie waren alle so dick angezogen, daß sie sich kaum noch bewegen konnten. Dieter mußte in den Sportwagen und Christa dazu, Tante Mariechen schob das völlig überladene Gefährt und brauchte dazu alle Kraft. Ein Glück nur, daß kein Schnee mehr lag. Der Schlitten stand schon als Fluchthilfe im Korridor. Marianne und Erika, das Handgepäck – und ab ging's.

Ich ging mit zum Bahnhof. Wir trennten uns so, als würde in die Ferien gefahren. Welch ein Trugschluß angesichts der immer näherkommenden Front.

Ja, bei uns sah ja alles anders aus. Wir hatten unseren Vater und der mußte nach wie vor jeden Tag seinen Schichtdienst bei der Bahnpost antreten. Also da konnte nicht so ein Blockwart kommen und uns ohne weiteres auffordern, die Stadt zu verlassen.

Plötzlich durchzuckte Mutter ein furchtbarer Gedanke: Oma! Du meine Güte, in dem ganzen Trubel hatte sie ihre eigene

Mutter vergessen. Na ja, ich eigentlich auch. Es war alles ein wenig viel auf einmal. Wir waren das gar nicht gewöhnt. Die ganzen Kriegsjahre ging es verhältnismäßig recht geordnet zu bei uns zu Hause und auch in der Verwandtschaft. Jetzt wurden wir plötzlich von Dingen gefordert, die für uns alle neu waren. Man mußte schnell Entscheidungen treffen. Ob sie dann immer richtig waren, blieb dahingestellt. Also nichts wie in die Nikolaistraße zur Oma. Oma fiel aus allen Wolken. Alle ihre Kinder weg – und keiner hat an sie gedacht. Nun blieben nur noch wir. Na, ich dachte im stillen: Vater und die Oma! Ein Pärchen waren die nie. Für Vater war Oma nur „die Alte". Und sie blieb bei ihm „die Alte" bis sie starb, denn sie wohnte auch so lange bei uns.

Sie hatte eine linksseitige Schüttellähmung und zog auch das linke Bein etwas nach. Da konnte von großem Gepäck keine Rede sein. Ihr Köfferchen stand schon parat. „Hedel", sagte sie zu Mutter, „das Federbett muß auch noch mit, wo soll ich denn sonst schlafen." Ich dachte, Vater wird sich freuen, jetzt haben wir die Oma auf dem Halse.

Vater freute sich zwar nicht, ließ sich aber nichts anmerken. Eins muß man Oma lassen: Trotz ihrer Behinderung hat sie sich tapfer geschlagen und viele, viele Unbill ohne Murren ertragen. Es war oft beachtlich. Schließlich war sie eine Mutter von zwölf Kindern. Allmählich war es spät geworden, als wir mit Oma und ihrer Bagage bei uns ankamen. Vater nahm es wie es war. Der Leiterwagen stand bereit und schnell wurden noch die Fahrräder in den Keller geschafft. (Warum wohl?)

Vater informierte uns, daß heute Nacht der letzte Zug nach dem Westen vom Bahnhof abfährt. Es mußte es ja wissen, er hatte ja durch seinen Dienst beim Bahnpostamt die besten Informationen. Wenn die Informationen stimmen, mag sein, aber wie sich kurz danach herausstellte, stimmten eben in der turbulenten Zeit die besten Informationen nicht. Der Leiterwagen wurde also vollgepackt, das gute alte Stück, jeder Zoll Friedensware. Es ist unwahrscheinlich, was der Leiterwagen uns für gute Dienste geleistet hat und die Kilometer, die wir mit ihm schwer beladen gefahren sind, ohne Reparatur. Vater hatte unser Gefährt so hoch bepackt, daß ich gar nicht mehr darüber hinwegsehen konnte. Schon allein vier Federbetten in Säcken, die lagen obenauf, darunter die Koffer und Kisten mit dem Notwendigsten von jeden von uns.

Los ging die Fuhre durch die finstere Stadt Richtung Bahnhof. Es war die Nacht vom 8. zum 9. Februar 1945.

Am Bahnhof angekommen, herrschte gähnende Leere. Die Fahrkartenschalter waren zu. Die Gepäckannahme hatte geschlossen. Am Verkauf–Kiosk waren die Rolläden unten. Nur die Tür zum menschenleeren Wartesaal stand weit offen. Es roch daraus nach schalem Bier und kaltem Rauch. Überall, wie gesät, in der Hektik der Flucht zurückgelassene Gepäckstücke aller Art.

Stille!

Verhängnisvolle Stille!

Nur wir und der bis obenhin vollgepackte Leiterwagen in der Mitte der Bahnhofsvorhalle. Wir waren ratlos. Scheu sahen wir uns erst um und dann gegenseitig an.

Kein Mensch! Nur wir!

Auf dem Bahnsteig kein Zug, keine Lokomotive, weder Personen- noch Güterwagen.

Auf mich persönlich war der Anblick des völlig verlassenen Bahnhofes doppelt deprimierend. Ich dachte bei mir, wo sind nur die vielen Menschen hin? Ich kannte den Bahnhof doch ganz anders aus meinen vor kurzem noch hilfreichen Tagen. Und nun das! Aber lange blieb keine Zeit zum Überlegen.

Vater war gegangen sich zu erkundigen was nun Sache ist. Der allerletzte Zug war weg. Es traf uns wie ein Kanonenschlag. Es wird auch kein Zug mehr Richtung Westen eingesetzt, weil gar kein Zug und kein Personal mehr da war.

Ob der Hiobsbotschaft wirkte alles recht gespenstisch auf mich. Ich sah im Geiste schon den ersten Spähtrupp der Russen um die Ecke kommen. Vater riß mich aus meinen Gedanken und ich kehrte in die Realität zurück. Er entschied, wir fahren wieder nach Hause. Das war das einzige, das Vernünftigste, was wir tun konnten. Schließlich wäre es sinnlos gewesen, auf dem Bahnhof zu bleiben. Die Straßen nahmen uns wieder auf bis nach der Friedrichstraße 36.

Unser Gefährt ließen wir bepackt im Hausflur stehen. Gern hätten wir uns hingelegt, um etwas zu schlafen, wenn auch der Tag schon graute. Aber wir hatten ja keine Federbetten mehr. Die thronten wohlverpackt in Säcken auf unserem Leiterwagen. Zu allem Hohn schauten uns nur die roten Aufleger aus den Betten entgegen.

Inzwischen dämmerte der Morgen. Es wurde langsam Tag. Wir waren alle vier unschlüssig, was nun unternehmen? Vater entschied schließlich, uns doch ein wenig hinzulegen, so gut es ohne Federbetten eben geht. Mutter öffnete das Fenster, da kamen nämlich gerade Frau Rohproduktenhändlerin Hallmann mit Frau Astrid vom schräg gegenüberliegenden Hinterhaus auf der Straße angelaufen. Und wie es Frauensitte ist, finden die immer ein Gesprächsthema. Wie sie noch so lachen und scherzen zwischen Erdgeschoßfenster und Straße, da kommen zwei Männer angerannt.

„Euch wird gleich das Lachen vergehen, die Russen sind schon bis an der Katzbach", rief der eine laut, daß wir es alle hören konnten. Fort stoben die beiden Frauen, denen der Schreck ob der Fanal genauso in die Glieder gefahren war wie uns. Wir hoch von den Betten. Ohne Verständigung, diesmal war alles klar: Fort, so schnell wie möglich! Aber wohin?

Oma hatte den besten Gedanken, nach Sirgwitz zu Martha. Es war nicht allzuweit, denn Sirgwitz liegt ein paar Kilometer hinter Löwenberg. Aber wir hatten erst mal ein Ziel, das, wie sich kurze Zeit später herausstellte, uns auch nicht viel nützte. Nur es lag westwärts!

Also los!

Wir hatten uns gar keine Zeit mehr genommen, noch einen letzten Blick auf unseren lustig vor sich hinträllernden Kanarienvogel zu werfen. Er freute sich, daß wir alle da waren, und wollte uns mit seinem Gesang unterhalten. Erst wollte ich ihm die Freiheit geben. Aber wo sollte das Tier im Winter hin? So gab ich ihm all sein Futter in das Vogelbauer. Es war wie das Gnadenbrot. War das Futter alle, muß er verhungern. Ist er frei, erfriert er. Es krampfte mir das Herz zusammen. Aber die Angst – die Angst vor den Russen war stärker.

Die Russen kamen im Osten in die Stadt hinein und wir flohen aus der Stadt Richtung Westen. Oma ihr drittes Bein stampfte fest das letzte Mal Liegnitzer Pflaster.

Richtung Goldberg/Löwenberg ging es nur über die Anhöhe der Siegeshöhe. Wir waren nicht allein und nicht die Einzigen. Von allen Straßen kamen die Menschen mit den unterschiedlichsten Gefährten voll beladen. Alte Leute und Kleinkinder waren darunter. Auch Pferde- und Ochsengespanne, hoffnungslos überladen. Die Ochsen mit vom langen Laufen auf asphaltierten Straßen und den damit verbundenen großen Strapazen blutenden Hufen. Die Kutscher feuerten durch Rufen und Schreien und wenn es gar nicht anders ging, mit der Peitsche das Letzte aus den Tieren. Manches Tier blieb auf der Strecke. Sicher auch ein Zeichen von Futtermangel. Aber es gab doch nichts. Weder für Mensch noch Tier. Und da wurde von den Flüchtenden alles aus den Tieren herausgepeitscht.

Zwischendrin zersprengten deutsche Soldaten, teils auf Rädern, etliche hatten noch ein gängiges Motorrad. Losgelöst von ihren Einheiten suchten sie ihr Heil in der Flucht. Zu verteidigen gab es nichts mehr. Die heranrückende Front war stärker, sie überrollte alles. Es war ein Chaos. Ihm auszuweichen half nur der Weg zurück nach vorn. Als wir endlich die Siegeshöhe erklommen hatten, sahen wir rechts und links die Kasernen – leer. Kein deutscher Soldat mehr drin. Ein Stück danach, bei der Gaststätte „Halbe Meile“, kamen Tiefflieger und setzten uns ihre Maschinengewehrsalven nach. Es ging kaum jemand in Deckung, eine gewisse Lethargie hatte sich unter den Menschen breit gemacht. Die Flugzeuge waren aber so schnell wie sie aufgetaucht waren, ebenso schnell verschwunden. Vermutlich war von oben zu erkennen gewesen, daß es sich um flüchtende Bevölkerung handelte und nicht um einen militärischen Konvoi.

Dann ging es weiter bis Goldberg. Mutter sagte sarkastisch: „Räder müssen rollen für den Sieg, nun rollen sie alle!“

Sirgwitz

In Goldberg angekommen, waren wir mit unseren Kräften am Ende. Der zwanzig Kilometer Fußmarsch entlang der Landstraße und das Schieben oder Ziehen des vollgepackten Handwagens bergauf und bergab hatte uns mächtig mitgenommen. Es war für uns alle ungewohnt, ohne Pause so eine Strecke zu laufen. Aber wir hatten die Angst im Nacken und die verlieh uns Flügel. Nun hatten wir durch Oma beim Handwagenschieben keine Unterstützung. Sie hing mehr dran, als daß sie schob. Damit Vater vorn an der Deichsel, nämlich das war es ein unumstrittener Platz, nichts merkte und deswegen keinen Krach schlug, legte ich mich besonders stark ins Zeug.

Dabei war es gerade Oma wieder, die in Goldberg das Heft in der Hand nahm und sich recht respektvoll an Vater wandte. „Paul", sagte sie zu Vater, „bis hierher und nicht weiter. Ich suche uns ein Quartier!"

Das war nun wieder nicht Vaters starke Seite, da war Oma pfiffiger. Es gelang ihr auch tatsächlich uns alle vier für eine Nacht notdürftig bei einer Goldberger Familie unterzubringen. Uns war alles recht. Nur ausstrecken, langlegen und schlafen. Denn am anderen Morgen wollten wir nach dem fast zwanzig Kilometer entfernten Löwenberg und von dort zu Familie Rau nach Sirgwitz.

Ich kannte Sirgwitz schon. Oma war in den letzten großen Ferien mit mir dort gewesen. Es lag fünf Kilometer von Löwenberg in westlicher Richtung. Verkehrsmittel muß es nicht gegeben haben, denn ich kann mich erinnern, schon damals sind wir von Löwenberg nach Sirgwitz gelaufen.

Ein bißchen raffiniert war Oma doch. Ich mußte die ganze Strecke das Gepäck tragen. Sie hatte links ihre Schüttellähmung und rechts ihren Stock, da blieb für sie nur die Handtasche.

Also, Junge, fährst du mit, es kostet nichts. Und ich bin mit gefahren, gut erzogen wie ich war und habe mich abgeschleppt. Sie nahm sowieso immer viel zu viel mit. Wie sich dann beim Auspacken herausstellte, hatte sie sogar ein Talglicht samt emaillierten Leuchter bei sich. Sirgwitz war ein herkömmliches Dorf und Martha Rau, Omas Freundin, war die Wirtin von der „Apfelschenke". Nun ja, eigentlich hatte ich mir in meiner jugendlichen Phantasie unter Lokalitäten dieser Art etwas anderes vorgestellt. Es war ein Fachwerkbau, einstöckig, rechts eine riesige Holzscheune dran, an dem sich ein sehr großer Garten dicht bepflanzt mit Apfelbäumen sämtlicher Sorten, anschloß. Am Haus lag dann weiter vorn, fast an der Straße, der Gemüse- und Blumengarten.

Martha Rau war ein kleines Weiblein, halb Bäuerin, halb Wirtin. War ihrer Statur nicht zuzutrauen war, sie führte die Wirtschaft, die anderen waren nur mit. Da war ihr Sohn Ewald, nicht viel größer als die Mutter. Es hatte eine Verwundung und war daher nicht mehr an der Front. Es war weder Gastwirt noch Bauer und arbeitete beim Landratsamt in Löwenberg. Zu diesem Zweck fuhr er jeden Tag mit einem fürchterlichen Vehikel von Motorrad hin und her. Verheiratet war er auch seit kurzem. Seine Frau war dreizehn Jahre jünger aber dafür einen Kopf größer als er. Sie war recht lustig. Wir mochten uns auf Anhieb.

Wenn man durch die Eingangstür zur Schenke das Haus betrat, lag geradeaus die Küche. Sie war mit allen bäuerlichen Gebrauchsgegenständen ausgestattet und hatte mit einer gut bürgerlichen Küchenausstattung nichts gemein. Die Gerätschaften zum Versorgen der Tiere hatten Vorrang, erst dann kamen im verschwindend kleinen Umfang die gewöhnlichen Küchenutensilien. Rechts führte die Treppe zum Obergeschoß.

Aber links gleich neben der Küchentür lag das Schlimmste – für mich jedenfalls – der Ziegenstall. Eben nur über dem Hausflur durch jene Tür erreichbar. Groß war der Stall an sich nicht, nur groß war der fürchterliche Gestank, der sich beim Öffnen der Tür durch das Haus verbreitete. Das war darauf zurückzuführen, weil der Stall nicht nur Heimstatt von mehreren Ziegen war, sondern dort zu allem Überfluß auch noch ein Ziegenbock sein Dasein fristete.

Oft genug passierte es da, wenn Oma Martha beim Melken der Ziegen war, daß der Bock rebellisch wurde und bei Oma aufsteigen wollte. Das war jedesmal ein Gezeter. Oma Martha schrie aus Leibeskräften: „Der Boock, der Boock spielt wieder verrückt!“

Das Schauspiel wiederholte sich oft. Aber Oma Martha war couragiert. Sie ging immer wieder die Ziegen melken.

Nun war ich ja so ekelig und mochte absolut keine Ziegenmilch trinken. Ich bildete mir ein, sie schmeckt nach Bock. Immer hätte ich da den Geruch des Ziegenbockes in der Nase gehabt. Viele Produkte aus dieser Milch waren die Ernährung der Familie.

Ganz links dann lag die Wirtsstube, die gleich Wohnzimmer war. In der Mitte stand ein Billardtisch. Warum wohl? Ich habe daran nie jemanden spielen sehen. Er füllte den Raum und diente im übertragenen Sinne als Ablage jeglicher Art. Eine kleine Theke, ein paar blankgescheuerte Holztische und ebensolche Bänke an der Wand und ein paar Holzstühle vor den Tischen ergänzten den arg spartanisch ausgestatteten Gastraum. Rechts hinten in der Ecke Anzeichen eines Wohnzimmers, denn dort stand das Sofa und auf dem Tisch davor lag eine Tischdecke. Kamen Gäste, so saßen die vorn und die Familie hinten. Vermutlich hat das für heute fast unvorstellbare zu den damaligen Zeiten keinen gestört – weder Gäste noch Gastwirt. Im Dorf kannte sowieso jeder jeden.

Die Schlafräume lagen oben. Da war man nie allein. Für Gesellschaft sorgten die Mäuse.

Mit der Schwiegertochter habe ich Oma Martha manchen Streich gespielt. Jeden Morgen mußte in dem großen Apfelbaumgarten das Fallobst aufgelesen werden. Aber nur was sich lohnte. Angegangene, recht fleckige und wurmstichige Äpfel blieben liegen, es gab genug. Nun schlich ich mich mit der Schwiegertochter unter die Bäume, und wir drehten alle Äpfel mit der noch schönen und guten Seite nach oben. Ein herrlicher Anblick! Nun kam Oma Martha, hoch erfreut ob diesen Anblickes. Sie bückte sich und begann mit dem Einsammeln der Äpfel. Arg enttäuscht mußte sie feststellen, daß vielleicht nur jeder fünfte oder sechste Apfel eines Bücken überhaupt wert war.

Wir standen derweil versteckt hinter dem Zaun und sahen mit großer Schadenfreude, daß unser Streich gelungen war.

Die Hühner mußten gefüttert werden. Das Gemisch kam in eine eigens dafür vorgesehene Schüssel. Die Vorbereitung fand wie gewöhnlich in der Küche statt. Die Schwiegertochter war damit beschäftigt, alles gut durchzumischen. Neben der Futterschüssel stand rein zufällig eine Flasche ohne Etikett. Ich hatte mal wieder ein wenig Langeweile, stand daneben und sah dem Treiben zu. Da kam mir Wilhelm Busch in den Sinn: Wenn nun in der Flasche Alkohol wäre und wir wurden …

Aber es muß Gedankenübertragung gewesen sein. Schwiegertochter nahm die Flasche zur Hand, sah mich an und fragte: „Soll ich?“ „Na ja – aber wohl nicht alles“, antwortete ich zögernd. Sie nahm eine kleinere Schüssel, füllte sie aus der großen auf und goß ein wenig von der Flüssigkeit darüber. Schon am Geruch erkannte man – es war Schnaps. Sie klemmte sich die große Schüssel links und die kleine Schüssel rechts unter den Arm, um vor dem Haus die Hühner zu rufen. Ich trottete hinterher. Freilich – die Bilder von Wilhelm Busch kannte ich. Aber so etwas in Natura war doch ein Erlebnis besonderer Art. Zum Glück beobachtete uns niemand. Zum Füttern aus der kleinen Schüssel suchten wir immer nur die bestimmten Hühner und den Hahn. Es wäre wohl ein heilloses Durcheinander geworden, hätten wir alle Hühner mit dem schnapsgetränkten Gemisch versorgt. War das lustig anzusehen. Wir saßen auf dem Brunnenrand und amüsierten uns köstlich, wie ein Teil der Hühner und der Hahn langsam ins Torkeln kamen. Beachtlich, wie schnell bei dem Federvieh der Alkohol wirkte.

Bald schloß ich mit einem Mädchen aus der Nachbarschaft Freundschaft. Immer nur mit Älteren, das war auch nichts für die Dauer. Sie zeigte mir das Dorf in allen Einzelheiten und die nähere Umgebung.

Was schaut man als Junge über Flur und Hain? Man nimmt es auf – im Unterbewußtsein. Es war alles flach und ein blühendes Grünen weit und breit. Die Ernte war gerade vorüber in deutschen Landen. Die einheimischen Bauern hatten sie eingebracht für sich und zur Versorgung der Bevölkerung im fünften Kriegsjahr. Es sollte ihre letzte Ernte sein von heimatlicher Scholle. Auch hier war ein Stück Kornkammer Schlesien, die Haupternährungsquelle des Reiches. Die Bauern hatten mit deutschem Fug und Recht ihre Arbeit getan. Sie trugen so mehr oder weniger bewußt oder unbewußt zu der bis zur letzten Stunde geordneten Lebensunterhaltsversorgung der Menschen bei.

Auch hier war es gut – wie an anderer Stelle bereits erwähnt –, daß man nie im voraus weiß, was einem im Leben noch bevorsteht. Daß nie genau zu sagen ist, wie der nächste Morgen aussieht. Das am deutschen Himmel drohende, immer näher kommende heftige Unwetter im Form von Verwüstung, Zerstörung, Vernichtung und Vertreibung aus deutschen Landen war noch nicht in seinem ganzen Umfang auch nur im entferntesten zu ahnen. Bisher war alles friedlich. Kein Fliegeralarm, keine Bomben, keine Ruinen. Aber dieser verschlafen wirkende, idyllisch daliegende deutsche Landstrich sollte ebenfalls in Kürze die ganze Härte und die unbeschreiblichen Ausmaße dieses Menschen dahinraffenden Unheils zu spüren bekommen. Die Front rückte immer näher. Sie hatte die Grenzen des „Großdeutschen Reiches“ erreicht. Es sollte nur ein paar Monate dauern, da war Sirgwitz überrollt. Aber noch tollte ich unbeschwert durchs Dorf und genoß in meiner Unbekümmertheit den Feriensommer.

Und nun kam ich schon wieder. Es war fast nur ein halbes Jahr vergangen. Aber wie hatten sich in der kurzen Zeit die Verhältnisse geändert an diesem 10. Februar 1945?

Es war wieder ein langer Weg gewesen und wir waren rechtschaffen abgekämpft nach dem langen Fußmarsch. Großes Staunen und erzählen bei unserer Ankunft. Das wir vorerst bleiben dürften, war gar keine Frage. Aber auch im Dorf sprach man bereits von Treckzusammenstellung. Wir aber hatten erst mal eine Unterkunft.

Wir saßen gerade beim gemeinsamen Abendbrot, da pochte es laut und vernehmlich an der Wirtshaustür. Uns blieb der Bissen im Halse stecken. Jeder hatte wohl den gleichen Gedanken: Die Russen kommen! Der Sohn faßte sich ein Herz, ging raus zur Tür und öffnete. Draußen im Dunkeln standen drei abgesprengte Wehrmachtsangehörige und begehrten Einlaß. Es war ja immerhin noch die Apfelschenke. Also ein öffentliches Lokal. Sie wollten nur Rast machen und dann weiter, denn wie sie erzählten, waren ihnen die Russen bereits dicht auf den Fersen. Sie konnten sich gerade noch rechtzeitig mit ihrem noch gängigen Krad in Sicherheit bringen.

„Morgen sind die Russen hier“, sagten sie mit großer Bestimmtheit. Nach essen ob dieser Offenbarung war uns nun nicht mehr zu Mute. Keiner hatte mehr Appetit. Nur den drei Soldaten schmeckte es. Sie waren Gefahren gewohnt. Sie hatten so viel Lebensmittel bei sich, daß sie einen Teil davon zurückließen. Nachdem sie sich satt gegessen hatten, schwangen sie sich wieder auf ihr Krad und waren schnell in der Finsternis Richtung Westen verschwunden.

Ich war wie zu Stein erstarrt. In Liegnitz sind wir vor den Russen geflohen, und hier sollen sie uns einholen? Nur fort!

Aber alles hing von Vater ab. Wie wird er entscheiden?

Er muß meinen erschütternden Gesichtsausdruck gesehen haben.

„Morgen früh fahren wir weiter", sagte er bestimmt und mit fester Stimme, soweit es seine innere Erregung zuließ.

Geschlafen habe ich mit Mutter zusammen in einem Bett in einer Bodenkammer. Unser Schlaflied war das Rascheln der Mäuse. Aber wir haben es kaum als störende Begleiterscheinung empfunden, dazu waren wir viel zu erschöpft trotz der Aufregungen. Oma schlief bei Oma Martha, da konnten sie in Ruhe quasseln, denn sie hatten sich wie immer viel zu erzählen. Vater schlief auf dem Sofa in der Wirtsstube.

Noch im Morgengrauen des 11. Februar 1945 verließen wir Familie Rau und damit Sirgwitz. Alles war etwas überhastet, der Aufbruch, der Abschied, die Ungewißheit, was aus ihnen wird nachdem wir fort sind. Alles mußte rasch gehen, wir waren eben auf der Flucht. Es war wie mit so vielen unserer Verwandten, Bekannten und Freunden – ein Abschied für immer. Wir haben Familie Rau nie wiedergesehen.

Die Landstraße hatte uns wieder. Bald lag Sirgwitz hinter uns. Wir waren nicht allein, und einen Wegweiser brauchte man nicht. Immer den Menschen nach, sie alle wollten gen Westen.

Als wir wieder unsere obligatorischen Kilometer geschafft hatten, schliefen wir auf irgendeinem Bahnhof am Tisch vor Müdigkeit ein. Von dort aus wurde am 12. Februar 1945 noch ein Zug eingesetzt, der uns mitnahm. Fahrkarten brauchte niemand, denn wer kannte schon sein Endziel. Wir fanden noch freie Sitzplätze, das Gepäck wurde verstaut und den Leiterwagen band Vater geschickt zwischen die Puffer. Der Zug fuhr langsam, hielt oft und keiner wußte so recht, wo wir eigentlich waren oder in welche Richtung er fährt, nach Westen oder nach Norden. Es wurde finster und wieder hell. Für heutiges Ermessen unwahrscheinlich, wie lange der Zug damals für die nicht allzu lange Strecke gebraucht hat.

Bünauburg

Nach stundenlanger Bahnfahrt überquerten wir einen großen Fluß. Außerhalb eines Bahnhofes zwischen den Rangiergleisen hielt der Zug. Oma sagte: „Das war die Elbe."

Die Mutter darauf: „Da sind wir weit genug von zu Hause entfernt, Paul, laß uns aussteigen."

Und tatsächlich stiegen wir aus. Einige andere Flüchtlinge folgten unserem Beispiel. Die meisten der Mitreisenden verblieben im Zug, froh darüber, nun endlich mehr Platz im Abteil zu haben.

Da standen wir nun mit unserer Bagage und dem Leiterwagen mitten im Gleisgewirr.

Wo geht es hier heraus?

Wo sind wir eigentlich?

Wo ist die Stadt?

Wir sahen uns ratlos um!

Erst mußte unser Gefährt über die Gleise gehievt werden. Als wir einen fahrbaren Weg fanden, blieb Oma beim Wagen, derweil Mutter beim Gepäck Wache stand. Vater und ich beluden unser Gefährt wie gehabt.

Inzwischen hatte uns ein Eisenbahner den Weg gewiesen vom Rangierbahnhof ins Aufnahmelager Tetschen-Bodenbach. Nun hatten wir die Richtung und wußten, in welcher Stadt wir waren.

Das Aufnahmelager war eine große Schule. Die Klassenzimmer waren mit hölzernen Doppelstockbetten ausgestattet. Immer zwei zusammen, so daß vier geschlossene Schlafstätten entstanden. Die Frauen unten, Vater und ich schliefen oben. An schlafen war nicht zu denken. Unsere Ankunft lag in einem heute noch die Welt erschütternden Datum. Es war die Nacht vom 13. zum 14. Februar 1945 und Dresden lag nur sechzig Kilometer weit entfernt. Wir waren kaum eingeschlafen, da heulten die Sirenen. Fliegeralarm war für uns ungewöhnlich, wir sind zu Hause davon verschont geblieben. Aber hier ging es uns doch durch und durch. Vater sagte zu Mutter: „Hedel, nimm nur die Papiere und das Geld", sah sich dabei nach Oma und mir um und sagte nur kurz: „Kommt."

Der Luftschutzkeller war voll von Menschen. Über uns hingen an der Decke fest verankert riesige Heizungsrohre. Sie flößten mir einen furchtbaren Respekt ein. Ich dachte im stillen, wenn die Rohre platzen, kommt hier keiner lebend raus. Nach der Entwarnung legten wir uns alle wieder hin. Die Müdigkeit war stärker als die Aufregung. Aber unser Schlaf war nicht von langer Dauer. Erneut heulten die Sirenen auf. Wir schleppten uns ein zweites Mal in den Luftschutzkeller. Nach bangem Warten, das uns wie eine Ewigkeit erschien, endlich zum zweiten Mal Entwarnung. In der Stadt selbst waren keine Bomben gefallen.

Erst jetzt konnte ich wohl so richtig verstehen, was zu Hause meine Klassenkameraden aus Köln und Berlin durchgemacht hatten. Und wie friedfertig es damals in Liegnitz war in der Beziehung. Ein Leben ohne Fliegeralarm, ohne Luftangriffe, ohne Zerstörung von oben und ohne Schutt und Trümmer.

Am anderen Morgen sahen wir die vom Schrecken der zweimaligen Zerstörung gekennzeichneten Menschen, die das Inferno überstanden hatten. Sie erzählten Furchtbares! Sie hatten nur das nackte Leben retten können und bloß das mit, was sie auf dem Körper trugen.

Durch die beiden Luftangriffe in Dresden sind auch in jener Nacht viele Flüchtlinge getroffen worden. Vor den Russen waren sie geflohen. Ihr Schicksal war die Strategie des totalen Krieges.

Von der Stadt aus der Schule wurden die Flüchtlinge in die umliegenden Ortschaften aufgeteilt. Wir kamen nach Bünauburg, einem idyllisch gelegenen kleinen Ort unweit der Stadt. Viele Häuser lagen am Berghang. In so ein Haus wurden wir eingewiesen. Die Leute mußten uns aufnehmen und der da heraus resultierende Zwang war ganz offensichtlich spürbar.

Im zweiten Obergeschoß, neben dem Eingang zum Boden, lag eine Kammer. In ihr standen drei Betten, eine Liege, ein Tisch mit vier Stühlen und ein kleiner Herd zum Kochen. Das war unser neues Domizil. Da es mächtig eng war, bot man uns anfangs Aufenthalt in der im ersten Obergeschoß gelegenen Wohnküche an. Aber alles war nur auf Zeit abgestimmt. Unsere Wirtsleute hätten es lieber heute als morgen gesehen, daß wir wieder ausziehen.

Vater mußte sofort beim Bahnpostamt in der Stadt arbeiten. Omas Rente lief weiter und ich, ja ich mußte eigentlich in die Schule und zum Konfirmationsunterricht. Palmarum solle Konfirmation sein, wenn auch Ostern dieses Jahr spät war.

Also nahm mich Mutter an der Hand und zog mit mir ins Schloß nach Tetschen. Nach ihren Erkundigungen saß dort die zuständige Behörde. So nach treu deutscher Art, es muß schließlich alles seine Ordnung haben – dachten wir. Aber die dortigen Behörden dachten nach den damaligen Verhältnissen. Sie hatten mit uns Flüchtlingen nichts im Sinn. Den Weg hätten wir uns sparen können. Schule war hier auch nicht mehr und hier war alles katholisch. Wo sollte da ein evangelischer Junge konfirmiert wären? Mutter überwand den Schock schnell. Sie hatte versucht alles wieder in die rechte Bahn zu bringen, wenn die Weichen dafür nicht gestellt sind, war es letztendlich nicht ihr Verschulden. Wie wir kurz danach selber merkten, wurden auch hier alle Schulen zweckentfremdet genutzt. Viele als Aufnahmelager des großen Flüchtlingsstromes aus dem Osten.

Bald hatte ich einen Freund aus dem Ort gefunden, der mich auch oft zu sich nach Hause mitnahm. Eigenartigerweise wurde im Ort straff mit rechts erhobenen Arm gegrüßt und der dementsprechende Spruch aufgesagt. Ganz so schlimm war es bei uns zu Hause nicht gewesen. Zwischenzeitlich hatten wir Glück im Unglück. Durch ein Versehen der Behörden erhielten wir für einen Monat zweimal Lebensmittelkarten. Nur aus der Not heraus haben wir uns ausgeschwiegen. Denn alles wurde langsam knapp. Ich hatte immer Hunger. Extras gab es nicht. Und selber gebacken wurde am Wochenende kaum, denn dazu hatten Mutter und Oma in der kleinen Kammer keine Möglichkeiten. Trotz aller widrigen Umstände kehrte in unserer Familie erst mal etwas Ruhe ein. Der Verlust der Heimat, die Flucht, die Angst vor den Russen – das lag hinter uns.

Wenn wir allerdings voraus geahnt hätten, was uns noch schlimmes bevorsteht, wäre es mit unserer inneren Ruhe vorbei gewesen. Es ist nur gut, daß man nie weiß, was die Zukunft bringt.

Ich vertrieb mir die Zeit im Ort, der vollgestopft war von Flüchtlingen. Eben auch die Schule war belegt. Unter den Flüchtlingen waren auch viel gleichaltrige, so daß keine Langeweile aufkam. Ich hatte immer zu tun, die Essenszeiten nicht zu verpassen. Vater war da sehr pingelig.

Auf dem Anger des Ortes hatte sich ein Zirkus etabliert. Zu Vorstellungen kam es allerdings nicht mehr. Der Zirkus war mit der gesamten Künstlerschar genauso auf der Flucht vor dem aus dem Osten anrückenden Feind wie alle Flüchtlinge. Eben –

bis hierher und nicht weiter! Auch diese Menschen wiegten sich erst mal in Sicherheit. Das es nur Sicherheit für Tage bedeuten sollte, ahnten die Zirkusleute genauso wenig wie wir. Nur eins hatten sie uns im voraus, was wir vor dem 11. Mai 1945, dem Einzug der Roten Armee in Bünauburg, nämlich nicht wußten, es waren überwiegend Ausländer. Sogar die Liliputaner rannten auf der Straße mit den Fahnen ihrer Nationalität herum. Da gab es holländische, französische und italienische Fahnen in ihren kleinen Händen. Plötzlich waren sie keine Deutschen mehr! Jahrelang war das Dritte Reich ihre künstlerische Heimstatt gewesen. Plötzlich erinnerten sie sich ihrer Nationalität. Wobei ich dahingestellt lassen möchte, ob sie ihre äußerlich zur Schau getragene Nationalität auch in ihrer Muttersprache beherrschten. Aber es sollte in Kürze zu mehreren Fahnenwechseln kommen.

Oma hatte Kontakt zu einer Dresdner Familie, die unweit von uns Unterschlupf gefunden hatte. Wenn die Frau für Mann und Sohn die Wäsche gewaschen hatte, mußten Mann und Sohn so lange im Bett bleiben, bis die Wäsche wieder trocken war. Sie waren buchstäblich abgebrannt. Ich in meinem jugendlichen Leichtsinn dachte bei mir, die habens gut, nie Gepäck und nie irgendeine Schlepperei. Aber wie bitter das für diese Familie war, darüber machte ich mir zum damaligen Zeitpunkt keine Gedanken. Ich fand es bald lustig und sah im Geist die beiden Männer splitternackt im Bett liegen um zu warten, bis die Unterhosen getrocknet sind.

Auch gab es jetzt oft Fliegeralarm. Aber hier ging keiner in den Luftschutzkeller. Alles stand auf der Straße und starrte gebannt in den Himmel. Da flog Geschwader nach Geschwader, von unten klein wie ein Vogelzug anzusehen, über uns hinweg mit seiner todbringenden Ladung. Zum Glück fiel keine Bombe bei uns. Wir hörten nur später aus dem Wehrmachtsbericht, wo die Bomben ausgeklinkt worden sind. Für die Betroffenen entsetzlich. Jeder war immer froh, davon noch verschont geblieben zu sein.

Die Angst aus der Luft blieb allerdings. Und das die Furcht nicht unberechtigt war, ergab sich durch den Angriff aus der Luft auf dem Bahnhof Tetschen-Bodenbach, wo Vater bei der Bahnpost arbeitete. Als Mutter von dem Angriff erfuhr, ist sie sofort rein in die Stadt zu Vater. Sie fand ihn auch – unversehrt. Welch ein Glück für uns. Ohne Vorwarnung hatten russische Tiefflieger das Bahnhofsgelände beschossen. Wir kannten das bereits aus Liegnitz. Wenn die Tiefflieger kommen, ist die Front nicht mehr weit. Und so war es dann auch. Zur Ruhe ließ man uns nicht so richtig kommen. Aber das war wohl der Tribut der Zeit. Jetzt überschlugen sich die Ereignisse und es ging Schlag auf Schlag. Es spitzte sich alles zu, an der Front, in der Heimat und bei uns zu Hause.

Nun ja, so richtig habe ich das als Zuhause nie empfunden. Wir wohnten eben dort. Aber man machte es uns schwer. Wir konnten als Untermieter Rücksicht auf die Vermieter nehmen, so viel wir wollten, wir eckten überall an. Man hat uns von Anfang an nicht gewollt, und das ließ man uns durch jedes Schlüsselloch tätlich wissen. Was kommen mußte, kam. Vater hatte einen mächtigen Eklat mit der Tochter des Hauses. Mutter und Oma haben alles um des lieben Haufriedens willen weggesteckt und von Vater, der tagsüber arbeitete, ferngehalten. Ich zählte nicht und hatte keine Stimme. Trotzdem ich letztendlich auch davon betroffen war. Was war das Ende vom Lied? – Wir mußten ausziehen. Und das so schnell wie möglich. Das ist schneller gesagt als getan zur damaligen Zeit. Wohin? Es war fünf vor zwölf.

Die Hausbesitzer bekamen Recht, denn sie waren Einheimische. Wir wurden von ihnen fast als Globetrotter abgestempelt. Es hat auch damals niemand gefragt nach Recht und Unrecht, schuldig oder nicht schuldig. Wir wurden behandelt wie Freiwild. Man wollte uns ganz einfach los sein. Man fühlte sich durch uns belastet. Es mag alles eine andere als menschliche Ursache gehabt haben, aller Wahrscheinlichkeit nach eine politische. Aber die Augen sollten uns erst im Nachgang aufgehen. Eben zu dem Zeitpunkt, als der Fahnenwechsel begann. Es wäre wohl für unsere Ex-Hausbesitzer und Vermieter nicht angegangen, beim Einzug der Roten Armee die rot-weiße Fahne mit dem blauen Dreieck aus dem Fenster zu hängen und dabei Deutsche im Haus zu haben. Die Deutschen waren ja die Feinde der Russen und nicht die Tschechen. Da sich der baldige Zusammenbruch abzeichnete und in dem Territorium nur die Russen kommen konnten, wußten wir alle. Uns blieb nur das Auffanglager – die Schule.

Wir packten mal wieder alles auf unseren geliebten Handwagen und zogen bergab in die Schule. In einem Riesenraum der obersten Etage, der vollgestopft war mit hölzernen Doppelstockbetten, brachte man uns in zwei zusammengestellten

Doppelstockbetten am Fenster gegenüber der Eingangstür unter.

Die Front rückte immer näher. Noch erschienen Zeitungen und noch konnte man aus dem Radio die Nachrichten verfolgen.

Die Wehrmachtsangehörigen flohen in hellen Scharen. Sie entledigten sich allem, was bei einer eventuellen Gefangennahme hätte belastend sein können. Im nahegelegenen Wald fand man Arsenale jeglicher Art. Für uns Jungs ein Eldorado. Mein einheimischer Freund war sogar so vermessen, sein Fahrrad gegen eine Pistole von einem flüchtenden Soldaten einzutauschen. Und seine Mutter hat gewettert. Ob der Soldat mit dem Fahrrad das Ziel früher erreicht hat? Wer konnte das schon wissen?

Später stellten wir fest, daß der Tausch mit Fahrrad völlig sinnlos war. Es lagen Waffen und Munition zuhauf herum. Man brauchte sich nur zu bücken.

Geschossen haben wir nicht, das wagte mein Freund dann doch nicht. Nur der Besitz der Waffe stärkte seine aufkeimende Männlichkeit. Wenn ich so ein Ding mitgebracht hätte, ich glaube, Vater hätte mich ohne Waffe umgebracht. Aber mein Freund hatte eben zur Zeit keinen Vater. Es war ja noch Krieg. Im Gepäck hatte ich noch meine Pimpf-Uniform. Der HJ bin ich gerade noch entgangen, stand aber kurz davor. Eigentlich war ich ein wenig stolz auf meine Uniform. Ich sah recht schmuck darin aus. Ich weiß noch wie heute. In der Nacht vor dem Einmarsch der Roten Armee schlich sich Mutter in den Garten, welcher hinter der Schule lag. In der einen Hand eine Schaufel und in der anderen Hand mein Fahrtenmesser, das Koppel und den Schulterriemen. Sie grub ein tiefes Loch und versenkte darin die Utensilien meiner stolzen Tage. Wenn sie bis heute keiner gefunden hat, ruhen sie dort noch immer. Das war wohl auch der einzige Ballast von dem wir uns befreien mußten. Ansonsten waren wir nur Deutsche und das wurde uns in Zukunft Last und Pein genug

Am 20. April hatten die Einwohner nochmals alle Häuser und öffentlichen Gebäude mit ihren Hakenkreuzfahnen geschmückt. Es fehlte kaum ein Grundstück, an den keine Fahne flatterte. Wie die Situation auch war, wir wiegten uns in dem Gedanken mitten unter Deutschen zu sein. Daß das ein großer Trugschluß war, sollten wir ein paar Tage später am eigenen Leibe verspüren.

Am 8. Mai 1945 war der Krieg zu Ende. Das Radio schwieg, Zeitungen erschienen nicht mehr, nur die Gerüchteküche quoll über. Die wirrsten Meldungen gingen von Mund zu Mund. Wir Jungen hockten wieder mal am Dorfplatz herum und harrten der Dinge, die da kommen sollten.

So wollte es der Zufall, daß ein meinem Freund bekannter Mann an uns vorbeilief, und mein Freund sagte nett zu ihm: „Heil Hitler!“ Der Mann blieb wie angewurzelt stehen und sah meinen Freund groß an. Dann sagte er nur väterlich: „Aber mein Junge, die Zeiten sind doch vorbei!“ Na ja, was man zwölf Jahre eingehämmert bekommen hat, geht nicht gleich auf Anhieb aus dem Kopf. Vielleicht war es sogar ein verkappter Tscheche, der in Abwehrstellung blieb?

In Erwartung der Sieger, in dem Fall der Roten Armee, wurde erneut geflaggt. Es sah recht bunt aus. Aus einigen Fenstern hingen riesige weiße Laken, mit der Querseite bloß ins Fenster geklemmt. Andere wieder zeigten rotes Tuch und der Rest die Fahne der Zukunft für Bünauburg, rot-weiß mit dem blauen Dreieck. Irgendeine Fahne dieser Art wehte an jedem Haus. Den Eltern und Oma mußte ich die Bedeutung der rotweißen Fahne mit dem blauen Dreieck erst erklären. Sie kannten nur die Hakenkreuzfahne und fragten angesichts dieses Fahnenwirrwarrs besorgt, wo sind wir bloß hingeraten?

Alles wartete auf die „Befreier“!

Am 11. Mai 1945 war es dann soweit!

Wir kurios auch immer, es war ein sonnig warmer Maientag. Die Natur hatte dem Lenz einen reichlichen Anstrich gegeben. Ich kam gerade mit einem ofenfrischen Brot aus dem Bäckerladen, da pflanzte sich der Ruf fort: „Die Russen kommen, die Russen kommen!“

Nun waren sie da. Es war kein Schuß gefallen – denn der Krieg war schon zu Ende. Ich stand wie versteinert am Straßenrand. Mir ging es heiß und kalt den Rücken herunter und fester klammerte ich das noch warme Brot an meinen Körper. Aber nur für einen Moment, dann schwand die Angst. Ich war nicht allein. Der ganze Ort schien auf den Beinen zu sein. Schule war sowieso nicht und gearbeitet hat keiner mehr, wo auch? Also hatten alle Zeit und säumten den Straßenrand und schauten neugierig und gespannt auf die durchziehenden Befreier. Es waren keine Panzer, keine Autos – nein, nur einfache, offene Panjewagen mit lustig auf die erwartungsvolle Bevölkerung herabsehenden, kutschierenden Soldaten. Ihre Mützen zierte ein großer, roter Stern. Die Nacht, die darauf folgte, war schrecklich. Aber es sollte unsere vorletzte im Sudetenland überhaupt sein.

Den Russen mußte jemand gesteckt haben, in der Schule sind viele Deutsche, und davon überwiegend Frauen. Als es dunkel geworden war und wir alle in den Betten lagen, brach das Inferno über uns herein.

Lautes Stiefelstampfen, Türen wurden auf und wieder geräuschvoll zugeworfen. Frauen schrien herzerbrechend, Scheiben klirrten, man hörte zwischendrin Gejohle, fremde Wortfetzen drangen bis zu uns herauf. Die Schule glich einem Hexenkessel. Mutter zitterte am ganzen Körper, so daß wir alle es merkten, denn unsere Doppelstockbetten standen eng aneinander.

Was hätte Vater schon ausrichten können? Der Krieg war zwar vorbei, aber die Waffen saßen immer noch locker. Nach Stunden der Angst ließ der Spuk nach. Mit großem Gepolter und lautem Türenschlagen verließen die Befreier die Schule. Unser Glück war die oberste Etage. Weiter unten hatten sie furchtbar gewüstet und alles in Angst und Schrecken versetzt. Die gekommen waren, hatten das erreicht, was sie erreichen wollten.

Unseres Bleibens war hier nicht mehr länger möglich. Alles war in heller Aufruhr. Raus hier und fort – war die einzige Devise.

Das aber war auch von den neuen Machthabern vorprogrammiert. Wir mußten umgehend die Tschechoslowakei verlassen. Eine Nacht gewährte man uns noch. Eigenartigerweise waren wir auf einmal in einem fremden Land? Tschechen hin, Tschechen her, da kam nämlich der Förster, er war plötzlich auch einer. Er gewährte uns Unterschlupf und Versteck in der großen Scheune seines Anwesens. Mit uns im Versteck lagen noch zwei Familien aus Haynau. Die Beweggründe des Försters, den Deutschen, in dem Falle gerade uns, zu helfen, wurden nie geklärt. Fühlte er sich den Deutschen besonders verpflichtet oder war es tschechische Solidarität uns erneut vor Übergriffen der Russen zu schützen? Wir verbrachten jedenfalls eine ruhige, letzte Nacht. In dieser Nacht beschlossen Vater und die zwei Haynauer Männer, wir machen gemeinsame Sache, wir trecken mit unseren Handwagen nach Hause, die Haynauer nach Haynau und wir zwanzig Kilometer weiter nach Liegnitz. Denn hier konnten wir nicht bleiben, hier war jetzt Ausland.

Bemerkenswerterweise waren von den anderen zwei Familien die Männer da. Ein Glück nur, denn sie waren zahlenmäßig größer als wir und die eine Oma sehr dick und gehbehindert. Sie hatten Wagen, da hätte man gut ein Pferd davor spannen können. Auf dem einen großen Gefährt thronte obenauf die dicke, gehbehinderte Oma. So ein Wagen brauchte starke Mannesmuskelkraft. Dagegen war unser Leiterwagen ein Spielzeug.

Zu Hause, in Schlesien, in der Heimat, da ist Deutschland. Das dachten wir und das bestimmte unser Handeln. Das Regierungshäupter ohne uns zu fragen schon etwas ganz anderes beschlossen hatten, konnten wir nicht ahnen. Wir hatten nur deutsche Informationen – und danach gar keine mehr. Wir handelten nur nach dem was war, weil wir von dem was auf uns zukam, absolut nichts wußten. So mischte sich in unsere Fahrt Richtung Heimat eine gewisse Freude.

Um so ärger sollten die Tatsachen sein.

Rückkehr

Am Sonntag, den 13. Mai 1945, gerade am vierzehnten Hochzeitstag meiner Eltern, begann unser turbulenter Rückmarsch mit dem Handwagen nach Hause zurück nach Liegnitz

Die Route führte uns über Bad Schandau, Sebnitz, Großenhain, Lauban, Naumburg, Bunzlau, Haynau, und am Sonnabend, den 26. Mai 1945 erreichten wir Liegnitz – und das alles gelaufen.

Außer den zwei Familien aus Haynau hatten sich noch eine Frau und ihr Sohn und eine alleinstehende Frau angeschlossen. So waren wir ein kleiner Treck für uns. Das war gut so. Denn wir mußten durch die Sächsische Schweiz, bergauf und bergab. So haben wir uns gegenseitig geholfen. Nicht nur bergauf, auch bergab. Handwagen haben nun mal keine Bremsen. Und auf dem Ungetüm des einen Haynauer saß doch noch die dicke Oma oben auf, die das Gewicht des Wagens noch verstärkte. Ein Anblick für die Götter, wenn die Sache nicht so ernst gewesen wäre.

Gleich hinter Bad Schandau schnappte eine Patrouille ausgerechnet Vater weg. Von der Wagendeichsel aus mußte er fort mit unbekannten Ziel. Nun standen wir da! Ich nahm die Deichsel. Alles war so schnell gegangen, die anderen waren so mit sich selbst beschäftigt, sie hatten das gar nicht bemerkt. Kaum ein Abschied, dazu kam es gar nicht. Jetzt waren wir nur noch zu dritt. Wir zogen den anderen hinterher. Eins muß noch gesagt werden, unser kleiner Treck war nicht der einzige auf der Landstraße. Es war bald wie bei unserer Flucht aus Liegnitz. Nur, daß jetzt reger Verkehr in beiden Richtungen herrschte. Gefährte jeglicher Art rollten über den Asphalt.

Es war Mai und die Natur erfreute uns kostenlos. Es war mäßig warm, trocken und die Sonne lachte in den Frieden. Nur wir keuchten. Die Berge hatten es in sich. So waren wir ohne Vater eine ganze Strecke weitergezogen.

Oma mit ihrer linksseitigen Schüttellähmung und ihren zweiundsechzig Jahren schob trotz Stock tüchtig mit am Leiterwagen. Sie hatte ein sonniges Gemüt, sie wollte wieder nach ihrem Liegnitz. Dort war sie geboren, dort war sie zur Schule gegangen, hatte geheiratet und ihre zwölf Kinder geboren. Dort kannte sie jeden Winkel der Stadt und sie glaubte auch, dort alle Lieben wieder zusehen. Und diese Gedanken verliehen ihr Flügel. Dabei vergaß sie ihr nachziehendes linkes Bein und ihre Schüttellähmung. Es war, wenn man sagt, Pferde riechen den Stall, sie finden alleine heim. Umgesetzt war das bei Oma ebenso. Die ganze letzte Zeit herrschte Burgfrieden zwischen Oma und Vater. Sie ist uns nie zur Last gefallen.

Plötzlich gab es für mich an der Deichsel einen kräftigen Ruck nach vorn. Ich drehte mich um, lacht mich Vater atemlos an: „Ja, ja, Junge, ich bin wieder da, ich bin ausgerissen und wieder getürmt. Nur die Uhr ist weg. Die mußte ich dem Wachtposten geben, damit er mich durchläßt."

Durch die undurchschaubaren Verhältnisse wurden solche Festnahmen relativ lasch gehandhabt. Ein Glück für Vater. Ein Glück für uns. Vater hatte schnell geschaltet, ehe wir weiter weg waren. Wer weiß, was sonst geworden wäre?

Nun war ich meine Vorherrschaft an der Deichsel des Handwagens wieder los. Vater nahm seinen Posten wieder ein. Inzwischen war er von den anderen herzlich begrüßt worden.

Unser Tagespensum lag so zwischen zwanzig und fünfundzwanzig Kilometern, wenn die Straße gut war, dreißig Kilometer. Ausschlaggebend war auch eine Übernachtungsmöglichkeit für alle zu finden. Das war dann Maßstab für die Länge der am Tage zurückgelegten Strecke. Wir haben eigentlich immer einen Unterschlupf gefunden. Wir waren anspruchslos. Nur ausstrecken und schlafen, unter welchen Bedingungen auch immer. Eins war beachtlich, man ließ uns in Frieden ziehen. Weder die Tschechen bis zur Grenze, noch die Russen von Bad Schandau bis Görlitz hielten uns auf, noch belästigten sie uns. Bis auf das Intermezzo mit Vater verlief bisher alles ohne Zwischenfälle. Er selbst konnte nicht sagen, was das zu bedeuten gehabt hatte. aber die Hauptsache, er war wieder da.

Die Quartierfrage lösten die Männer des kleines Trecks selber mit den Leuten der jeweiligen Ortschaften. Schwierig wurde es mit der Verpflegung. Ab und wann konnten wir noch mal in den Dörfern von den Bauern etwas erwischen. Es gab auch Bäkker die arbeiteten. Ein frisches Brot war Gold wert. Wie das Mutter allerdings alles gemeistert hat, ist mir heute noch schleierhaft. Ich weiß nur eins, Hunger hatten wir bis dahin nicht gelitten.

In Großenhain blieben wir zwei Nächte. Das Quartier bot sich dazu an und eine größere Ruhepause hatten wir alle nötig. Auch die Koch- und Waschgelegenheiten lagen günstig. Fast die Hälfte der Wegstrecke war geschafft. Wir schöpften Kraft für den Endspurt. Bisher war uns der Wettergott hold geblieben, was ein wichtiger Fakt unserer täglichen Touren war.

Der Frieden war erst ein paar Tage alt, als unser kleiner Treck Görlitz passierte. Hier pulsierte schon wieder das deutsche Leben. Sogar die Straßenbahnen rollten auf den Schienen. Hoffnung für uns und wir dachten bei dem Anblick an Liegnitz. Das gab uns neuen Auftrieb. Sicher sieht es in Liegnitz ähnlich aus!

Dann überquerten wir einen kleinen Fluß, denn von Grenze war zu dem Zeitpunkt noch nichts zu spüren.

Es war ein Schicksalsfluß!

Keiner von uns hatte auch im geringsten eine Ahnung, daß die Neiße einmal, und jetzt erst mal endgültig, die Grenze bedeutete zwischen Deutschland und Polen.

Nachdem wir die Brücke über die Neiße überschritten hatten, befanden wir uns in den unter polnischer Verwaltung stehenden Ostgebieten Deutschlands. Einen Friedensvertrag gab es noch nicht, also verschoben die Sieger die Grenze nach Westen, wobei sie von ihrem Land ausgingen.

Wir liefen weiter. Lange Überlegungen gab es nicht, geschweige denn Diskussionen untereinander mitten auf der Landstraße. Und wenn da nicht nur der Fluß, die Neiße, da gewesen wäre, sondern dichter Stacheldraht. Wir wären durch, ohne zu murren. Das war der Weg, der heimwärts führte. Und in uns allen war so eine tiefe Überzeugung, daß wir das Richtige vor uns haben.

Was hieß schon Polen?

Wir waren Deutsche und in Liegnitz lebten bisher nur Deutsche und polnisch sprechen konnte von uns niemand. Warum auch? Dafür lag bis jetzt gar keine Notwendigkeit vor. Aber wir wurden sehr bald eines anderen belehrt.

Nachdem wir die Neiße überschritten hatten, wurde es wesentlich verkehrsärmer auf der Landstraße. Unser kleiner Treck verlor sich auf ihr.

Wieder einmal war hinter Görlitz ein recht ansehnlicher Berg zu überwinden. Alle legten sich kräftig ins Zeug und der Haynauer Familie mußte zum Überwinden dieses Hindernisses zum wiederholten Male geholfen werden.

Da kamen Militärfahrzeuge den Berg herunter. Obenauf Soldaten mit viereckigen Mützen. Einer schrie uns an: „Zieht, ihr deutschen Schweine, zieht!“

Das war unsere erste Begegnung mit Polen. Eine würdige Begrüßung!

Alle waren schockiert. Ich mußte erst erklären, daß die Soldaten mit den viereckigen Mützen Polen waren.

So waren die Polen also in unserem Land, in Schlesien.

Ja, sie waren gegenwärtig, wie wir auf unserem weiteren Weg auf Schritt und Tritt feststellen konnten. Und nichts ließen sie aus. Nun hieß es doppelt aufpassen.

Naumburg (zwischen Lauban und Bunzlau) war wieder mal Endziel einer Tagesreise. Die Lebensmittelvorräte wurden von Tag zu Tag weniger. Denn hier, ausgerechnet hier auf schlesischen Boden, half kein Bauer, weil keine deutschen Bauern mehr da waren. Doch irgend jemand hatte eine Sau geschlachtet. Wir erhielten den Schweinskopf. Beachtlich, was man in der Not alles aus einem Schweinskopf machen kann. Wieder mal war eine Mahlzeit gerettet.

Unser Treck hatte sich verkleinert. Die alleinstehende Frau hatte sich abgesetzt, da sie ein anderes Fernziel anstrebte. Und die Mutter mit ihrem Sohn waren bereits zu Hause angelangt. Also blieben nur drei Familien mit ihren Handwagen.

Erstaunlich war, daß nie eine Panne mit den Gefährten auftrat. Wenn man bedenkt, bei uns war es der gleiche Leiterwagen, der uns schon von der Flucht aus Liegnitz gute Dienste geleistet hatte. Nun rollte er wieder nach Liegnitz. Wenn etwas passiert wäre an den Fahrzeugen, wir wären hilflos gewesen. Denn Ersatzteile oder gar Werkzeuge führten wir nicht mit. Und Hilfe unterwegs war kaum zu erwarten. Also rollten wir gut.

Am 24. Mai 1945 waren wir in Haynau!

Da hatten wir das erste Mal Gelegenheit, zu sehen, wie verwüstet nicht bewohnte Häuser und deren Wohnungen waren. Ein unvorstellbarer Anblick, denn nichts befand sich mehr auf seinem Platz. Alle Auflegermatratzen aufgeschlitzt, kein Glas, kein Geschirr mehr heil – alles restlos demoliert.

Die Haynauer Frauen brachen erst mal in Tränen aus ob der Ansicht dieses Chaos. Man konnte nicht mal zur Tür herein. Die Fußböden waren restlos übersät von zerschlagenem Hausrat aller Art.

Das war ein Schock für uns alle. Der anstrengende Fußmarsch der zurückliegenden Tage, die Freude, es endlich geschafft zu haben – und dann solch eine fürchterliche Erkenntnis.

Wir halfen die Ordnung einigermaßen wieder herzustellen. Die dicke Oma kochte uns einen Bohnenkaffee. Auch ich bekam eine Tasse davon. Keiner wußte, wo Oma den Kaffee aufgetrieben hatte. Es war eine Köstlichkeit.

Wir blieben zwei Nächte in Haynau. Wir Männer machten uns nützlich, um den zwei Haynauer Familien wieder ein Wohnen zu ermöglichen. Auch war es für uns die Ruhe vor dem Sturm.

Jetzt waren wir auf alles gefaßt. Wir hatten keine Illusionen mehr. Die große Frage, wie wird es bei uns aussehen?

Kampfhandlungen hatten in der Stadt nicht stattgefunden. Häuser können nicht zerstört sein! Aber wie werden wir unsere Wohnungen vorfinden?

Es sollte schlimm genug kommen!

Ankunft

Am Morgen des 26. Mai 1945 brachen wir auf zur letzten Etappe von Haynau nach Liegnitz.

Es war wie immer in der letzten Zeit, ein Abschied ohne Wiedersehen. Die zwei zurückbleibenden Familien hatten es überstanden. Den Treck zu Fuß von Bünauburg bis nach Hause, sie waren daheim. Aber was die Zukunft bringt, wußten wir alle nicht. Nicht die schon zu Hausen waren und wir, die heute zu Hause sein wollten.

So richtig froh darüber, wieder daheim zu sein, war keiner. Uns alle beschlich ein ungutes Gefühl. Aber keiner wollte es ehrlich eingestehen.

Nun zogen wir alleine los. Vater vorn wie immer, Mutter und ich schoben und Oma stampfte mit ihrem Stock nebenher. Streckenweise befanden wir uns ganz alleine auf der Landstraße. Wir schreckten immer zusammen, wenn Autokolonnen uns überholten oder uns entgegenkamen. Jedesmal waren wir froh darüber, nicht belästigt worden zu sein.

Die Goldberger Straße sind wir am 9. Februar 1945 raus aus Liegnitz und die Haynauer Straße kamen wir heute rein.

Auch hier als erstes rechts und links je eine Kaserne, die nun von Siegern belegt war. Am Eingangstor prangte ein großer roter Stern. Der eine junge Wachtposten lächelte wehmütig, als wir vorüberfuhren. Na ja, glücklich sahen wir gerade nicht aus. Auch kam uns keine Straßenbahn entgegen, wie überhaupt kaum Menschen auf der Straße waren. Es war fast wie im Ausnahmezustand. Zerstört war nichts, die Häuser rechts und links standen alle noch. Keiner von uns sprach ein Wort. Jeder schien einen Kloß im Hals zu haben. Normalerweise hätten wir zu unserer Wohnung schon lange links abbiegen müssen. Am Franziskanerplatz war dafür die letzte Möglichkeit. Wir wollten – konnten aber nicht. Das ganze Territorium zwischen Franziskanerstraße, Adalbertstraße, Wilhelmstraße und Karlstraße war abgesperrt.

In ihm wohnten die Fremdarbeiter aller Nationen, Italiener, Franzosen, Holländer, Belgier, die bis zuletzt in den Rüstungsbetrieben zur Zwangsarbeit verpflichtet gewesen waren und warteten auf ihren Abtransport. Die Zwangsarbeiter aus dem

Osten waren bereits über alle Berge. Der Zugang zu unserer alten Wohnung blieb uns erst mal verwehrt. Eigenartigerweise haben wir auch in den späteren Jahren nie den Versuch unternommen, dort wieder seßhaft zu werden. Es lag allein daran, daß wir wenigen Deutschen danach trachteten, enger zusammenzuleben.

So – was tun?

Ab in Richtung Omas Haus. Schon von weitem konnten wir sehen, daß das große Eckhaus ausgebrannt war. Oma bekam einen Schreck, denn um die Ecke, anschließend an das ausgebrannte Haus, wohnte Oma. Gottlob, es stand noch. Die Haustür war nicht nur zu, nein, sie war verbarrikadiert. Wir pochten! Uns wurde geöffnet. Wir wurden freudig begrüßt.

„Nein, Oma E., daß Sie wieder da sind!“ riefen Omas Nachbarn. Der Tränen der Rührung brauchte sich keiner zu schämen.

Nun waren wir wieder in Liegnitz. Unser zu Hause war nicht erreichbar. Waren wir daheim? Örtlich schon!

Erst mal konnten wir bei Oma gar nicht in die Wohnung. Aber den Anblick kannten wir schon aus Haynau. Wenn wir und vielleicht auch Oma im stillen gedacht hatten: So schlimm wird es nicht werden, oder: „die“ können doch in so einer große Stadt nicht jede Wohnung ... Aber es war so! Das Unterste nach oben und vieles verschmiert und dadurch nicht mehr brauchbar. Es dauerte Stunden, ehe wir überhaupt in der Wohnung einen Fuß vor den anderen setzen konnten. Wir waren geschafft. Die Anstrengungen der letzten Tage, der heutige Marsch, kein Zugang zu unserem zu Hause, dann das Chaos bei Oma – es war alles ein bißchen viel.

Es war mächtig eng in Omas Stübchen. Wir waren schließlich vier erwachsene Personen. Die Eltern mußten zusammen schlafen und ich mit Oma. Sie den Kopf oben und ich den Kopf unten. Wir waren in letzter Zeit viel gewöhnt.

Unter den Nachbarn gab es viel zu berichten.

Am aufgeschlossensten waren Frau Preuß und ihre beiden Töchter. Für sie war richtiger Friede, der aufatmen ließ. Sie waren vergnügt und guter Dinge. Jetzt konnte ihnen nichts mehr passieren, der Krieg war endgültig zu Ende. Ihre aufmunternde Art war verständlich, für den Augenblick, aber die Zukunft war für uns alle völlig unklar. Wie lange werden wir wieder Zurückgekehrten und die Daheimgebliebenen hier ihr Leben fristen? Für was werden wir noch zahlen, für was noch büßen müssen?

Im Krieg setzt eine menschenleere Stadt den Eroberern wenig Widerstand für ihre Machenschaften entgegen. Genau den Freiraum brauchte man, um an und in alles hineinzukommen. Also trieb man alle zurückgebliebenen Deutschen aus der Stadt nach dem großen Dorf Langenwaldau. Erst als am 8. Mai 1945 der Pastor die Friedensglocke läutete, kehrten sie zurück in die unzerstörte Stadt. Beseelt von dem Gedanken: Nun ist endlich Frieden!

Immerhin hatte der Krieg fünf Jahre gedauert. Aber jetzt kann uns nichts mehr passieren. Vergessen war alle Pein der letzten Monate. Die Kälte, der Hunger, die Angst von den fortlaufenden Belästigungen der Frauen, die Not der zusammengepferchten, kalten Unterkünfte, die Mißgunst und Zwietracht untereinander.

Es war Mai. Und es war bald vergleichbar wie bei den alten Germanen, die den Lenz erwarteten nach der Finsternis und Kälte des Winters. Der Frühling hatte mit aller Macht seinen Einzug gehalten. Die Luft war mild wie Seide und die Knospen sprossen an den Zweigen und die Sonne meinte es gut.

Nun kamen sie zurück, die nach dem Dorf Langenwaldau vertriebenen und auch die im Februar 1945 nach Westen geflohenen Liegnitzer, und wollten wieder Besitz nehmen von ihren intakt gewesenen, ordentlichen Wohnungen. Welch arge Enttäuschung kam da auf sie zu. Wo das noch möglich war, standen sie vor einer kompletten Verwüstung, wo kaum noch etwas reparabel war. Es gab kein Haus, keine Wohnung, in der nicht ein unbeschreibliches Durcheinander angerichtet worden war.

Viele konnten nicht mehr in ihre Häuser. Die Viertel von uns blieben auch ihnen verschlossen. In vielen Häusern saßen schon die Polen und hatten die Wohnungen in Beschlag genommen. Sie selber konnten nicht mehr in ihre angestammte Heimat durch die Annexion der Sieger zurück. Die Stadt war leer gewesen, so bot sie Raum für die nach Westen vertriebenen Polen. Sie setzten sich fest in der deutschen Stadt Liegnitz. Das sollte erst der Anfang sein.

Die Juden kamen in ihren Sträflingsanzügen aus den Konzentrationslagern. Wir Deutschen hatten nicht mehr viel. Aber die Polen und die Juden nur das, was sie auf dem Leibe hatten.

Sie waren die Sieger – wir die Verlierer.

Also nahmen sie sich alles was sie brauchten. Häuser, Geschäfte, Wohnungen, Kleidung, alles, womit sie einen neuen Anfang beginnen konnten.

Die eigentlichen Sieger sahen tatenlos zu. Sie hatten sich bereits etabliert. Alle Kasernen rund um die Stadt. Den Flughafen, das „Haus der Wehrmacht“ mit dem umliegenden, schönsten Villenviertel der Stadt, mit intakten Krankenhäusern, Schulen, Sport- und Tennisanlagen und das Theater am Ring.

Diese Wohngebiete waren nun auch nicht mehr zugängig. Informationen gab es weder in kyrillischen Buchstaben noch in polnischen Lettern. Es waren harte, unumstößliche Tatsachen, die absolut keinen Einspruch duldeten. Wer hatte noch Radio? Welche Rundfunkstation sendete schon?

Nun kehrten die Menschen heim, voller Hoffnung.

Der langersehnte Friede war da, er ließ aber viele Wünsche unerfüllt.

Wenn man glaubte, nun kehren alle Familienangehörigen zurück, die Soldaten aus dem Feld, um sich wieder mit ihren Familien zu vereinen, die Verwandten kommen wieder, so Freude und Bekannte. Diese Vorstellungen haben sich in den allerwenigsten Fällen verwirklichen lassen. Wer weg war, blieb weg. Wir waren dabei einsame Spitze, wiedergekommen zu sein. Aber nun waren wir da!

Für die Damen Preuß keine Hürde. Sie hatten mit vielen anderen Langenwaldau überstanden und danach wieder Einzug in ihre zwar tüchtig verwüstete Wohnung gehalten. Sie strahlten viel Optimismus aus. Trotz allem waren gerade sie die ersten aus dem Haus, die Liegnitz den Rücken kehrten. Sie hatten sich von sogenannten Schleppern illegal über die eben doch schon fest existierende Oder-Neiße-Friedensgrenze bringen lassen.

Wer weg wollte und Schlepper bezahlen konnte mit Wucherpreisen, Schmuck oder Pelze, kam weg. Oft sogar mit Autos oder kleinen Bussen mit mehreren Familien zusammen. Auch Einzelpersonen wurden geschleppt. Klappte es nicht mit der Flucht über die Grenze und man wurde geschnappt, kam man ins Gefängnis. Da hatte man seine Wertsachen oder Moneten umsonst ausgegeben. Oft war es das Letzte, was die erbarmungswürdigen Menschen besaßen. Auch im Haus von Oma hat sich so ein Fall abgespielt.

Darüber wir später noch zu berichten sein, mit welch unlauteren Methoden diese Schlepper arbeiteten.

Ulica Nowi Swiat 8 (I)

Nun hatten die Polen aus der guten, alten Nikolaistraße eine Ulica Nowi Swiat gemacht, was so viel heißen sollte wie: Neue Welt. Die Polen erfanden überhaupt für alles schnell neue Namen. Nicht nur für Städte, Dörfer und Plätze. Auch für unsere Vornamen. Da wurde aus Vater Paul Pavel, aus Mutter Hedwig Jadwiga. Nur mein Vorname war für sie eine Hürde. Siegfried wurde von ihnen in den unterschiedlichsten Formen interpretiert. Ich war immer geschockt ob dieser skurrilen Auslegung.

Das Haus war vom Erdgeschoß bis zur vierten Etage von den eigentlichen Mietern bewohnt, nur wir waren fremd im Haus. Das heißt, die Wohnung von Voigt in der ersten Etage links war noch frei. Voigts waren noch nicht wieder da. Aber sie konnten ja noch kommen, wir waren ja auch gekommen? Aber sie kamen nicht!

Da es bei Oma wirklich räumlich nicht mehr ging, zogen wir in die leere Wohnung.

Um begreiflich zu machen, wie wir Deutschen unter den damals herrschenden Umständen unser Dasein fristeten, ist eine Darlegung der jeweiligen Familien im Haus erforderlich. Vielleicht wird es sich jetzt nicht vermeiden lassen, die chronologische Reihenfolge etwas zu durchbrechen. Die Schicksale lassen sich nicht reihenfolgegerecht beschreiben.

Von der Sache her, war das Haus so eine richtige, selbständige Bastion nach außen. Die Haustür war grundsätzlich zu und verrammelt.

Unten rechts, das Haus hatte eine große Toreinfahrt, wohnte beziehungsweise hauste Frau Kahlert. Zu ihrer Wohnung gingen ein paar Stufen hoch. Das war ein liederliches Weib, nicht mehr jung, so im mittleren Alter. Eine Schlampe durch und durch. Der hat auch kein Sieger was getan, die stank wie die Pest. Sie war immer zum Klatschen und Tratschen aufgelegt. In ihrer Wohnung sah es immer wüst aus. Sie ließ niemanden rein. So blieb sie auch von den üblichen Verwüstungen verschont, denn bei ihr gab es nichts mehr zu verwüsten. Sie sammelte Schäler zum Futtern für die Tiere, die sie aber nicht wegschaffte, sondern längere Zeit bei sich aufbewahrte, zum Leidwesen aller Mitbewohner.

Links war dann ein Lebensmittelladen, der natürlich geschlossen und völlig ausgeplündert war.

In der ersten Etage rechts dann Frau Eschenhorn mit Pflegesohn. Das war ein Bürschle, etwas jünger als ich. Er hat Frau Eschenhorn zugesetzt, es war hanebüchend. Sie war im Alter wie Oma und hatte früher bessere Zeiten erlebt. Ging nie ohne Hut auf die Straße. Wir sagten immer spaßeshalber Frau von Eschenhorn. Nun mußte sie schwer arbeiten und nur fürs Essen um sich und den Jungen über die Runden zu bringen. Sie wusch Wäsche bei den Siegern. Unheimlich anstrengend, und wir haben uns alle sehr gewundert, daß sie das aushielt. Es mußte alles von Hand gewaschen werden, denn Maschinen gab es damals noch nicht.

In der zweiten Etage die Damen Preuß und später die Hausbesitzer aus Ratibor. Aber diese Familie hat bis zu unserer endgültigen Aussiedlung am 20. September 1950 in unserem Leben eine ganz besondere Rolle gespielt.

In der dritten Etage links dann Frau Dietrich mit Tochter und rechts Fräulein Tilgner und in der Mitte Oma.

Fräulein Tilgner hatte rechts eine Hüftlähmung, aber sonst war sie noch ganz flott. Sie war im Krieg Krankenschwester gewesen.

Wie die drei Damen ihr Dasein fristeten, war unklar. Sie waren wohlgenährt und immer guter Dinge. Die Tochter von Frau Dietrich hatte einen Sieger als Freund. Die drei Damen waren immer ganz aufgekratzt, wenn er abends da war. Sie versuchten ihm deutsche Tischsitten beizubringen und waren schockiert, wenn ihnen das nicht so recht gelingen wollte. Ob nun die Verpflegung so ausreichend war, daß alle drei davon leben konnten, haben wir nie erfahren.

In der vierten Etage waren Mansarden. Das Wasser mußte eine halbe Treppe tiefer geholt werden. Die Toiletten waren alle auf halber Treppe und die Wohnungen hatten alle kein Bad.

Links wohnten die Schwestern Charlotte Weigel-Scholz mit Töchterchen Heidi und ihre Schwester Liesel Zobel.

Rechts in der Mansarde wohnte das Ehepaar Mies. Er war ein großer, stattlicher Mann, sie ein kleines Hutzelweibchen.

Das war die Besetzung des Hauses. Trotz der schweren Zeit gab es oft Zwistigkeiten untereinander. Aber man mußte ja etwas haben, womit die Zeit vertrieben wurde. Je schöner waren die Versöhnungen. Es liegt wohl auch an der Natur der Menschen, daß nicht alle gleich sind. Und in der für alle sehr angespannten Atmosphäre konnte jeder falsche Impuls das Zünglein an der Waage sein.

Am häufigsten kam es zu Auseinandersetzungen bei Ernährungsfragen. Es gab doch nichts!

Als wir zurückkamen, haben wir bei Oma nur Mahlzeiten aus Kartoffeln gegessen. Erstaunlich, zu was sich die Kartoffel alles verwenden läßt und was man alles aus ihr machen kann, selbst früh, mittags und abends. Und was es drauf oder dazu gab wurde gestreckt, so daß man nur einen Hauch davon spürte. Nach vierzehn Tagen hatte ich es satt. Noch früh im Bett richtete ich mich demonstrativ auf und fragte Vater vorwurfsvoll: „Wann gibt es denn endlich mal wieder Brot? Ich möchte so gerne eine Schnitte essen!" Mein Ton war unerbittlich. Vater erschrak davor und sagte mit bewegter Zunge: „Wir auch, Junge." Erst da merkte ich, daß meine Frage ihn hart getroffen hat.

Wir lebten buchstäblich vom Organisieren. So sehr die Wohnungen alle verwüstet waren, die Keller waren größtenteils verschont geblieben. Kartoffeln waren noch da, na und Kohle und Holz in den Kellern der noch leerstehenden Häuser zur Genüge. Da fand man mitunter Gläser mit Eingekochtem aller Art, manchmal auch Gurken oder sogar Pilze. Den Frauen blieb es überlassen, daraus etwas zu machen, ohne Butter und eben ohne Brot.

Wir hatten uns in der Zwischenzeit in der Dreiraumwohnung der ehemaligen Familie Voigt, die nie zurückgekehrt war, in der ersten Etage links, einigermaßen eingerichtet. Hinten raus war die Küche, daneben im kleinen Zimmer haben wir geschlafen. Die Eltern stellten ihre Betten kurzerhand hintereinander und meins vorn an der Tür auf. Nach vorn war noch ein kleines Zimmer, das benutzten wir als Wohnzimmer. Das große, ehemalige Wohnzimmer ließen wir verwüstet und benutzten es auch nicht. Auch waren wir mit der Ordnung und Sauberkeit nachlässig. Das klingt vielleicht paradox, hatte aber seinen guten Grund.

Es kamen täglich immer mehr Polen in die Stadt. Die suchten eine Unterkunft nach der Devise: warm, sauber, trocken. Und bei den Deutschen fanden sie das. Wenn sie plötzlich an der Tür standen, in die Wohnung stürmten und es sah alles wie geleckt aus wie wir das eben als Deutsche kennen, war die Wohnung sofort beschlagnahmt und die Deutschen saßen auf der Straße. Diese Aktionen waren an der Tagesordnung. Mit der

Angst lebten wir täglich. Um uns ein wenig davor zu schützen, wurden wir bewußt nachlässig. Das gipfelte sogar darin, war solche Gefahr im Anzuge, verwüsteten wir schnell die Wohnung selber. Rissen alles aus den Schränken, zogen die Betten ab, verschütteten Wasser in der Küche, machten mutwillig Scherben, beschmierten die Wohnungstüren, taten alles, was in eiliger Hast und Verfolgung möglich war, die Wohnung in ein Chaos zu verwandeln. Oft hat es geholfen, denn solche chaotischen Wohnverhältnisse waren ihnen nicht recht. Natürlich hatten wir im nachhinein wieder die Arbeit des Aufräumens, aber der Trick rettete unsere Wohnung.

Wenn wir auch nach solchen Affären fix und fertig waren, denn das zehrte an den Nerven, waren wir auch ein wenig stolz, den Polen ein Schnippchen geschlagen zu haben.

In dieser Situation wurde ich krank und lag allein zu Hause im Bett. Ich lag fest, ein paar Wochen lang. Völlig apathisch, ohne Diagnose eines Arztes, denn es gab ja keinen.

Gerade hatten die Eltern Arbeit gefunden – für Essen und für Brot.

Mutter arbeitete in der ehemaligen Taubstummenanstalt in der Haynauer Straße, das als Krankenhaus für geschlechtskranke Sieger umfunktioniert war, als ganz gewöhnliche „Putze". Sie kroch förmlich in den Krankenzimmern auf den Knien zwischen den Krankenbetten um wieder alles steril zu machen.

Da lagen unbeschreibliche Fälle auf den Zimmern, wo eine Infektion vorprogrammiert gewesen sein muß. Mutter war robust, sie hat es ohne Schaden überstanden. Fürs Essen, was übrig war, für Vater, für Oma und für mich. Viel Suppen, in einer für unsere Verhältnisse unbekannten Zusammenstellung. Wir haben alles gegessen, wir hatten doch Hunger. Natürlich waren da auch Ärzte, die Mutter um Rat hätte fragen können. Aber wenn Deutsche krank waren, dann eben geschlechtskrank. Eine andere Krankheit schien man nicht zu kennen. Nur eine Äußerung von seiten meiner Mutter, daß sie zu Hause einen kranken Sohn hat, hätte unter Garantie den Verlust des Arbeitsplatzes bedeutet.

Selbst wenn eine der deutschen Frauen mal einen Tag nicht kommen konnte und es wurde gesagt, Frau X ist krank, durfte sie sich den übernächsten Tag gar nicht mehr blicken lassen. Daß sich aber bei manchen Frauen durch die ungewohnte, tägliche schwere körperliche Arbeit Beschwerden wie zum Beispiel Rückenschmerzen, geschwollene Hände oder artverwandte Unpäßlichkeiten vorübergehend einstellten, wollten die Sieger nicht wahrhaben. Krank war eben, siehe oben!

Die ehemalige Brotfabrik in der Jauer Straße betrieben die Sieger wieder. Vater war dort untergekommen mit noch einem Deutschen. Sie machten unter anderem Brennholz für die Backöfen für ein Essen und ein Brot. Welche Köstlichkeit! Nun gab es jeden Tag ofenfrisches Kastenbrot. Es war Kommißbrot – aber es war eben Brot, wenn auch unser Geschmack in eine andere Richtung ging.

Meine Eltern waren auf ihrer Arbeit voller Unruhe, mich allein in der Wohnung im Bett zu wissen. Wieviel Wochen ich im Bett zugebracht habe, kann ich nicht mehr sagen. Ganz langsam erholte ich mich wieder, nachdem die Eltern nur das Beste in mich hineingesteckt hatten. Von Belästigungen und Räumungsversuchen blieb ich die Zeit Gott sei Dank verschont.

Ein Stück hinter der Brotfabrik in der Jauer Straße, auf der linken Seite stadtauswärts Ecke Rodeland, wohnte Vaters Schwester Ida mit ihrem Mann Ernst. Vater traf Onkel Ernst tatsächlich an. Krank wie er war, hatte ihn Tante Ida, die mit ihrer Schwester Mariechen und deren Mann nach Crain floh, um sich dem Crainer Flüchtlingstreck anzuschließen, in der Wohnung allein zurückgelassen. Onkel Ernst war auch nicht in Langenwaldau gewesen. Er hatte sich so recht und schlecht durchgeschlagen.

Als die Nachkriegsverhältnisse langsam wieder in geordnete Bahnen kamen, hatte auch Onkel Ernst den Verbleib von Tante Ida mit allen ihren Verwandten erfahren.

Die Informationen gingen seltsame Wege und das rote Kreuz tat das seine.

Sie schrieb einfach einen Brief nach Liegnitz und versah den umschlag treudeutsch mit:

An
Herrn
Ernst T…
Liegnitz
Jauer Straße …

Und der Brief kam an.

Von seiten der Verwandten war an eine Rückkehr in die Heimat nicht im entferntesten zu denken. Auch sie waren im Sudetenland und sind anders als wir, da sie etwas später kamen, nicht mehr durch die damals schon gezogene Oder-Neiße-Friedensgrenze hindurchgekommen. Also ab in Richtung Magdeburger Börde.

Onkel Ernst ist dann im Spätsommer 1946 als einer der ersten der von den Polen durchgeführten Zwangsumsiedlung zum Opfer gefallen. Mit einem kleinen Köfferchen verließ er die Wohnung. Schwer tragen konnte der kranke Mann sowieso nicht mehr. Er hatte eins allerdings allen voraus, er wußte wohin.

Mit ihm verließen viele Liegnitzer mit unbekanntem Ziel das zweite Mal ihre Heimat, und sie wußten das zweite Mal nicht, wohin!

Tante Gertrud war mit ihren Kindern auch wieder aus Radebeul nach Liegnitz zurückgekehrt. Sie konnten von ihrer Wohnung in der Heinrichstraße wieder Besitz ergreifen. Auch sie hatten den Weg nach Haus zu Fuß mit einem Handwagen zurückgelegt. Sie blieben die einzigen Deutschen im Haus. Sie und ihre beiden Töchter waren Schneiderinnen. Zum Nutzen und Frommen. Ihr erlerntes Handwerk sollte ihnen über schwere Zeiten helfen. So war es dann auch.

Die Siegerinnen, die jahrelang Uniform hatten tragen müssen, und das Personal mit den nur weißen Kitteln in den unzähligen Krankenhäusern lechzten geradezu danach, mal wieder endlich ein recht buntes Kleid zu tragen.

So kam es, wie es kommen mußte, Handwerk hat goldenen Boden.

Gegenüber in den Häusern des Krankenhauses in der Haynauer Straße, wo auch Mutter arbeitete, wohnte viel Personal. Vor allem weibliches. Und wie es der Zufall will, damals lebte vieles vom Zufall, wurde ein Zimmer in einem der Häuser zur Damenschneiderei. Der Lohn, wie gewohnt in der Zeit, war das Essen und Naturalien. Tante Gertrud hatte noch genug Modehefte und die Siegerinnen stürzten sich darauf, als wären es Sex-Magazine. Sie schleppten Stoffe heran und meine Tante mit ihren beiden Töchtern waren voll ausgelastet. Die Modehefte waren zwar bereits ein paar Jahre alt und entsprachen nicht dem letzten Modeschrei. Die Siegerinnen hat das nicht gestört.

Oma wurde durch Mahlzeiten von uns versorgt. Da aber der Weg der drei Schneiderinnen nach getaner Arbeit an der Nikolaistraße vorbeiführte, stellten sie sich jeden Abend auf die gegenüberliegende Straßenseite und riefen Oma aus der dritten

Etage nach unten. Das Essen, das sie bekamen für ihre Tätigkeit, war reichlich. So bekam Oma auch noch ihren Anteil.

Es war schon September 1945 und die Fremdarbeiter aus den ehemaligen deutschen Rüstungsbetrieben lebten immer noch in ihren abgeschirmten Vierteln. Sie bevölkerten am Abend die Straßen der Stadt. Sie begaben sich auf Brautschau. Nicht zu verdenken, seit Jahren mußten sie hinter Schloß und Riegel leben. Nun war der Krieg vorbei, aber man tat sich schwer, die Italiener, Franzosen und die Männer aus den Benelux-Staaten in ihre Heimat zurückkehren zu lassen. Sie konnten sich frei bewegen, sie waren ja auch für die Polen Ausländer. Auch meine beiden Cousinen waren jung. Schön und rassig waren die Ausländer. Welche Frau wurde da nicht schwach? Auch die beiden blutjungen Frauchen konnten sich sehen lassen. Proper angezogen, versteht sich von selbst. Sie waren ja vom Fach. Da hat es eben gefunkt. Und sie kehrten eines Abends von einem Spaziergang nicht in Mutters Schoß zurück.

Am Morgen danach stand Tante Gertrud mit Sohnemann ganz aufgeregt vor unserer Korridortür und suchte ihre beiden Töchter.

Ich war allein, die Eltern gingen ihrer Tätigkeit nach. Nun mußte ich aus erster Hand die großen Sorgen einer Mutter über mich ergehen lassen. Ich war in zweierlei Hinsicht über die Offenheit, mit der mich meine Tante in überstürzter Art und Weise in ihre Sorgen mit einbezog und zum anderen behandelte sie mich plötzlich wie einen Erwachsenen, erstaunt. Wo ich gerade erst vierzehn Jahre geworden war. Was sollte ich dazu sagen? Ich hatte auf dem Gebiet überhaupt keine Erfahrungen! Wäre ich die Nacht fortgeblieben, ich hätte von Vater eine ordentliche Tracht Prügel bekommen. Aber sie war die Mutter, und wie in den meisten Familien zu der Zeit, auch hier war kein Vater da. Es handelte sich in dem Fall um zwei Frauen.

In der Speisekammer in der Küche stand eine Flasche. Der Inhalt war irgendwelcher Alkohol. Ich bot der immer noch am ganzen Leibe Zitternden ein Glas davon an. Auf ex war die Flüssigkeit in ihrem Mund verschwunden. Nach dem zweiten Glas wurde sie dann zusehends ruhiger.

Auch suchte Tante ihre Töchter aus zweierlei Gründen bei uns. Erstens waren wir für sie die einzigen Verwandten in der Stadt und zum anderen hatten meine beiden Cousinen zu Mutter guten Kontakt. Letzteres wußte natürlich meine Tante.

Zu Oma ging Tante Gertrud nicht. Die hätte, wie immer es

alten Frauen eigen ist, ein fürchterliches Gezeter vom Stapel gelassen, über nachlässige Aufsichtspflicht, falsche Erziehung, keine Gewalt über die eigenen Kinder, alles durchgehen lassen und wie die frommen und weisen Sprüche alter Menschen noch mehr sind. Das hat sich Tante erspart.

Im Laufe des Tages kehrten die Mädels aus italienischen Gefilden kommend, zurück. Die Älteste gebar im Mai 1946 eine Tochter. Die Jüngere blieb von so einem Nachspiel verschont.

Im Herbst 1946 sind sie dann zu fünft mit dem Kleinstkind unter die Zwangsumsiedlung gefallen. Das zweite Mal aus Liegnitz raus. Erst die Flucht vor den Siegern, zurück im Frieden und für sie gearbeitet. Nun trat die neue Macht in Kraft, die ihre Besitzansprüche geltend machte. Arbeiten ohne Bezahlung konnte man für die Sieger, aber das Administrative überließen sie den Mächten, die gegenwärtig das Sagen hatten. Die waren gerade dabei, die deutschen Ostgebiete unter ihre Verwaltung zu bringen. Unsere fünf verließen uns und die Heimat ohne festes Ziel.

Am Johannestag 1945 wohnten wir erst kurz in der beschriebenen Voigt-Wohnung. Es war ein herrlicher Sommertag. Da pochte es an der Haustür. Draußen stand die Frau des jüngsten Bruders von Mutter mit Namen Johannes, der genau auf den Tag Geburtstag hatte.

Tante Erna und ihre drei Kinder waren da!

Auch zurückgekommen – mit Verspätung!

Aber das hatte seinen Grund, wie wir später durch die nächtliche Erzählung erfahren sollten. Der Junge saß noch im Kinderwagen, den Tante Erna mit einer Hand vor sich hergeschoben hatte und in der anderen Hand hatte sie die Deichsel des Leiterwagens mit dem bißchen Hab und Gut. Die beiden Mädels, acht und zehn Jahre alt, haben schieben müssen. Und das alles zu Fuß vom Sudetenland bis nach Liegnitz. Daß das nun nicht so schnell ging wie bei nur Erwachsenen, liegt auf der Hand. Ihr Tageskilometerpensum war bedeutend geringer als das unsere bei unserer Rückkehr.

Uns hatte sie gar nicht in der Nikolaistraße 8, pardon, wir befinden uns ja in der Ulica Nowi Swiat 8, vermutet. Da sie aber aus bitterer Erfahrung ihres Schicksals Schlüsse zog und nicht wußte, wie und ob überhaupt eine Rückkehr in ihre ehemalige Wohnung unter welchen Umständen auch immer, möglich war, klopfte sie an der Tür ihrer Schwiegermutter. Heilfroh und hocherfreut dort uns anzutreffen. Mutter und Tante Erna hatten ein sehr gutes Verhältnis zueinander. Mit Oma war das schon anders. Bei Oma war aus lauter Boshaftigkeit Tante Erna „die Anna“, und dabei blieb es. An der gespaltenen Einstellung hat sich bis zu Omas Tod nichts geändert. Auch in der schweren Zeit nicht. Im Gegenteil, die Fronten von Schwiegermutter zu Schwiegertochter haben sich noch verhärtet. Wobei da Tante Erna nicht unschuldig war.

Jetzt waren sie erst einmal da, in Liegnitz, zu Hause, Daheim? Wie auch immer, bewundert haben wir sie doch. Allein mit drei Kindern und auch alles zu Fuß.

Sie erzählte die ganze Nacht!

Und da war noch etwas. Das was uns alle beseelt hat. Heim, nach Hause, nach Liegnitz, koste es, was es wolle. Und sie hat es geschafft, wenn auch die Heimkehr nicht von langer Dauer war. Aber das ahnte zu dem Zeitpunkt noch niemand.

Wenn auch die Gerüchteküche brodelte, wir wollten und konnten vieles nicht glauben oder auch nicht wahrhaben.

Die Neubauten Schreberweg waren für sie nicht erreichbar. Vater wußte aber, daß ihre damals noch recht betagten Eltern am Stadtrand wohnten. Die Eltern nahmen sie auf.

In den Wirren der Zeit verloren wir uns aus den Augen. Jeder kämpfte ums Überleben.

Da schoß Amor bei ihr seinen Pfeil ab. Sie zog mit ihren Kindern zu dem Polen. Das Verhältnis blieb nicht ohne Folgen. Nun hatte Tante Erna vier Kinder. An sich hatte der Mann reelle Absichten. Er wollte sie heiraten. Aber das ging nicht, sie war ja noch verheiratet. Also gab es nur zwei Möglichkeiten. Die erste war, sich scheiden lassen. Aber keiner wußte, wo Onkel Hans war und ob er überhaupt noch am Leben ist. Die zweite Variante wäre gewesen, wenn schon niemand wußte, wo er war, ihn für tot erklären zu lassen.

Und dazu brauchte sie Oma, und da biß sie auf Granit!

Wie sollten wir uns verhalten? Das war eine schwerwiegende Entscheidung, jemanden für tot zu erklären! Es kam dadurch zum endgültigen Bruch zwischen Oma und Tante Erna!

Es kam zu keiner Scheidung, es kam zu keiner Todeserklärung, da sich die Situation mit uns Deutschen fortwährend änderte.

Inzwischen hatten die ersten Zwangsumsiedlungstransporte begonnen und Tante Erna mit ihrer Familie fiel auch darunter.

Was sollte sie machen? Um da zu bleiben, hätte sie heiraten müssen. Aber das ging nicht. Und wenn es gegangen wäre, hätte sie automatisch die polnische Staatsangehörigkeit erhalten. Und das, ohne auch nur ein Wort polnisch sprechen zu können. Und die Kinder? Deutsche oder Polen?

Nichts war damals geklärt. Über allen lag die große Ungewißheit. Freilich, da hätte sie in Liegnitz bleiben können. Aber war das der Preis dafür? Sie kämpfte mit ihrer Entscheidung. Hier der Mann, der ihr wirklich zugetan war – und dort ein zweites Mal Liegnitz verlassen mit unbekanntem Ziel.

Bettelnd und flehenden Blicks stand der Mann am Bahnsteig.

„Erna, bleib noch hier“, sagte er mit gebrochener Stimme.

Aber die Umstände der Zeit waren gegen ihn. Die Entscheidung deutsch oder polnisch ging über Gefühle hinaus. Man konnte eben nur eins sein. Es sollte so kommen und nicht anders. Jedem war sein Schicksal bestimmt und keiner entgeht ihm. Bald hatte die Nachkriegszeit eine Familie mehr, mit Vater, Mutter und Kindern!

Die Erntezeit war da. Was deutsche Bauern noch 1944 in die Erde gebracht hatten, war aufgegangen mit hundertprozentiger Frucht. Die Felder hätten abgeerntet werden müssen. Aber es gab keine Bauern mehr. Die deutschen Bauern waren nicht wieder zurückgekehrt und polnische Landleute noch nicht da. Roggen, Weizen, Hafer, Gerste, alles stand wunderbar am Halm. Es hätte eine Superernte geben können.

Da man aus Roggen gewöhnlich Brot herstellt und aus Weizen Mehl, hatten wir einen uns helfenden Gedanken. Keiner war mit Brot reichlich gesegnet und wer hatte schon Weizenmehl zum Backen? Der Gedanke war, wir nehmen einen Sack und eine Schere und schneiden nur die Ähren ab.

Gesagt, getan!

Auch der alte Vater Mies ging mit auf die umliegenden, prächtig anzuschauenden Felder am Stadtrand. Tage haben wir so für uns die Ernte eingebracht. Zu Hause wurden die Ähren einzeln ausgepuhlt. Das Scheiden von Spreu und Weizen besorgte der Wind. Ich kroch deshalb mit Vater Mies auf das Flachdach des Hauses. Wir ließen die Weizen- oder Roggenkörner vorsichtig von einer Schüssel in die andere gleiten. Der Wind blies die leichtere Spreu weg und die so gesäuberten Körner fielen befreit von der Spreu in die dafür bereitgestellte Schüssel.

Nun wurde gemahlen bis uns bald die Arme abfielen. Es klappte bei den uns zur Verfügung stehenden Kaffeemühlen nicht mit einem Mahlgang.

Verschiedentlich mußten wir die Körner zwei- bis dreimal durch die Mühle jagen, ehe ein mehlartiges Produkt entstand. Viele hatten noch solche alten Kaffeemühlen, die man zwischen die Oberschenkel nehmen mußte. Dabei konnte man wenigstens sitzen. Wir hatten unsere Kaffeemühle am Türpfosten zur Küche hängen. An der hing ich dann bis zum Umfallen. Das so zustandegekommene, vielleicht ein wenig grobkörnige und auch etwas dunkelerscheinende Mehl, half uns im damaligen Speisezettel wieder ein Stück weiter.

Mutter hatte gleich einen Kuchen gebacken. Es war wieder mal ein unruhiger Tag gewesen. Es gab keine Ruhe. Die Belästigungen hörten nicht auf. Mutter war fix und fertig. Wir sollten nicht froh werden. Als wir dann den Kuchen anschnitten, haben wir alle gespuckt. Mutter hatte in der Hektik des Tages Zucker mit Salz verwechselt. Nun machte wir aus der Not eine Tugend. Schnitten den Rührkuchen in Scheiben und schoben die Scheiben auf einem Blech nochmal in den Backherd. So hatten wir dann herrliches Salzknabbergebäck.

Mutter Mies war kränklich. Der Herbst war da und den überstand sie nicht. Was tun? Wie bekommt man eine Tote ohne Sarg zum Friedhof? Wer veranlaßt ein Begräbnis? Die Leiche mußte aus der Wohnung! Aber wie?

Jemand wollte wissen, daß täglich ein Pferdefuhrwerk durch die Straßen fährt, um die angefallenen Toten einzusammeln. So war es dann auch. Frau Mies, oder beziehungsweise was von der so kleinen Frau noch übrig war, kam in einen Sack der oben zugenäht wurde. An den Sack kam mit einer Sicherheitsnadel ein Zettel, worauf lediglich der Name stand. Der Pferdewagen kam, einige Säcke lagen bereits darauf. Der Sack mit Frau Mies füllte den Wagen mit der nächsten Toten. Es ist nicht bekannt, wo die Verstorbenen begraben wurden. Eins nur ist gewiß, ohne eine Trauerfeier, ohne eines geistlichen Wortes gleich welcher Konfession. Von Blumen und Grabstein ganz zu schweigen. Es ging lediglich darum, die Verblichenen wieder der Erde zu übergeben. Vermutlich waren es nicht nur Deutsche, es waren eben Tote, die um einer Epidemie vorzubeugen, schnellstens aus den Wohnungen, aus den Häusern mußten. Keiner der Angehörigen konnte benachrichtigt werden und keiner weiß, wo ihre Eltern zur letzten Ruhe gebettet worden sind.

Es gab akute Fälle von Typhus mit verheerenden Auswirkungen. Es gab keinen Arzt, der einen Totenschein ausstellte und die Todesursache feststellte. Hatte das Herz aufgehört zu schlagen, war der Mensch tot.

Die Sieger hatten schon ihre Ärzte in den Krankenhäusern, aber die waren nur für ihresgleichen da und nicht für die Bevölkerung gleich welcher Nation.

Also griffen die neuen Administratoren scharf durch und sorgten auf ihre Art und Weise für Ordnung.

Vater Mies folgte bald seiner Frau. Er wollte nicht mehr allein weiterleben. Die Nachbarn kümmerten sich zwar in rührender Weise um ihn, aber ihm fehlte der Lebensmut. Er legte sich hin und sollte nicht wieder aufstehen. Er starb! Er folgte seiner Frau in der gleichen, geschilderten Form.

Die neue polnische Stadtverwaltung, soweit eine schon existierte, hatte eben noch kein Bestattungsamt für die Stadt Legnica, um die Aufsicht über die Einhaltung der Bestattungsnormen und der Leichenhygiene sowie der Friedhofsordnung ausüben zu lassen. Die Norm lag nur in der schnellen Abholung und dem ebenso schnellen Vergraben der Leichen auf dem Friedhof irgendwo. Das war die Norm der Zeit!

Irgendwann im Frühsommer 1946 bot sich das Wetter zur großen Wäsche im Waschhaus an. Vom Hof aus führten steile Ziegelstufen nach unten. Das Waschhaus war, wie alle üblichen dieser Art, mit einem großen, gemauerten Kochkessel, Zementfußboden, der in der Mitte einen Abfluß hatte und einem Auslaufventil ausgestattet. Je nach Gegebenheit ein oder zwei Holzbänke, auf denen Holzwannen standen. Letztere mußten immer feucht gehalten werden, da es Böttcherware war, sonst lösten sie sich in die Einzelteile auf. Die Frauen trugen dazu große, lange Gummischürzen und an den Füßen hatten sie recht klobige Holzlatschen. Wichtigstes Attribut war das Waschbrett, über das wurde alle Wäsche gerubbelt, Kochwäsche, Buntes, Kleines und Großes. Mal rechts, mal links. Arg verschmutzte Stellen wurden mit Kernseife vorbehandelt. Es war eine recht schwere Tätigkeit, da alles mit Hand bearbeitet wurde. Auch die Spülgänge mußten unter recht primitiven Handhabungen mehrmals wiederholt werden. Oma machte aus allem ein Ritual. Wenn Waschtag angesagt war, bin ich am liebsten immer ausgerissen. Es gibt ein altes Sprichwort: Wenn Frauen kochen, waschen und backen, haben sie den

Teufel im Nacken. Soviel muß ich als Junge schon gespürt haben.

Anschließend war Badetag. Alle Familienmitglieder stiegen in die Wanne, oder manchmal gleich in den Kessel, vorausgesetzt, es war kein Feuer mehr darunter. Da fand ich mich dann allerdings auch wieder ein.

Oma war stets bei allen ihren Töchtern am Waschtag präsent. Tante Mariechen sagte zwar immer: „Mutter, die Wäsche für meine Kinder kann ich alleine waschen." Aber was half's, die Oma war immer dabei. Der größte Aufwand an der Grenze des Kult wurde bei Tante Lotte in der Heinrichstraße getrieben. Da ging mich die Sache ja nur am Rande etwas an, es war ja nicht bei uns zu Hause. Helmut, mein Cousin, ein paar Jahre jünger als ich, und ich machten da nur den stillen Beobachter. Da dort im gleichen Haus auch noch Großtante Hedwig wohnte, konnte sich Oma voll auslassen. Dort existierte sogar eine Wäschewinde, die Vorläuferin unserer heutigen Wäscheschleuder. Sie bestand aus zwei Walzen und einer großen Kurbel. Unten hatte sie zwei Zwingen, mit denen wurde sie am Waschfaß befestigt. Einer führte die etwas zusammengelegten Wäschestücke zwischen den Walzen ein und einer mußte die große Kurbel betätigen. Fronarbeit ist ein Dreck dagegen! Aber das kräftezehrende Auswringen der großen, nassen Wäschestücke fiel dadurch weg.

Danach ging es auf den Plan. Das war ein Stück Uferwiese an der Katzbach, in unmittelbarer Nähe gelegen.

Da wurde die Wäsche nicht auf eine herkömmliche Baumwolleine gehangen und mit einfachen Holzklammern festgezwickt, sie kam auf den Rasen. Und als sie bald trocken war, kam Oma mit der Gießkanne um sie sie erneut mit Wasser zu besprengen. Wenn da das Wetter nicht mitspielte, ließ das Stimmungsbarometer der arg belasteten Wäscherinnen erheblich nach.

Nicht weit weg war gleich die Wäschemangel. Von Hand zu betätigen – versteht sich. Die Stunde zwanzig Pfennige. Billiger ging es nicht.

Jetzt gab es viel zu plätten, denn pflegeleichte Fasern waren bis dato unbekannt. Großtante Hedwig sprengte die zum Plätten vorbereiteten Wäschestücke ein, rollte sie fest zusammen und legte sie beiseite. Derweil lag der Bolzen zwischen der Steinkohle in der Ofenfeuerung um glühend rot zu werden. War das der Fall, wurde der glühende Bolzen mittels Feuerhaken in das bereitstehende Plätteisen geschoben. Die kleine Klappe am hinteren Ende des Plätteisens wurde geschlossen, Tante Hedwig machte am Mund die Fingerspitzen mit Spucke naß und benetzte damit die Plätteisenplatte. Wenn es daraufhin richtig zischte, konnte der Plättvorgang beginnen. Er ging solange, solange der glühende Bolzen seine aufgespeicherte Wärme abgab. Wurde der Bolzen langsam kalt, mußte der ganze Vorgang wiederholt werden. Es gab dabei nichts Einzustellen oder gar zu Regulieren. Viel konnte nicht passieren, höchstens bei zu heißem Bolzen konnte Leinen versengt werden.

Was Großtante allerdings im Hochsommer mit ihrer Plättwäsche gemacht hat, entzieht sich meiner Kenntnis. Es gab auch schon Gasbügeleisen. Aber mit Kohle zu Plätten war wesentlich billiger.

Das war in der Zwischenzeit Legende. Zurück zu unserem Waschtag! Wenn große Wäsche angesagt war, wurde zu halber Nacht aufgestanden.

So kam es auch, daß am frühen Vormittag Mutter und Oma schon mitten im frohen Schaffen waren. Waschdünste stiegen die Treppe hoch und zeigten, daß da unten fleißige Hände am werkeln waren. Diesmal war es ein trügerisches Zeichen.

Die Polen in der Funkerkaserne in der Immelmannstraße brauchten mal wieder Arbeitskräfte für Dreckarbeiten, für die sie sich alleine zu schade waren. Nun muß ergänzend gesagt werden, die Funkerkaserne war die kleinste Kaserne der Stadt und eben diese Kaserne hatten die Sieger den Polen für ihre Armee gerade noch übrig gelassen.

Der polnische Soldat mit dem furchteinflößenden Karabiner über der Schulter hatte bereits eine stattliche Anzahl Deutscher eingefangen. Er kam zu uns ins Haus, und sein Weg führte ihn sofort ins Waschhaus. Mutter mußte mit als letztes Opfer. So wie sie war! Weg vom Waschtrog. Mit der alten, langen, schweren Gummischürze vor dem Bauch und einem ausgedienten Waschkleid drunter und die Holzpantinen an den Füßen, zu Fuß von der ehemaligen Nikolaistraße bis in die Immelmannstraße. Zum Hohn mußte sie auch noch eine großen Autogummireifen über den Arm tragen, den der Pole irgendwo aufgetrieben hatte. Es war ein Bild – makaber!

Spätabends kam sie todmüde und völlig erschöpft nach Hause.

Der „Waschtag“ war gelaufen!

Haynau

Johanni 1946 war noch einmal ein finsterer Tag für uns. Hatten die neuen Machthaber Oder und Katzbach oder Katzbach und Neiße oder diesseits und jenseits nicht auseinanderhalten können – wir mußten wieder einmal weichen. Und das urplötzlich. Es gab keine Vorankündigung, weder schriftlich noch mündlich.

Gerüchte waren im Umlauf betreffs Grenzziehung und Grenzfestlegung.

Aber was soll es!

Die Deutschen untereinander machten sich selber ganz konfus!

Es kamen immer mehr Polen aus dem Osten in die Stadt und die stürzten sich auf die von den Deutschen bewohnten Häuser und Wohnungen. Es war wie eine Invasion! Es nahm kein Ende!

In die leeren, verwüsteten Häuser und Wohnungen wollten sie nicht einziehen. Und so ohne weiteres räumten wir nicht das Feld. So daß die wohnungssuchenden Polen oft auf erheblichen Widerstand von seiten der Deutschen stießen.

Vermutlich suchten sie deshalb eine andere Lösung. Bequem und schnell unterkommen war für sie nur möglich, wenn wir Deutschen wieder zum Verlassen der Stadt durch die Sieger gezwungen wurden. Also steckten sich die Polen hinter die Sieger und die segneten die Nacht- und Nebelaktion ab.

Die Deutschen wohnten aber verteilt auf die ganze Stadt, daher erfaßten sie nicht die gesamte noch in Liegnitz wohnende deutsche Bevölkerung. Es war nur ein Teilerfolg, soweit man überhaupt von einem Erfolg sprechen konnte.

Tante Gertrud mit ihren Kindern aus der Heinrichstraße hatte es nicht erwischt. Sie blieben da!

Die gewesene Frau Feuerwehrhauptmann Grallert aus unserem ehemaligen Haus in der Friedrichstraße 36 wohnte mit ihren drei Jungs und ihrem alten, kranken Vater im Haus der Nikolaipost. Sie zog mit ihrem Leiterwagen und den Angehörigen einmal ums Viertel. Das Stückchen Grenadierstraße, die Haynauer Straße runter, die Sedanstraße vor und die Nikolaistraße wieder hoch bis vor ihr Haus der Post. Entlud den Leiterwagen und nahm schnell wieder von ihrer Wohnung Besitz.

Was sollte sie auch machen? In ihrer Situation tat sie erstmal das aus ihrem Ermessen Richtige. Sie hätte mit der Familie auf der Landstraße keine Alternative gehabt.

Die Sieger sahen da so genau nicht durch. Damals fiel und stand alles mit einer großen Portion Eigeninitiative und vor allem Mut. Man mußte sich durchsetzen. Und das täglich, früh vom Aufstehen an bis man wieder ins Bett ging.

Aber wir mußten dran glauben!

Auf einmal war unser Treppenhaus voller Sieger. Alle riefen: „Dawei, Dawei!“

Wir waren alle geschockt! Ergriffen das Nötigste, warfen es in irgendwelche Behältnisse, luden alles, zum wievielten Mal nun schon, auf unseren geliebten Leiterwagen.

Vater machte in dem Tumult noch einen großen Fehler. Ich hatte noch meine Armbanduhr.

„Junge“, sagte er zu mir, „gib die Uhr, vielleicht können wir dann dableiben!“

Ich gab sie einem Soldaten, der gierig danach griff. Der Soldat aber hatte als Einzelner auf die Aktion absolut keinen Einfluß. Was nützte es schon, wenn er sich bedankte und die Uhr für gut befand und uns andeutete, dableiben zu können. Es war ein ausgesprochener Flop. Hinter ihm standen schon wieder drei andere mit MPi versehene Soldaten, die uns fast mit Gewalt die Treppe hinunter und zur Haustür hinaus zwangen.

Oma blieb diesmal zurück. Allein im Haus Nikolaistraße 8. Wir hatten sie mit dem Versprechen, wiederzukommen, dagelassen. Es kam zu keinem Abschied und zu keinen Tränen. Keine Zeit bleib mehr für Schmerz oder Rührung. Wir mußten Hals über Kopf fort. Die Sieger hatten ihre MPi im Anschlag.

Der so mutwillig entstandene Flüchtlingskonvoi zog Richtung Haynau. Für uns war die Strecke ja nicht neu. Geändert hatte sich daran nichts seitdem wir sie vor fast nur einem Jahr in Richtung Liegnitz benutzt hatten. Nur waren wir damals allein auf der Landstraße, was nun nicht der Fall war.

Die Sieger hatten uns den Weg aus der Stadt gewiesen und am Stadtrand unter polnische Bewachung gestellt.

Wir kamen auch nicht bis in die Stadt Haynau. Vor der Stadt auf einer großen Wiese war Halt. Wir wurden gezwungen, im Freien zu übernachten. Es war wie ein Camp. Alles sah besorgt gen Himmel. Wird das schöne Wetter durchhalten? Es war Sommer und warm. Regen hätte es nicht geben dürfen.

Aber das Wetter hielt durch. Viele machten am Lagerfeuer ihre Abendmahlzeit.

Am anderen Morgen war die polnische Bewachung verschwunden. Man hatte geglaubt, uns weit genug von Liegnitz gebracht zu haben und wir würden schon alleine westwärts ziehen.

Wenn wir letzteres wirklich getan hätten, wäre immer noch offen geblieben: Wie über die Grenze? Diese willkürlich gezogene Grenze war da! Wenn plötzlich so ein großer Treck Deutscher vor der Neiße gestanden hätte, wie hätten die polnischen Grenzer reagiert? Hätte man uns ohne weiteres in die sowjetische Besatzungszone ziehen lassen? Wir hatten doch keinerlei Legitimation!

Aber wie weiter und was aus und wird, war Siegern und Polen völlig egal. Die Sieger hatten ihren Kampfgefährten, den Polen, einen Gefallen getan, die neue polnische Bevölkerung profitierte davon und so schloß sich der Kreis.

Außerhalb des Kreises standen die Betroffenen, die Menschen, die in das Land, in die Stadt Liegnitz gehörten. Böse Menschen haben während des Krieges einmal behauptet, so makaber es klingt: Genießt den Krieg, der Frieden ist furchtbar! Nun war seit einem Jahr Frieden und wir lagen wieder auf der Landstraße.

Im Krieg war vieles rationiert. In unseren Breiten hatten wir allerdings im Krieg wie im Frieden gelebt, zu dem, was uns gegenwärtig abverlangt wurde. Nicht nur, daß wir im Freien übernachten mußten, ob wir was zu Essen oder zu Trinken hatten, danach haben weder Sieger noch polnische Bewachung gefragt! Zur Notdurft waren die Felder weit genug. Ob man sich waschen oder gar rasieren konnte, interessierte überhaupt nicht.

Wir waren so der Meinung, daß wir paar übriggebliebenen Deutschen in den unter polnischer Verwaltung stehenden Ostgebieten die einzigen sind, die am Zweiten Weltkrieg die Schuld tragen.

Wir waren da und an uns konnte man seinen Frust ablassen. Wir waren den Machthabern hilflos ausgeliefert. Damals gab es weder UNO noch EG.

Aber wir sind nicht weiter. Wir sind nicht westwärts, dazu waren wir viel zu sehr heimatverbunden. Noch! Wir blieben unserer angestammten Heimat treu unter was für Bedingungen auch immer.

Haynau lag kurz vor uns. Da wohnten doch die beiden Familien, mit denen wir von Bünauburg aus Richtung Liegnitz getreckt waren. Sie waren da und brachten uns unter.

Wir waren mit den Nachbarn aus der Nikolaistraße zusammen geblieben und fanden in leerstehenden Wohnungen eine zeitweilige Unterkunft. Trotz Sommer wollten wir wenigstens für die nächsten Nächte ein Dach über dem Kopf haben. Wir stellten gar keine Ansprüche mehr. Wir waren bereits viel gewöhnt.

In welche Richtung sich der gesamte aus Liegnitz zwangsgeräumte Konvoi aufgelöst hat, ist nicht nachvollziehbar. Nur eins steht fest, die meisten sind wieder zurück, wenn auch vereinzelt. Es ist zu vermuten, einen großen, geschlossenen Treck hätte man gar nicht mehr in die Stadt hineingelassen.

Wir stellten es ob dieser Befürchtung geschickter an. Wir schickten Kundschafter vor. Ich muß vor den Kundschaftern heute noch den Hut ziehen. Zwei Frauen waren die Mutigen. Alte hätten es nicht geschafft, Kinder beziehungsweise Halbwüchsige kamen nicht in Frage und Männer – war zu gefährlich. Junge Frauen ging aber auch nicht. Also zeigte sich Frau Dietrich und noch eine Frau in reiferen Jahren bereit, sich früh auf den Weg zu machen. Sie sollten erkunden ob eine Rückkehr, wie auch immer, möglich ist, und abends wieder da sein.

Es war ein banger Tag für uns. Unsere zweite Heimkehr (oder auch nicht) hing nun heute abend von der Wiederkehr der zwei Frauen ab. Was werden sie für Informationen bringen?

Am späten Abend kamen die beiden Frauen zurück. Erschöpft und abgekämpft von diesem langen Marsch. Wie zum Wunder blieben beide unbehelligt. In unserem Haus in der Nikolaistraße war noch alles beim Alten. Von einigen Verwüstungen in den Wohnungen abgesehen waren keine Polen eingezogen. Die Wohnungen standen leer. Ein Zurück war möglich.

Als hätten wir mit dieser Botschaft fest gerechnet, beschlossen wir, am übernächsten Tag früh wieder nach Liegnitz aufzubrechen. Wir gönnten den beiden erschöpften Frauen einen Ruhetag.

Oma war noch da. Man hatte sie ausgeplündert. Aber nicht die Polen. Siegerinnen waren es, die von ihren Soldaten erfahren hatten, welche Straßenzüge von den Deutschen geräumt waren. Oma war zu dem Zeitpunkt dreiundsechzig Jahre und ein wenig korpulent, wie Omas in dem Alter eben zu sein pflegen. Ihre Kleider, Mäntel, Blusen, Röcke und Schuhe waren nicht für junge Frauen zugeschnitten. Auch waren die Sachen nicht mehr neu. Es gab aber recht stramme, junge Siegerinnen, denen paßte Omas Bekleidung und Zubehör. Sie fragten nicht nach Mode, sie rafften gierig alles und wenn es die letzten Sachen einer alten, alleinstehenden Frau waren. Oma stand im Hemd da. Das hatte man ihr gerade noch gelassen.

Bei den Siegern gab es Licht und Schatten. Am Anfang gab es viel Schatten. Das Licht gab es erst später, als man sich unserer Arbeitskraft bewußt wurde.

Zum Glück war Tante Gertrud noch da. Sie hat ihrer Mutter schnell wieder etwas auf den Leib geschneidert. Ohne ihre Hilfe wäre es arg schwierig geworden, Oma wieder einzukleiden.

Aber so sind wir Deutschen. Uns kann man aus der Wohnung vertreiben, wir kommen wieder zurück. Uns kann man bis aufs Hemd ausziehen, morgen haben wir neue Kleider. Wir hatten wochenlang kein Brot und haben trotzdem überlebt.

Es liegt wohl an der Natur des Deutschen, sich immer wieder aufzurichten.

Ulica Nowi Swiat 8 (II)

Nun waren wir ein zweites Mal nach Liegnitz zurückgekehrt – aus Haynau.

Unser kleiner Treck erreichte ungehindert die Stadt. Alle bezogen wieder ihre Wohnungen. Wir verblieben in der ersten Etage links. Als hätten die Polen es gespürt, daß wir Deutschen wieder da sind, denn die Belästigungen begannen aufs Neue.

Wir in der ersten Etage waren am häufigsten davon betroffen. Viele Polen handelten auf eigene Faust. Einmal wollten sie Energie kassieren, einmal Gas, das andere Mal Wassergeld. Hartnäckig verlangten sie Geld von uns für fadenscheinige Quittungen. Aufdringlich verlangten sie Zugang in die Wohnung. Sie wollten so erkunden, ob es sich lohnt, uns raus und sich selber reinzusetzen. Wir hätten sowieso nicht zahlen können. Wer hatte schon Geld? Zumal Zloty!

Nur Vater arbeitet wieder, bei der russischen Baufirma „KETSCH“, zur Zeit aber nur gegen Naturalien.

Wir mußten uns kurzfristig entschließen, unsere Wohnung in der ersten Etage aufzugeben. Die Belästigungen hatten sich so verdichtet, daß unser Verbleiben da nicht mehr gegeben war.

Zwei Polen waren mit Gewalt an Mutter vorbei, die ihnen den Zugang versperren wollte, in unsere Wohnung eingedrungen. Sie erklärten kurzerhand in gebrochenem Deutsch, daß wir sofort auszuziehen haben, alles stehen lassen sollen und daß sie selbst morgen hier einziehen.

Also wieder raus, also wieder umziehen, also wieder packen, also wieder räumen! Alles mußte schnell gehen. Wir mußten sofort handeln. Gleich als die beiden Polen wieder fort waren, zogen wir um in die zweite Etage rechts. Die Wohnung war zum Glück noch leer. Harri, der mit seinen Angehörigen über uns wohnte, und die Nachbarn von weiter oben aus dem Haus halfen tüchtig mit. Als Vater von der Arbeit kam, waren wir umgezogen.

Die zwei Polen kamen anderen Tags nicht wieder. Wie dem auch sei, wir fühlten uns eine Etage höher sicherer. Eins war ihnen natürlich gelungen, Unruhe und Angst unter den Deutschen zu verbreiten. Diesmal hatte es uns getroffen, das nächste Mal andere.

Harri, drei Jahre älter als ich, war der Enkel der Hausbesitzerin und erst vor kurzem mit seinen Angehörigen aus Ratibor nach Liegnitz gekommen. Mit ihm kamen seine Mutter, sein Stiefvater, sein Stiefbruder Dieter und Frau Stania, seine Großmutter. Dazu gehörte noch Waleska, Frau Stanias Schwester.

Ich habe in meinem ganzen bisherigen Leben keine Familie von unterschiedlicheren Charakteren kennengelernt, wie diese Oberschlesier. Außer Harri und Dieter sprachen sie das sogenannte Wasserpolnisch, wenn es zur Verständigung mit den neuen Machthabern erforderlich war.

Es waren Geschäftsleute, reich gewesen, jetzt so arm wie alle. Sie hatten in Ratibor alles den Polen überlassen müssen. Harris Mutter war eine typische, hübsch gewesene gnädige Frau. Herr Nosiadek mehr Händler als Geschäftsmann. Vermutlich war der erste Mann der Vornehmere. Dieter war mit seinen zehn Jahren recht verwöhnt. Er versuchte immer das Beste rauszuholen. Einmal von Mutter und einmal von Vater. Meistens gelang es ihm auch. Für Harri war der kleine Bruder oft belastend. Bei Frau Stania hatte ich von Anfang an bis wir Liegnitz verlassen haben, einen Stein im Brett. Sie hatte mich ganz einfach ins Herz geschlossen. Waleska wiederum mochte mich nur geschäftlich, aber das hatte seinen Grund.

An sich alles nette Menschen, aber flogen da manchmal die Fetzen! Wer mit wem wie lange oft nicht gesprochen hat, ist nicht mehr nachvollziehbar. In den für uns so schweren Zeiten, fortwährend diese Familienzwistigkeiten, das war für uns unverständlich. Ich kam mit allen gut aus, nur mußte ich immer erst testen, wer spricht zur Zeit mit wem nicht!

Eins habe ich von ihnen gelernt, was mir und uns wohl bisher fremd war, das Schachern, Handeln und Jüdeln. Sie beherrschten es perfekt! Vielleicht gehörte es zu der Region wo sie herstammten? Wir waren darin die reinsten Anfänger und daher Dilettanten.

Herr Nosiadek roch immer Geschäfte und war uns stets eine Nasenlänge voraus. Eigentlich wollte er das Geschäft im Haus wieder als Lebensmittelladen eröffnen. Aber das gelang ihm nicht, da er Deutscher war. Dazu hätte er die polnische Staatsangehörigkeit annehmen müssen. Ein Vaterunser auf polnisch und den Text der polnischen Nationalhymne in polnisch aufgesagt, das reichte aus, um die polnische Nationalität zu erwerben. Und so viel hätte er sicher in reinem und nicht in wasserpolnisch noch zusammenbekommen. Aber das wollte er nicht.

Eines Morgens rannte Herr N. los. Einen Eimer in der einen Hand und in der anderen Hand ein Messer. Dieter jagte hinterher. Ich hörte nur noch Wortfetzen wie: „... eine Kuh geschlachtet ... bei den Siegern, liegt da rum ..."

Ich roch Lunte! Man kann sagen: Fleisch war sein letztes Wort ...

Ich irgendein Gefäß geschnappt, dazu ein Messer und hinterdrein. Tatsächlich lag gegenüber der Grenadierkaserne auf der Wiese der Weißenberger Straße eine bereits ausgeschlachtete Kuh. Nur die Knochen, Därme und Eingeweide starrten uns noch blöde an. Es roch penetrant! Noch nie hatte ich eine Kuh von innen gesehen und dazu ohne jegliches Fleisch. Das hatten längst die Sieger vereinnahmt.

Die standen um uns herum und amüsierten sich ob unserer Habgier. Vielleicht waren sie auch erstaunt, daß wir doch noch etwas Verwendbares aus der Kuh herausholten.

Herr N. wußte aber, daß da noch was zu holen war. Fleisch für Flecke, Knochen für eine Brühe zum Beispiel. Danach richtete er sein Tun. Ich nicht faul! Überwand meinen anfangs aufgekommenen Ekel und schlachtete aus, was auszuschlachten ging. Für ein paar Tage hatten wir Innereien und Brühe.

Der Mitschüler Merkel aus der ehemaligen achten Klasse hatte erfahren, daß ich da war, wo ich wohnte und daraufhin besuchte er mich. Die Haustür war nach wie vor verrammelt um nach Möglichkeit unliebsame Besucher fernzuhalten. Also mußte ich Mitschüler Merkel bei der Verabschiedung bis zur Haustür begleiten.

Eins muß noch vermerkt werden, Deutsche hatten am rechten Oberarm eine weiße Binde zu tragen. Das stand zwar nirgends, war aber durch Mund- zu Mundpropaganda von uns Deutschen als Pflicht anzusehen. Mitschüler Merkel war Deutscher und trug eine solche Binde, wenn er sich auf die Straße begab. Ich hatte keine Binde um. Was soll's auch? Von der Wohnungstür zur Haustür fand ich das ganze idiotisch! Wobei ich sagen muß, ich habe nie eine weiße Binde umgetan. Ich haßte das geradezu, sich äußerlich so anzuzeigen. Es war sowieso kompletter Unsinn.

Auf der Straße erkannte man, ohne daß ein Wort fiel, sofort die Nationalität. Mir ging es jedenfalls so und vielen anderen auch. Nicht nur die Uniformträger, nein, auch die Bevölkerung ließ sich auf Anhieb durch ihr Auftreten, durch ihr Benehmen katalogisieren. Ich unterschied gleich unter Siegerfrauen, Polen, Juden und Zigeuner. Letzteres war nicht schwer, die laufen heute noch so herum. Ich schließe also die Haustür auf, Merkel geht und plötzlich steht ein polnischer, sagen wir mal Unteroffizier (so gut kannte ich mich in den Ranggruppen dieser Armee nicht aus) mit geschultertem Gewehr vor mir. „Mitkommen!" schreit er mich an, „wo ist Binde?" Erschrocken sehe ich ihn mir an und dabei merke ich erst, daß er bereits ein stattliches Häuflein Deutscher, alle ohne weiße Armbinde, eingefangen hat. Es waren Männlein und Weiblein, jung und alt, eine sogenannte gemischte Gruppe.

Ich eine Wut!

Mir schoß es durch den Kopf, Kobelt, wie blöd bist du denn eigentlich, läßt dich von der Haustür aus wegfangen?

„Laß dich nicht wegfangen" ist heute noch eine oft gebräuchliche Redewendung. Man lacht darüber und nimmt es nicht ganz ernst. Aber damals war es eine Tatsache.

Es gab für mich kein Zurück und auch keine Möglichkeit, Mutter zu informieren über mein Mißgeschick. Ich mußte mit! Es ging Richtung Zentrum. Mir schwante Schlimmes. Die Polen hatten nur die Funkerkaserne in der Immelmannstraße. Da kam mir Mutters Intermezzo vom Waschtag in den Sinn. Sicher sollte mir gleiches bevorstehen! Kommt nicht in Frage, hier haust du ab, ging es mir durch den Kopf. Gedacht, getan!

Wir waren noch nicht weit gegangen, noch vor der Ecke Sternstraße scherte ich aus. Wie der Blitz war ich fort. Das Eckhaus Stern-/Nikolaistraße war eine Brandruine. Diese Ruine schien mir für meine Flucht das geeignetste Objekt zu sein. Ich sollte recht behalten. Ich sprang hinter den Häusern über Zäune und Mauern von einer Höhe, die man nur in großer Todesangst überwindet. Bald stellte ich fest, daß ich nicht verfolgt wurde. Atemlos und vor Furcht der Entdeckung, blieb ich erst mal sitzen wo ich gerade war. Das Herz pochte wild und der Puls hetzte. Im Mund war kein Speichel mehr zu spüren. Ich hockte da und wartete.

Als ich ganz langsam zu Ruhe kam und meine Gedanken wieder in Ordnung bringen konnte, wurde mir bewußt, daß an eine Verfolgung eigentlich gar nicht zu denken gewesen ist. Hätte es der polnische Sergeant gewagt mir zu folgen, wären ihm unter Garantie alle eingefangenen Deutschen wieder davon gelaufen. Dann hätte er vielleicht mich gehabt, aber auf die anderen verzichten müssen.

Nun war die Tragik die, der Herr Sergeant wußte aus welchem Haus er mich weggefangen hatte. Nichts lag näher, als dahin zurück. Der war wirklich so töricht zu glauben ich flüchte nach Hause. So schlau war ich selber. Ich schlich mich erst nach Stunden vom Hof her ins Haus.

Unser Haus glich einem Bienenstock, als ich es leise schleichend von hinten her betrat. Alle waren in heller Aufregung. Der polnische Sergeant hatte das ganze Haus auf den Kopf gestellt und tatsächlich nach mir gesucht. Gebrüllt, geflucht und gedroht mich zu erschießen. Er kündigte an, am Abend wiederzukommen, er wird mich schon kriegen.

Er hatte mich zwar als Arbeitskraft verloren, aber in seiner Hektik aus dem Haus niemanden weiter mitgenommen.

Was tun?

Mutter war erst mal froh, mich heil in die Arme schließen zu können.

Harri war in Sicherheit gebracht worden, da die Vermutung nahe lag, daß man es besonders auf junge männliche Deutsche abgesehen hat. Der polnische Sergeant hatte nicht vermutet, im Haus Menschen zu begegnen, die seine Sprache verstehen.

Kommt der Pole am Abend wieder, kommt der Pole am Abend nicht wieder? Das war hier die Frage! Viel und oft genug ist uns schon gedroht worden. Aber inwieweit wird hier eines Polen Wort wahr sein?

Auf alle Fälle sollte ich mich verstecken. In der Küche war eine Speisekammer. Aber das schien uns dann doch zu vage. Mutter kam auf die Idee, mich in den Ehebetten zu verbergen.

Am Abend kam der Pole doch. Nicht mehr mit geschultertem Karabiner, sondern nur mit einem Revolver am Koppel. Er kam nicht allein. In seiner Begleitung eine junge Frau. Vermutlich die Dolmetscherin oder vielleicht auch etwas anderes. Eine Deutsche, eine Polin – es war nicht genau festzustellen.

Durch die Verrammelung der Haustür, die allen Besuchern erst geöffnet werden mußte, blieb genügend Zeit, mich im Bett zu verstecken. Ich legte mich ohne Schuhe aber angezogen ins Bett. Mutter zog das Federbett über mir glatt und legte die Tagesdecke über die Ehebetten. Ich bekam kaum Luft und zitterte am ganzen Körper. Mein bibbern hat an den Bettgestellen eine Vibration ausgelöst. Ich kam ins Schwitzen. Aus Angst und von der Wärme, die das Federbett hergab.

Was wir uns damals nur gedacht hatten? Ich bebte im Bett. Aber nicht lange. Bald kam Mutter und befreite mich aus meiner mißlichen Lage. Sie sah ganz heiter aus. Sie sagte nur: „Komm nur, der Pole will mit dir sprechen." Ich sah sie verdutzt an und verstand erst nicht was das bedeuten sollte. Der Pole saß in der Küche. Er lachte, als ich eintrat. Ich dachte, welch eine Wendung! Erst wollte er mich erschießen und nun das. Über die Dolmetscherin hatte er schon vorher meinen Eltern erklärt, er wolle mich nur noch mal sehen, passieren würde mir nichts. So war es dann auch. Ob die Dolmetscherin alles wortgetreu übersetzte, konnten wir nicht feststellen. In versteckten Ausführungen ließ der Pole durchblicken, daß er meine Handlungsweise bewundert. Er war äußerst freundlich. Es war anzunehmen, daß er es ehrlich meinte.

Von der Sache her war es schon ein Ding! Immerhin war der Weg von der Funkerkaserne bis zu uns ganz schön weit. Nun kam er nur, um mir das zu sagen. Damit war meine Flucht vom Vormittag ausgestanden.

Bei Harris Großmutter und ihrer Schwester bahnten sich die ersten Geschäfte an. Schwester Waleska hatte einen polnischen Pantoffelmacher ausfindig gemacht, der jemanden suchte, seine hergestellten Produkte abzusetzen. Der Gewinn blieb dem Verkäufer selbst überlassen. Da hatte Waleska ein einbringendes Betätigungsfeld. Frau Stania war da nicht so eifrig.

Da wir Jugendlichen oft nur herumsaßen, versuchte sie, uns auch für die Pantoffelherstellung zu begeistern. Harri brachte sogar aus Holz einen halbwegs brauchbaren Leisten zustande. Zur Pantoffelherstellung hat der recht roh gezimmerte Leisten nie gedient. Ich war nur einen scheelen Blick auf ihn. Anfangen konnte ich damit vorerst gar nichts. Zu dem Zeitpunkt konnte ich auch noch nicht ahnen, daß die Herstellung von Pantoffeln für mich in naher Zukunft eine lukrative Arbeitsaufgabe sein wird. Sie wurde mein Broterwerb. Diese steuerlose Geschäftstätigkeit hat dann im Lager Hundsfeld zur vierteljährlichen Ausreisesperre geführt. Aber davon später.

Im Prinzip hatte Frau Stania schon recht. Wir sollten auch etwas unternehmen, um zum Lebensunterhalt der Familien beizutragen. Aber was schon? Und so verbissen sahen wir die Sache auch nicht. Freilich, Jungs in unserem Alter sollten auf die Penne gehen oder irgendeine Lehrstelle haben. Aber es gab weder Schule noch Lehrstellen. Eine wahre Utopie zu der Zeit. So ließen wir den lieben Gott einen frommen Mann sein.

Meine Beziehungen zum lieben Gott sollte ich erst später

finden. Vor, während und nach meiner Konfirmation, zu der es dann nach dreimaligem Anlauf erst am Sonntag Judika 1947 endlich kam.

Doch wir gingen lieber baden. Was arbeiten so richtig heißt, wußten wir noch nicht. Uns war die Freiheit lieber. Der Sohn eines Freundes von Vater in unserem Alter schloß sich an. Zu dritt zogen wir los. Hatten wir damals lustige Badehosen! Die gingen bis an die Knie. Wir sahen göttlich darin aus! Gut und schön: baden – aber wo?

Nun waren doch im Krieg auf die Stadt verstreut Feuerlöschteiche angelegt worden. Diese Feuerlöschteiche existierten noch und waren auch noch bis zum Rand mit Wasser gefüllt.

So ein Teich war auch angelegt in der Steinmetz-/Ecke Goldberger Straße auf der Höhe der Kunst-Ziegelei. Das war vorerst unser Ziel.

Uns muß Gottes Segen begleitet haben, daß uns da nichts passiert ist. Wir sprangen nicht nur vom Beckenrand ins Wasser. Nein, sogar vom einen Meter weit entfernten Zaun ins kühle Naß. Nun war ja eine turbulente Zeit gewesen. So diente auch ein Feuerlöschteich zum Unrat abladen. Auf dem Grund lag ausrangiertes Militärgut und inzwischen verrostetes Eisen jeglicher Art. Wir hätten uns den Bauch aufschlitzen können. Auch eine Infektion wäre möglich gewesen. Wer hatte schon das Wasser erneuert? Und nach dem Baden duschen war nicht drin. Wir müssen eine strotzende Gesundheit gehabt haben.

Die Baderei überstanden wir ohne Folgen. Kam jemand, der uns verjagen wollte, wurden wir böse. Vielleicht meinte es der Erwachsene, gleich welcher Nationalität, gut? Wir legten es nur anders aus. Wir wollten unseren Spaß, und den hatten wir dann auch.

Alle wollten leben, alle wollten essen. Die Sieger hatten zwar ihre Magazine in denen es alles gab. Aber so nebenbei wollten die Frauen mal etwas anderes für ihre Familien auf den Tisch bringen.

Der Markt kam auf! Im Gelände des abgebrannten Kaufhauses am Ring, Ecke Haynauer Straße, begann er.

Die polnischen Bauern boten ihre Produkte an. Nach so langer Zeit des Darbens eine Augenweide. Butter gab es gleich in Klumpen. Davon wurden, wie gewünscht, die geforderten Gramm abgeschnitten. Waagen gab es die unterschiedlichsten Typen. Von geeicht sein keine Spur. Es gab Eier, Quark los, Milch, saure und süße Sahne in Kannen. Man mußte ein Gefäß mitbringen. Obst und Gemüse der Jahreszeit entsprechend. Kraut wurde in Köpfen angeboten aber auch im Faß als Sauerkraut. Die Anbieter waren alles Polen. Die Käufer allerdings gemischt. Polen aus der Stadt, Siegerinnen, Juden, Deutsche und manchmal Zigeuner. Letztere waren aber nicht zum Kaufen da. Die Preise schwankten. Zahlungsmittel war die polnische Währung, der Zloty. Damals hatte er noch Wert.

Hühner gab's jede Menge. Lebende und auch tote. Einen Tip hatte uns Frau Stania mit auf den Markt gegeben. Bei ungerupften Hühnern dahin pusten, wo die Eier rauskommen. Ist da die Haut gelb, ist es ein gutes, fettes Huhn. Leuchtet die Haut an der Stelle bläulich, ist das Huhn mager und zäh. Da sollte man die Hände davon lassen. Fliegende Händler trugen die Hühner an den Beinen mit dem Kopf nach unten. Die waren fast tot ehe sie einen Käufer fanden.

Nun gab es sehr elegante Siegerinnen, zum Beispiel Genossin General fremden Rechts, und auch sehr aufwendig gekleidete Jüdinnen, schnell reich gewordene Geschäftsleute. Nicht nur, daß sie auffallend gut gekleidet waren, nein, auch geschminkt. Wenn man spitze, rotlackierte Fingernägel dazu zählen kann.

Was sich da so zwischen ihnen und den polnischen Händlern vollzog, grenzt fast an abstrakte Kuriositäten.

Kamen die „Damen" bei ihrem Marktrundgang an Milch-Verkaufenden vorbei, ging das etwa so vor sich:

Die in Kannen zum Verkauf durch die polnischen Bäuerinnen herbei gekarrte Milch wurde vor dem Kauf erst einer Kostprobe unterzogen. Dabei bediente man sich der inneren Handfläche. Ein Schwapp darauf und die Verkostung begann. Freilich kamen die Marktfrauen dem Begehr der feinen „Damen" nach. Witterten sie doch ein Geschäft. Denn war ihre so probierte Milch nach dem Geschmack der eventuellen Käuferinnen, kam es zum Geschäft. Vorausgesetzt, der Preis war angemessen. Sonst blieb die Verkostung ein Flop. Aber da einigte man sich allerdings meistens. Denn jeder verkaufte Liter Milch brachte Umsatz und einen raschen Ausverkauf. Keine der Marktfrauen wollte doch auf ihrer Milch sitzen bleiben. Und einen Rücktransport hätte sie sowieso nicht, ohne sauer zu werden, überstanden.

Die polnischen Händler kannten diese Späße und ließen sie widerspruchslos über sich ergehen. Und keiner hätte es je gewagt, sein Produkt mit Wasser zu strecken. Sie wären nie wieder einen Tropfen losgeworden. Also ließen sie solche Kontrollen in Wohlgefallen zu.

Die deutschen Frauen standen bieder etwas abseits und beobachteten das bunte Treiben und die da heraus resultierende Entscheidung. Ihnen war diese Handlungsweise, auf dem Markt einzukaufen, fremd. Sie waren doch froh, endlich die lang und heißbegehrten frischen Artikel sich leisten zu können. Wurde also so von den „Damen" nach der Koste Milch gekauft, schlossen sie sich an. Denn dann war Qualität vorprogrammiert. Und sie taten recht daran. Denn der Zloty war knapp bei ihnen und hatte damals noch seinen Wert. Man wollte doch für das wenige Geld was man besaß, gute Ware.

Bei der in großen Klumpen angebotenen Butter auf den recht provisorischen Auslagetischen unter oft hanebüchender Verkaufskultur bedienten sich die „Damen" anderer Methoden. Die Kultur nahm ihren Lauf.

Mit den spitzen, rotlackierten Fingernägeln griffen die Hände nach der Butter und nagten so ein haselnußgroßes Stück davon ab und steckten es in den Mund zum Kosten. War die Butter nicht nach ihrem Geschmack, wiederholte sich der Vorgang am nächsten Stand mit den gerade am Mund abgeleckten Fingern. Noch unhygienischer fand ich ihr Tun vor den Sauerkrautfässern. Mit den spitzen Fingern rein, gekostet, war's nicht nach ihrem Geschmack, flog das restliche Kraut aus ihren Fingern im hohen Bogen wieder in das Sauerkrautfaß zurück. Und der nächste hat es dann gekauft.

Es waren freie Sitten. Die polnischen Händler konnten nicht aufmucken. Alle wußten, alles war noch illegal. Sie zahlten weder Standgeld noch Steuern. Wobei sie die Preise selbst machten.

Von was sollten wir Deutschen etwas kaufen? Vater arbeitete nach wie vor nur fur Naturalien. Mutter mal hier, mal da – fürs Essen. Ich war mal kurz in einem Lebensmittelladen bei zwei jungen Juden. Von früh bis spät mußte ich schwer ran. Wenn es sich wenigstens einigermaßen gelohnt hätte. Aber man zahlte einen Hungerlohn. Vater zog mich daraufhin aus dem Verkehr.

Jetzt es war es aber so, daß auf den Märkten und sogar an Straßenecken Polinnen standen und die deutschen Frauen ansprachen: „Frau, was zu verkaufen, zahle gut?"

Wir waren überrascht. Was hatten wir schon noch zu verkaufen? Vor allem Neues oder Gutes, was Geld brachte?

Eigenartigerweise hatten die Deutschen doch noch etwas zu verkaufen. Irgendwie fand sich immer etwas, was zu Geld, sprich Zloty, gemacht werden konnte. Es war erstaunlich, was für Reserven es da in den den deutschen Haushalten gab. Was da war zum Verkaufen, war oft nicht mehr neu, aber eben gut erhalten. Haushalts- und Bettwäsche, Geschirr, Porzellan, Kristall, Fotoapparate, sogar Pelze wechselten so den Besitzer.

Nun standen nicht nur die geschäftstüchtigen, schachernden Polinnen auf dem Markt und an den Straßenecken. Zu ihrer Konkurrenz wurden die nach und nach eröffneten Geschäfte aller Art in der Stadt. Auch sie brauchten Waren. Also hatten die Deutschen die Wahl. Wer bot mehr? Die Polinnen auf der Straße oder die Polen in den Geschäften?

Wobei die Polinnen auf der Straße die billig erworbenen Sachen vermutlich auch nur zum Weiterverkauf den Deutschen für ein Trinkgeld abluchsten. Es war rum wie num. Traurig waren die Deutschen immer über jedes so billig abgegebene Stück. Aber was sollte man machen?

Für die so erworbenen paar Zloty konnte man sich wenigstens einen langersehnten Wunsch erfüllen.

Unser Geld war nicht gefragt. Als Zahlungsmittel nahm es niemand. Viel bares deutsches Geld hatten wir nicht. Die Spareinlagen nützten gar nichts. Und noch war deutsches Geld Zahlungsmittel außerhalb der unter polnischer Verwaltung stehenden deutschen Ostgebiete im übrigen, viergeteilten Deutschland.

Aber es gab noch andere Möglichkeiten, um zu dem gegenwärtig, gültigen Zahlungsmittel zu gelangen.

In Restdeutschland war die Reichsmark noch stabil. Das wußte man hier. Wo Deutsche sind, muß es auch Reichsmark geben. Also blühte auch diesbezüglich der Schwarzmarkt. Banken und Sparkassen gehörten im „Tausendjährigen Reich" nicht zu den Gepflogenheiten des kleinen Mannes. Wer Geld hatte, hortete es zu Hause. Über eventuelle Zinsen machte sich niemand Gedanken. Der Sparstrumpf war im wahrsten Sinne des Wortes noch genug in den Familien vorhanden. Er fand oft noch seinen angestammten Platz im Strohsack.

Wir waren mit Reichsmark aus Liegnitz fort und mit Reichsmark nach Legnica zurückgekehrt. Daß wir sie niemals mehr da brauchen würden, ist uns in den kühnsten Träumen nicht eingefallen. Wir waren unterwegs. Es war wie eine große Reise. Und wer reist schon ohne Geld? Kein Vermögen zwar, aber letztendlich um die ökonomischen Bedürfnisse zu stillen. Die im dritten Reich stark gemachte Mark hielt doch jeder fest. Sie war das finanzielle Rückgrat der Familien. Also auch unserer!

Nun feilschte man nicht nur mit Galanteriewaren jeglicher Art – nein auch noch mit Devisen. Der dunklen Kanäle gab es genug. Wobei es weitaus gefährlicher war, Reichsmark in schwindelerregender Höhe in den damals rechts stabilen Zloty einzutauschen, als irgendwelche Waren des täglichen Bedarf abzusetzen. Solche dubiosen Geschäfte wurden lediglich zwar auf der Straße angesprochen, aber getätigt im Dunkeln. Ein Kurs war allen Beteiligten unbekannt. Dem Hehler wie dem Dehler. Es ging nach dem Motto: Vertraust du mir, so vertraue ich dir. – Basta!

Auch wir tauschten, das heißt, ich wurde ins Feld geschickt, abends im Finstern. Die Eltern und Oma hielten sich zurück. Zloty wollten sie zwar, nur fehlte es ihnen an Courage sie zu beschaffen. So blieb es wieder an mir hängen. Natürlich reizte mich die Aufgabe. Erstens, da ich noch blutjung war und zum anderen hatte sie so etwas Prickelndes.

Ohne Massenmedien funktionierte die Mund-zu-Mund-Propaganda ausgezeichnet. Die Adresse der umtauschwilligen Polen hatte mir jemand unter dem Siegel der Verschwiegenheit zugetragen. Der reinste Hohn, wie ich später während der „Amtshandlung“ feststellen mußte. Als Verstärkung nahm ich Walcska mit. Sie war für Geschäfte jeglicher Art zu haben, diese liebe, gute, alte Krämerseele. Auch sie hatte nämlich noch einige Märkers retten können. Und bei ihr stand es ja fest, daß sie deutsche Reichsmark niemals mehr als legales Zahlungsmittel zum Einsatz bringen wird. Durch ihre Adaption blieb ihr für die Zukunft nur der Zloty. Also was soll's, das Beste draus gemacht. Ein Verlust war vorprogrammiert. An einem Abend, draußen war es bereits finster und die Herbst- oder Frühjahrsstürme tobten durchs Land, machten wir uns auf. Es war ein wenig einladendes Hinterhaus an der Promenade, unweit vom Bahnhof. Eine Frau mittleren Alters empfing uns. Ihr zur Seite ein junger Mann. Zur Unterstützung oder als Schutzengel. Bei den polnischen Katholiken kann man das nie genau sagen. Waleska begann mit Wasserpolnisch unser Begehr vorzutragen. Vergebliche Liebesmühe, man sprach deutsch und wurde sich in deutsch handelseinig. Uns saß die Angst im Nacken. Da war uns jeder Kurs egal. Das nicht gerade anheimelnde Umfeld unterstützte unsere rasche Zusage, mit dem angebotenen zufrieden zu sein. Sicher war es Absicht, einschüchternd zu wirken. Was auch voll gelungen war.

Begeistert waren die Eltern und Oma nicht gerade von mir, als ich von meiner düsteren abendlichen Exkursion zurückkam und den schmalen Erlös vom Umtausch der sauer verdienten und ersparten Reichsmark auf den Tisch legte. Aber Mutter sah das offener. Erstens war sie froh, daß ich unversehrt wieder nach Hause gekommen war und zudem das einkalkulierte Risiko heil überstanden hatte. Spätere Tauschgeschäfte lagen dann auch günstiger für uns. Langsam kam die Routine.

So war es! Es gab in Polen nichts, was nicht möglich war. Und damals kannte noch keiner Neckermann. Sie sind die geborenen Krämer. Im Geschäft immer oben auf.

Das Jahrzehnte ins Land ziehen sollten, wo ein umgekehrtes Umtauschverhältnis vorherrscht, ahnte freilich zu dem Zeitpunkt niemand. Es tat sich die Frage auf, zu was brauchen die Polen deutsches Geld? Wir wußten, daß Schlepperbanden existierten. In unserem Haus waren wir später Zeugen solcher Machenschaften. Sie ließen sich überaus hoch in Reichsmark bezahlen. Sie gingen mit über die grüne Grenze und setzten das so erworbene Geld um. Für was allerdings, muß offen bleiben. Denn das übriggebliebene Deutschland blutete ja selbst noch. Es waren Geschäfte undurchschaubarer Methoden.

Auch Charlotte Weigel-Scholz aus der Mansarde hatte zeitweilig einen Sieger als Freund. Was soll's! Wir sahen darüber hinweg. Es waren junge Frauen. Die Männer wer weiß wo. Schließlich trug so eine Freundschaft auch zum Überleben bei. Es fiel viel Eßbares ab. Das war ganz einfach lebensnotwendig. Es gab nur eine Alternative, entweder einen Siegerfreund oder für Naturalien hart und schwer arbeiten.

Eines Sonntags wollte Frau Charlotte mit ihrem Siegerfreund spazieren gehen. Sie zog dazu ihr Dirndl an. So mit reichlich gestärkten Puffärmeln und eben solcher weißen Schürze vor dem Bauch. Der Sieger bekam große Augen. Er sollte mit einer Frau auf die Straße gehen, die eine Schürze umhatte. Nie! Er protestierte hart. Nun war aber die Verständigung schwierig, um ihm klarzumachen, daß zu einem Dirndl ganz einfach eine Schürze gehört. Er konnte kein deutsch und die Frauen kein russisch. Nach langem Hin und Her ließ er es dann doch dabei bewenden und akzeptierte schließlich die weiße, gestärkte Schürze auf dem Kleid. Nur – so ganz einerlei war es ihm nicht. So kam es dann doch, wenn auch durch die heftige Debatte verspätet, zum Sonntagsspaziergang.

Frau Zobel, ihre Schwester, wurde krank. Sie mußte das Bett hüten. In den zwei kleinen Mansarden ein schlechtes Unterfangen. Es war immer noch so. Kein Arzt und keine Medikamente für die Deutschen. Apotheken gab es auch noch nicht. Wer stellte schon eine Diagnose? Fräulein Tilgner sprang ein. Sie stellte für die schwer Erkrankte ihr Schlafzimmer zur Verfügung. Sie erkannte auch die Krankheit. Kehlkopfkrebs – unheilbar.

Frau Zobel starb einen qualvollen Tod. Sie rang ohne Medikamente tagelang. Ihr Tod war eine Erlösung. Es hätte ihr keiner mehr helfen können. Medikamente hätten eine Linderung der starken Schmerzen gebracht – aber eine Heilung war ausgeschlossen.

Sie richtete sich noch einmal im Bett auf und streckte dabei beide Arme nach oben, wie zum Himmel. „Ich komme, warte, ich komme", rief sie mit nach oben aufgeschlagenen Augen, fiel zurück, denn das Herz hatte aufgehört zu schlagen.

Nun hatten wir wieder eine Leiche im Haus. Das Fuhrwerk, welches die in Säcke genähten Toten abholte, verkehrte nicht mehr. Wir hatten ja inzwischen Spätsommer 1946. Was tun? Diesmal war Vater der rettende Engel.

In der Wörtherstraße war eine große Zimmerei. Dort hatten die Sieger ihre Reparaturwerkstatt eingerichtet mit vielen Nebengewerken. Das gesamte Unternehmen nannte sich KETSCH. Vater arbeitete jetzt dort.

Er sprach mit dem „Natschalnik" über den Dolmetscher und bat um die Anfertigung eines Sarges. Seiner Bitte wurde stattgegeben. Der Sarg war zwar nur aus rohem Holz. Aber es war ein Sarg und die Verstorbene brauchte nicht in einen Sack genäht zu werden.

Der Sarg kam in der dritten Etage auf den Flur auf zwei Stühle. Da stand er nun – und drinnen die Tote. Man mußte ja die Treppe hoch und runter. Gerade wir, da der Sarg fast vor Omas Tür stand. Für mich war es damals grauslich. Ich ging, so lange der Sarg dort stand, eben nicht zu Oma.

Jetzt hatten wir sogar einen Pastor. Das war meine erste Begegnung mit ihm. Damals ahnte ich noch nicht, daß er es sein wird, der mich in naher Zukunft konfirmiert.

Er hielt am Sarg die Trauerrede. Wir standen ringsherum. Nur die Schwester der Verstorbenen, Frau Weigel-Scholz, saß auf einem Stuhl. Nun kam wenigstens schon ein Mensch mit Gottes Segen und im Sarg unter die Erde. Welch ein Fortschritt! Es klingt zwar lakonisch, aber damals mußte man es so und nicht anders auslegen. Es war nichts abgesichert. Alles war dem Selbstlauf überlassen. Ein Sprichwort sagt: Bist du Gottes Sohn, so hilf dir selbst! Und wir mußten uns in allen Lebenslagen selber helfen.

Auch den Transport des Sarges nach dem Friedhof hatte Vater organisiert. Auf sein Bitten hin stellten die Sieger einen offenen Lkw zur Verfügung. Die Schwester der Verstorbenen durfte neben dem Fahrer Platz nehmen. Sie mußte dem ortsunkundigen Fahrer den Weg zum Friedhof weisen. In die Mitte der Ladefläche kam der Sarg. Er stand frei und war nirgends befestigt. Die mitfahrende Trauergemeinde stand ringsherum und mußte sich an dem Gestänge, an dem sonst die Plane angebracht wird, festhalten. Bei jedem Stop-Schild und jeder Kurve rutschte der Sarg. Entweder bei zu starkem Bremsen in Richtung Fahrerhaus, oder nach links und rechts. Die Frauen quiekten und juchzten – und das im Angesicht des Sarges. Der Fahrer fuhr wie ein Raubritter.

Aber eine andere Transportmöglichkeit war eben nicht gegeben.

Da nun Frau Charlotte Weigel-Scholz nach dem Tod ihrer Schwester mit ihrem Töchterchen Heidi allein war, wollte sie fort. So über die grüne Grenze, mit Schleppern, für Geld oder Wertsachen. Alle redeten ihr das aus. Aber ihr war nicht zu helfen. Sie lernte zu ihrem Unglück noch so eine zweifelhafte Person kennen, an die sie sich klammerte und an die sie glaubte. Es war gar nicht mal festzustellen, welcher Nation diese Person angehörte. Kurz, es war ein Flittchen und paßte sogar nicht zu Frau Weigel-Scholz. Wie das im Leben ist, Gegensätze ziehen sich an. Sie arrangierte die illegale Ausreise für Mutter und Tochter. Eines Tages waren sie fort. Sie hatten nur mitgenommen, was sie tragen konnten und das war nicht viel.

Ein paar Tage später steht doch das Flittchen von oben bis unten in den Sachen von Frau Weigel-Scholz vor unserer Wohnung. Sogar der Hut war von Frau Charlotte. Sie begehrte Einlaß in die verlassene Wohnung der vierten Etage, der kleinen Mansarde. Sie war in Begleitung eines „Herrn". Wir ließen sie gewähren. Sie war eine gefährliche Person. Jeder Widerstand wäre zwecklos gewesen.

Zu unserem Befremden über ihr Äußeres, dem Tragen der

kompletten Kleidung von Frau Weigel-Scholz schwieg sie sich aus. Über unsere Besorgnis, ob alles gut gegangen wäre über die Grenze, gab sie keine Auskunft. Zurück kamen sie nicht, Mutter und Kind. Daher schlußfolgerten wir, müssen sie das übriggebliebene Deutschland erreicht haben.

Das Flittchen räumte mit ihrem Begleiter die Mansarde restlos aus. Alles das, was Mutter und Tochter hatten nicht mitnehmen können. Es war ein hoher Preis der dafür gezahlt werden mußte, außerhalb jeglicher Administration die Heimat zu verlassen. Mit dem Hemd auf dem Leib ins Ungewisse. Kommentar der Frauen im Haus: Sie wollte es ja nicht anders! Wenn dem Esel zu wohl ist, geht er aufs Eis tanzen.

Ein Zurück gab es in so einem Falle nicht, es gab nur die Reue, die einem ein Leben lang verfolgt und die Erkenntnis, einen großen Fehler gemacht zu haben.

Das große Eckhaus von uns gegenüber hatten die Sieger als, na ja, sagen wir mal nicht als Hotel, man müßte sagen als Pension umfunktioniert. Da wohnten Boten, Kuriere oder Kundschafter der Sieger, wenn sie in der Stadt kurzzeitig ihren Obliegenheiten nachkamen. Oft konnte wegen Überbelegung keiner mehr untergebracht werden.

Frau Eschenhorn aus unserem Haus war dort Wäscherin. Sie wußte Rat. Sie schickte Quartiersuchende einfach zu uns ins Haus. Die Mansarden waren frei und manchmal nahmen wir Einquartierung im Wohnzimmer an. Ein Brot, ein Stück Speck oder sonstiges blieb immer hängen. Und genau das war für uns wichtig. Die Sieger, vorwiegend höhere Offiziere, benahmen sich höchst anständig. Das waren sie letztendlich ihrer ausgefallenen Position schuldig. Sie zogen eine Unterkunft bei uns der in der „Pension" vor. Solche hochbesternten Sieger hatten die Freiheit der Wahl.

Ulica Matejki 2

Vater wird Spezialist!

Das war bei den Siegern an sich nicht allzu schwierig.

Konnte man zwei Ziegelsteine aufeinandersetzen und halbwegs ordentlich verputzen – war man Spezialist!

Konnte man aus Brettern mit einer Tischlersäge einen Kasten zusammensetzen – war man Spezialist!

Wußte man geschickt mit Pinsel und Farbe umzugehen – war man Spezialist!

Wer ein verstopftes Auslaufventil wieder gangbar machte – war Spezialist!

Konnte einer einen Schlüssel feilen und ein desolates Schloß reparieren – der war Spezialist!

So ließ sich die Reihe beliebig fortsetzen.

Aber Vater wurde großer Spezialist! Vater wurde Schornsteinfeger!

Das blieb er dann auch bis zu unserer Zwangsumsiedlung. Mit noch einem Deutschen, kurz, dem Krause Walter, bildeten sie ein Team für sich.

Ich kann heute selbst nicht mehr mit Bestimmtheit sagen, was meinen Vater damals bewogen hat, ausgerechnet als Schornsteinfeger arbeiten zu wollen? Er hatte absolut keine Vorkenntnisse. Dazu war er ja noch beinbehindert. Er führte mit seinem Partner die Schornsteinreinigungen auf den von den Siegern bewohnten Grundstücken perfekt zur vollen Befriedigung der Auftraggeber aus. Und das war fast ein Viertel der Stadt, die Kasernen und Umgebung vom Haus der Wehrmacht ausgenommen. Auch in den von den Siegern abgegrenzten Stadtgebieten hatten beide Schornsteinfeger einen Sonderstatus. Ihnen waren Tür und Tor geöffnet, selbst in Rußlands Breiten müssen die schwarzen Männer Glücksbringer sein! So wurden sie überall mit offenen Armen empfangen.

Freilich beschränkte sich ihre Tätigkeit nur auf Schornsteinreinigung und Säubern der Abzüge in den jeweiligen Kellern. Große Berechnungen über Essenquerschnitte, Zugbelastungen, Kenntnisse über Bestimmungen zum Anschluß von Spezialöfen an Essen hatten und konnten beide nicht. Das war bei den Siegern auch nicht wichtig. Hauptsache, die Schornsteine konnten wieder richtig qualmen und blieben nicht verstopft.

Gut sahen die beiden aus! Richtig zünftig!

Schwarze Montur, am Gürtel die Kehrkelle, über der Schulter hing die Kugel mit dem Kehrbesen und der langen Leine. Um den Hals täglich eine weiße Halskrause aus Leinentuch. Und als Clou: auf dem Kopf den Zylinder. Das erregte Aufsehen, das war neu auf den Straßen von Legnica.

Aber auch die schönsten Rosen haben Dornen. Und der Schornsteinfeger wird schwarz – und müßte eigentlich jeden Tag baden, einschließlich Kopfwaschen. Bloß wer hatte damals eine Wohnung mit Bad? Vater zog morgens seine Montur zu Hause an und nachmittags zu Hause aus. Eine Niederlassung mit Sanitärräumen gab es nicht. Er hatte sich so entschieden, da mußte er durch.

So gab es täglich zu Hause ein großes Waschfest bis aus dem schwarzen Mann wieder ein brauchbarer Mensch wurde.

Vater stand bei Wind und Wetter auf den schmalen Laufbrettern der Dächer der Stadt und ging frohen Mutes seiner Tätigkeit nach. Oft sah ich ihn von weiten oder von unten, wie er geschickt, trotz seines halb steifen Beines, von Schornstein zu Schornstein lief. War er in unmittelbarer Nähe, pfiff er nach unserem Hund. Der hörte natürlich prompt sein Herrchen pfeifen und gebärdete sich wie wild. Er begriff nicht, daß sein Herrchen auf dem Dach für ihn nicht zu erreichen war.

Die deutschen Spezialisten gehörten alle zur Baufirma KETSCH der Sieger in der Wörtherstraße. Nun hörte es endlich auf, Arbeit mit Naturalien aufzuwiegen. Es gab Geld! Es gab Zloty! Also bekamen die Deutschen, die bei den Siegern arbeiteten, ihren Lohn in polnischer Währung. Das war das Geld, was im Umlauf war und für das man seinen schmalen Lebensunterhalt bestreiten konnte.

Wir zogen um!

Der Gründe waren mehrere.

Die Verwaltung hatten die Polen. Aber die Macht die Sieger. Sie ließen zwar die Polen gewähren, entschieden aber in eigenen Angelegenheiten selbständig, ohne die Verwalter zu fragen.

Sie waren im Krieg Waffenbrüder gewesen. Im zivilen Sektor sah es anders aus. Da waren sie absolut die Stärkeren. Von der Stärke machten sie wohl bis heute Gebrauch.

Die deutschen Spezialisten, die für die Sieger arbeiteten, sollten in Ruhe und unbelästigt wohnen. Die laufenden Konfrontationen der Polen mit den Deutschen wurden selbst den

Siegern zuviel. Also holten vorerst die Arbeitgeber ihre deutschen Spezialisten in ihre Nähe, in Häuser, die ausschließlich von ihnen bewohnt waren. So waren wir für die Polen erst mal unerreichbar.

Aufgehört hatten nun für uns die fortlaufenden Androhungen der kurzfristigen Wohnungsräumungen durch die Polen und die Belästigungen von zwielichtigen Personen für den Verbrauch von Energie, Gas und Wasser Geld zu verlangen. Freilich, all diese Dinge waren offiziell nicht geregelt. Energie war immer da, ebenso Gas und Wasser. Wobei es bei Wasser ab und an zu Druckschwankungen kam.

Alles abschalten konnten die Polen nicht. Sie hatten gar keine Unterlagen über den Verlauf der Versorgungsleitungen. Und wenn welche da waren, dann in deutsch. Und das kannten sie wieder nicht. Zumal in den Straßen bunt durcheinander Sieger, Polen, Juden und Deutsche wohnten. Gegenüber den Sieger hätten sich die Polen eine Abschaltung der Versorgungsmedien sowieso nicht gewagt. Gezahlt haben sie bestimmt auch nicht, sie waren doch die Sieger. Na, und ihrer eigenen Bevölkerung und den Juden alles abzuschalten, war auch nicht im Sinn der Administratoren.

So blieben die Deutschen!

Pfiffige, polnische Scharlatane versuchten mit unlauteren Tricks schnell zu viel Geld zu kommen. Für den Augenblick wurden wir ordnungsgewohnten Deutschen stutzig. Natürlich benötigten wir täglich Energie, Gas und Wasser. Daß dafür eigentlich gezahlt werden muß, war uns einleuchtend. Die sogenannten Kassierer wiesen sich auch aus. Sicher waren es selbst gebastelte Dokumente, alles in polnisch, das konnte von uns keiner entziffern. Das war ihr Glück. Aber die sogenannten Kassierer machten einen großen Fehler, der uns auffiel. Sie lasen nie Zähler oder Uhren ab und kamen in viel zu kurzen Zeitabständen. Und dann auch immer andere. Daher ging uns bald ein Licht auf. Es waren alles Scharlatane, Betrüger, Schwindler oder Hochstapler. Sie kamen nie im Auftrag, sondern handelten nach Gaunerart.

Für uns war die Angst, der infame Druck, die fortwährenden Belästigungen der Polen unerträglich. Sie haben eine ordnungsgemäße Abrechnung für den Verbrauch der Massenmedien bis zu unserer Zwangsumsiedlung nie in den Griff bekommen.

Miete zahlte auch keiner. An sich unvorstellbar für jede kultivierte Nation. Die Sieger waren die Eroberer. Alles was sie besetzt hatten, betrachteten sie als ihr Eigentum. An Miete oder Pacht war da nicht im entferntesten zu denken. Wir Deutschen wohnten dann mehr oder weniger auf Sieger-Territorium. Daher konnten wir die Miete abwohnen. Es gehört alles in die Rubrik – es war nichts geregelt. Oder doch?

Beachtlich, es kam auch nie zu Abschaltungen. Die Stadt wurde durchweg versorgt. Wer dieses Wunder kostenlos lenkte, blieb uns verborgen.

Da die Aktion Haynau nicht den gewünschten Erfolg gebracht hatte, begannen die Polen im Spätsommer 1946 im groß angelegten Stil mit der zwangsweisen Umsiedlung der deutschen Bevölkerung aus der Stadt nach dem übriggebliebenen Deutschland. Die Deutschen durften nur mitnehmen, was sie tragen konnten. Höchstens bei alten Leuten oder Frauen mit Kindern war ein kleines Gefährt zugelassen.

Auch unsere Verwandten waren davon betroffen. Sie waren traurig und froh zugleich.

Traurig, daß sie nun endgültig ihre Heimat verlassen mußten.

Froh, aus der Ungewißheit herauszukommen.

War unsere Heimat zu dem Zeitpunkt bereits verloren?

Wir klammerten uns immer noch an die Hoffnung!

Unsere Verwandten bewunderten unseren Optimismus. Der Optimismus sollte für uns noch vier Jahre anhalten.

Auch die Nikolaistraße 8 hatte sich dadurch entvölkert. Nur Frau Stania und Anhang blieben noch.

Wir wurden umgezogen mit Siegers Hilfe und Lkw nach der Wörtherstraße Nummer 2, gleich Ecke Goldberger Straße. Dort waren in der vierten Etage zwei sehr große Mansarden frei.

Oma zog mit uns um. Wir konnten sie auf keinen Fall als alte, deutsche Frau weiter in ihrer angestammten Wohnung lassen, wo das Haus so gut wie ausgewohnt war. Wenn sie auch über die vierte Etage nicht gerade begeistert war.

Wir richteten uns, so gut es ging, ein. Es gab keinen Vorsaal, man fiel gleich mit der Tür ins Haus sozusagen. Das heißt in das erste, große Zimmer ohne schräge Wände. Dort schliefen die Eltern, und es wurde als Wohnzimmer genutzt. Der anschließende zweite, große Raum hatte an der Fensterfront Schrägen. Links unter der Schräge stand meine Liege und rechts unter der Schrägen Omas Bett. In der Mitte hatte ein großer Ausziehtisch Platz gefunden und die Stühle dazu. Ganz hinten in der Ecke stand ein großer Küchenherd. Das war nun Jugendstilzimmer, Oma-Paradies, Wohnküche und Aufenthaltsraum in einem. Ich kann mich gut daran erinnern, es war urgemütlich.

Nebengelasse gab es in so einem großen, viergeschossigen Haus genug, deren Nutzung uns überlassen war.

Von der Treppe aus, geradehin nach vorn heraus, lag eine geräumige Kammer. Sie diente mir später als Werkstatt. Im übrigen Bodenraum entledigte sich Vater seiner Schornsteinfegerkluft, in ihm wurde große Wäsche gewaschen und gleich getrocknet und als Abstellraum für alles Mögliche genutzt. Verschlossen war nichts, außer der Wohnung natürlich. Es ist nie etwas gestohlen worden.

In dem hochherrschaftlichen Haus befand sich auf jeder Etage nur eine große Wohnung, in denen ranghohe Offiziersfamilien wohnten. Sie hatten alle einen Burschen, die die niederen Arbeiten verrichten mußten. Der Treppenaufgang war äußerst sauber und gepflegt.

In der zweiten Etage wohnte ein gewichtiger Chirurg. Wenn der morgens in seiner hochbesternten und mit Orden geschmückten Uniform ins Lazarett ging, hinterließ er eine stark aufdringliche Parfümwolke im Treppenhaus, die bis Mittag anhielt.

In der Franziskanerstraße rechtsseitig stadtauswärts zwischen Prinzenstraße und Adalbertstraße stand als einziges ein zweistöckiges Gebäude. Es war in stark desolaten Zustand. Die Firma KETSCH setzte ihre Handwerker-Spezialisten ein und in Kürze entstand in dem Haus eine Schule für deutsche Kinder der Klassen eins bis zwölf.

Bedauerlicherweise ein kurzer Traum!

Lehrer waren da und alle Fächer ließen sich besetzen. Die Instandsetzungsarbeiten waren zügig vorangegangen. Hatten doch alle Spezialisten Kinder, die längst wieder in die Schule gemußt hätten.

Aber nun kommt wieder das undurchschaubare jener Zeit!

Die Sieger sahen ein, daß die deutschen Kinder ihrer deutschen Spezialisten zur Schule mußten. Den polnischen Administratoren war das ein Dorn im Auge. Die Schule stand auf freien Territorium, also gehörte sie zur polnischen Stadtverwaltung. Die Polen wollten nicht, daß in den, unter polnischer Verwaltung stehenden, deutschen Ostgebieten deutsch gelehrt wird. Wenn, dann sollten doch die Kinder der Deutschen in eine polnische Schule gehen. Je eher werden die Gebiete polonisiert. Ein anderer Grund war noch der, wenn sich die Situation der Deutschen dahingehend klärt, daß sie Arbeit und Brot und die Kinder ihre Bildung erhielten, schwer zwangsumzusiedeln sind. Bei den zwangsausgesiedelten Deutschen im Spätsommer 1946 waren sehr viele mit Kindern dabei. Die Mütter oder auch die Eltern hätten die ethnische Entwicklung noch abgewartet. Aber die Kinder wurden älter, die Kinder mußten in eine deutsche Schule. Uns hier in Liegnitz war alles offen.

Die kurze Schulzeit hatte außer Unterricht auch ihre guten Seiten gehabt!

Unsere Chemielehrerin war noch sehr jung. Wir Halbwüchsigen verstanden uns mit ihr prima. Sie lehrte uns tanzen! Dazu gingen wir nach dem Unterricht auf den Boden der Schule. Dort probierten wir unsere ersten Schritte. Es war schlimm! Musik dazu hatten wir nicht, so sangen wir dazu. Das erste, was wir lernten, war Schieber, oder englisch ausgedrückt, Jimmy. Wir sangen aus voller Leibesbrust: „Oh, du mein blondes Kätchen!"

Es war ein Geschiebe und ein Gestoße – vor und zurück. Von der Singerei wurden wir heiser, und von dem Gegenseitig-auf-die-Zehen-Treten taten uns letztendlich die Füße weh.

Da die Schulzeit so kurz war, kamen wir mit unserer Tanzerei nicht weit. Walzer sollte ich unter ganz anderen Umständen lernen. Wir hatten erst mal das Geschick und den Grundbegriff beigebracht bekommen, eine Frau beim Tanzen in den Armen zu halten, sich zu drehen und dabei Konversation zu betreiben.

Zu Weihnachten sollte ein Märchen aufgeführt werden. Man hatte sich für „Schneewittchen und die sieben Zwerge" entschieden. Ein Lehrer führte Regie.

Brigitte Hübner war die böse Königin. Eine Zentralfigur der Aufführung. Danach hätte das Märchen „Die böse Königin" heißen sollen. Der Name von Schneewittchen ist mir entfallen. Vom Typ her war sie es, aber blaß in der Darstellung. Niedlich die kleinen Schüler, die munter die sieben Zwerge verkörperten. Und der Prinz – das war ich! Viel Text brauchte ich daher nicht zu lernen, denn ich trat erst am Schluß auf, um Schneewittchen wachzuküssen.

Erstaunlich, was wir da noch so an Kostümen rangeschafft hatten!

Ich trug schwarze Schuhe, die mit einer aus Pappe geschnittenen, silbernen Schnalle versehen waren. Weiße Strümpfe und eine Art Knickerbocker. Um den Leib einen richtigen Märchenprinzwams. Auf dem Kopf ein Barett, das ein wenig zu weit war mit einer großen, weißen Feder daran.

Einen Glassarg für Schneewittchen hatten wir allerdings nicht. So lag sie am Schluß scheintot auf einer Art Bahre und war mit einer Tüllgardine bedeckt.

Mein Auftritt!

Ich kam mit meinem Jagdgefolge von der Seite her in den Zuschauerraum entlang der Bühne und mußte dann eine Treppe hinaufstürmen, um das arme, totgeglaubte Schneewittchen wachzuküssen.

Der Saal des ehemaligen evangelischen Vereinshauses, Goldberger/Ecke Synagogenstraße, war brechend voll. Alles Eltern, alles Deutsche, es war die erste Veranstaltung dieser Art. Und ich ein Lampenfieber! Die anderen hatten sich das ganze Stück hindurch bereits bewähren müssen. Nun für mich der Auftritt!

Ich kam in den Saal, hinter mir mein Gefolge, ich lief laut Regieanweisung meinen Weg vor der Bühne ab und stürmte die Treppe hinauf, stolperte, fiel hin, mein Barett verrutschte und der Saal tobte vor Lachen. Bei Schneewittchen bewegte sich in Bauchhöhe die Tüllgardine. Albern wie die Frauen eben sind, mußte sie auf ihrer Bahre auch lachen. Es hat eine ganze Weile gedauert, ehe wir zum Schluß ansetzen konnten.

Anschließend an unsere Märchenaufführung war Tanz. Mutter opferte sich für mich. Sie tanzte für ihr Leben gern langsamen Walzer. Aber den beherrschte ich noch nicht. Es war beim Tanzen ein fürchterliches Gewühl, so das die Versuche mit Mutter gar nicht weiter auffielen.

Eines Tages verspürte ich Schmerzen am linken Ohr. Es war ein Karbunkel im Gehörgang, der mir zu schaffen machte. Ich mußte zum Arzt. Nach Möglichkeit zum Chirurgen. Sicher mußte ich am Ohr geschnitten werden. Die Schmerzen wurden unerträglich.

Was tun?

Vom Hörensagen hatten wir erfahren, daß in der Marthastraße gegenüber der evangelisch-lutherischen St. Martha-Kirche, im ehemaligen Schlegelstift, deutsche Ärzte praktizieren, aber unter was für Bedingungen?

Sie halfen, wie sie ihren Eid geleistet hatten. Aber es fehlte an medizinischen Hilfsmitteln jeglicher Art. So kam ich unter das Skalpell ohne Betäubung und mußte die Schale zum Eiterauffangen noch selbst ans Ohr drücken. Ein Schnitt, ein kurzer Aufschrei und die Schale füllte sich. Ich bekam eine Ohrenklappe umgebunden und wankte nach Hause.

Am späten Nachmittag kam Harri vorbei. Er wollte mich als Schwächling abstempeln. Als ich die Ohrenklappe löste und er den chirurgischen Eingriff sah, revidierte er seine vorher schnell gefaßte Meinung. Zum Glück verheilte alles ohne Komplikation.

In allen schlimmen und schweren Zeiten ist und war die Kirche Dreh- und Angelpunkt des Guten. So war es auch zu jener Zeit!

Pastor Steckel war der gute Hirte, der seine Schäflein um sich versammelte.

Vorher muß noch vermerkt werden, daß die Polen absolute Katholiken sind. Daher hatten sie außer der Liebfrauenkirche alle anderen Kirchen der Stadt für ihren Glauben umfunktioniert. Die schon vorhandenen katholischen Kirchen reichten für ihre Bekenntnisse nicht aus.

In den katholischen Kirchen stehen bekanntlich die Türen immer offen. So war es auch in der zum Katholizismus umgestalteten Peter-und-Paul-Kirche. Der Eingang lag gegenüber der Schneider-Passage. Dazwischen verlief die Straße. Ganz hinten, und fast ins Dunkel gehüllt, brannte am Altar das ewige Licht. Es gab keinen Polen, der beim Durchqueren der Passage nicht auf die Knie fiel und sich bekreuzigte.

Wir beobachteten das Treiben mit gemischten Gefühlen. Schließlich soll von Gott immer nur Gutes, das heißt Friede, Liebe, Barmherzigkeit, Verständnis für Schwächere und was der Lehren mehr sind, ausgehen. Die große Frömmigkeit der Polen und die oft genug an uns Deutschen immer noch durch sie verübten Unrechtstaten stimmten uns traurig. Angesichts dieses von den Polen ausgeübten, für unsere Begriffe übertriebenen Rituals, kamen manchen Deutschen Zweifel in seinem Glauben an Gott und die Welt auf.

Die Fronleichnamsumzüge durch die Stadt wurden mit einem Pomp begangen, der aufwendiger beim Vatikan nicht sein konnte. Dabei wurde eine Pracht entfaltet, die Ihresgleichen sucht. An den vielen dafür aufgestellten Altären im Freien zelebrierte man eine Messe. Der Umzug dauerte Stunden. Mitgetragen wurde alles, was sonst in der Kirche lag und stand. Alle Polen der Stadt fielen davor auf die Knie.

Gegen den Glauben ist nichts einzuwenden. Nur die Handlung und die Behandlung von Menschen, mit denen sie nun mal noch gemeinsam in einer Stadt leben mußten, paßte bei so viel zur Schau getragenen Frömmigkeit absolut nicht zusammen. Das war sicher auch nicht im Sinn der Kirche. Bei den vielen Unrechtstaten war die Kirche aber nicht dabei.

Uns Deutschen blieb nur die kleine, recht schmucklose evangelisch-lutherische St. Martha-Kirche in der Marthastraße. Erstaunlich überhaupt, wie Pastor Steckel es gegenüber den polnischen Verwaltungsbehörden geschafft hat, wenigstens ein Gotteshaus für Deutsche zu erhalten.

In unserer Region war die überwiegende Mehrzahl der Bevölkerung evangelisch. Der Katholizismus war nicht so verbreitet. Viele waren auch damals bereits Atheisten. Es hatte in den vergangenen Jahren so viel Unrecht auf der Welt gegeben, daß man seelisch stark sein mußte, seinen Glauben zu behalten. Erst langsam besannen sich unsere Menschen wieder und fanden ihren Glauben nur zögernd zurück.

Im Rahmen des Konfirmationsunterricht fand zu Weihnachten in der evangelisch-lutherischen St. Martha-Kirche ein Krippenspiel statt. Die drei größten und ältesten Jungs spielten die drei heiligen Könige. Ich bekam die Rolle des Königs Balthasar. Mir ist noch in Erinnerung, daß ich dafür viel Text lernen mußte. Wir trugen alle lange, wallende Gewänder und waren furchtbar aufgeregt. Der Gemeinde hat es gefallen.

Ich lernte während dieser Zeit zehnstrophige Kirchenlieder. Ich lernte nicht nur die ersten drei Strophen, nein, waren die Lieder länger, lernte ich sie ganz. Nicht, um mich besonders hervorzutun, für mich war das geistiges Training. Ersatz für fehlende, komplizierte Lösungen von Schulaufgaben. Ich fühlte mich gern gefordert. Die anderen fanden das Lernen langer Lieder als Belastung. Mir hat es einfach Spaß gemacht.

Und Spaß hatten wir untereinander auch. Nur Pastor Steckel hatte an uns nicht immer Spaß. Wir waren doch alle über das normale Konfirmationsalter hinaus. Alle waren älter, als es gewöhnlich Konfirmanden zu sein pflegen. Die Beziehungen zwischen Mädchen und Jungen waren nicht nur platonischer Art. Nein, bei vielen steckte bereits großer Ernst dahinter. Ohne den Konfirmationsunterricht hätten sich viele gar nicht kennengelernt. Um ehrlich zu sein, manchmal tat mir Pastor Steckel leid. Er gab sich redliche Mühe und wir waren oft recht undiszipliniert.

Der nächste Spaß war die Prüfung in der Kirche vor der Gemeinde, ob wir würdig sind und in den Kreis der Erwachsenen aufgenommen zu werden. Jeder Evangelist hat das selbst erlebt.

Heute würde man sagen, es war alles vorprogrammiert. Jeder wußte, mit welcher Frage er drankommt. Also brauchte jeder nur eine Antwort zu lernen. Die Gemeinde war stolz auf uns kluge Konfirmanden. Pastor Steckel hatte uns nicht im Stich gelassen. Anders schon am Tage der Konfirmation, am *Sonntag Judika, dem 23. März 1947.*

Aber erst folgt wieder einer der undurchschaubaren Prozesse der damaligen Zeit.

Die Konfirmation fand in der immer noch evangelischen Liebfrauenkirche statt, und an dem Tag gehörte die Liebfrauenkirche ganz der deutschen evangelischen Gemeinde der Stadt. Glocken, Orgel, Chor – alles wurde von Deutschen bedient bzw. gesungen. Wie das Pastor Steckel gemacht hat, muß offen bleiben. Die Polen hatten diese Kirche nicht umfunktioniert. Es war Schicksal für mich, nun, nach zwei Jahren, am gleichen Ort konfirmiert zu werden.

Da ja nur die kleine St. Martha-Kirche für die Deutschen zugängig war, hatte aus unserer Sicht der Pastor ein Wunder vollbracht.

Zugegeben, in der kleinen Sakristei der St. Martha-Kirche war es beim Unterricht mächtig eng. Oder wir waren zu viel Konfirmanden? Zum Glück schwänzten viele oft. Uns war es ganz lieb, so hatten wir wenigstens ein bißchen mehr Platz.

Wir waren die erste deutsche Konfirmation nach dem Krieg. Es mögen fünfzehn Mädchen und fünfzehn Jungen gewesen sein.

So ein Ereignis war immer ein Fest der Familie. Da wurde eingeladen, vor allen die Paten. Wer hatte zu der Zeit noch Paten? Wenn ja, wußten viele gar nicht, wo die Paten gegenwärtig sind. Und die Patentanten und Patenonkel wußten nicht mal, daß ihr Patenkind Konfirmation hatte.

Da wurde gebacken und gebraten was das Zeug hält. Die Mütter überboten sich gegenseitig. Bei uns gab es das, was es alle Tage gab. Ein Essen das schmeckte und satt machte. Keiner war in der Lage, an so einem Tag Ausnahmen zu machen.

Geschenke – was schon? Bleibende Andenken wie Uhren, Bücher, Schmuck, Fotoapparate oder dergleichen blieben Utopie!

Apropos fotografieren! Nichts von alledem. Keiner hatte

einen Apparat um uns allein oder gemeinsam auf die Platte zu bannen.

Schon allein die Anzugsordnung war die reinste Maskerade. Am schlimmsten war es bei uns Jungs. Wir waren ein bißchen wo man sagt, die guten Sachen, längst herausgewachsen. Die Hosen zu kurz, die Jackenärmel auch und dazu Oberhemd und Krawatte was von den Vätern noch übrig geblieben war. Einen schwarzen Anzug hatte keiner.

Bei den Mädels sah es da einigermaßen günstiger aus. Bei einem nicht mehr ganz passenden Kleid konnte schnell der Saum herausgelassen werden oder eventuell die Längsnähte. Sie sahen gegenüber uns Jungs wesentlich properer aus. Dabei war natürlich eine immense Portion Eitelkeit. Aber nun zur Prozedur selbst!

Wir marschierten von der Sakristei aus ins Kirchenschiff und die Stufen zum Altar hinauf. Voran die Mädchen, wir Jungs hinterher, der Pastor führte an, die Gemeinde erhob sich. Ein volles Gotteshaus. Schließlich war unsere Konfirmation Stadtgespräch unter den Deutschen. Viele waren gekommen um zu schauen. Die Mädchen nahmen rechts, die Jungen nahmen links vor dem Altar auf Stühlen Platz. Der Rest stand vorerst hinter den Stühlen. Da wir so viele waren, gab es keine andere Möglichkeit.

Bei unserem Einmarsch spielte die Orgel:

So nimm denn meine Hände
und führe mich …

Vater konnte die Tränen nicht zurückhalten. Mutter blieb ungerührt und bewahrte Haltung. Schließlich war sie Katholikin. Die Eltern waren nicht kirchlich getraut.

Nun kam das Abendmahl!

Erst die Hostie, dann der Wein. Keiner wußte wie das geht. Keiner hatte im geringsten eine Ahnung davon was passiert, wenn die Hostie sich im Mund am Oberkiefer festsaugt und durch den Speichel anschwillt. Es waren vermutlich selber gebackene Hostien aus irgendwelchem Teig. Wir knieten vor der Brüstung nieder. Gegenüber andächtig die Mädchen ebenfalls. Der Pastor kam mit der Hostie, wir sperrten die Münder auf und er legte sie jedem auf die Zunge mit den Worten: „Christi Leib für dich gegeben."

Dabei drehte er uns noch den Rücken zu.

Gerda drohte zu ersticken. Bei ihr hing die sich langsam aufquellende Hostie fest am Oberkiefer. Sie versuchte nun krampfhaft mit der Zunge sich aus der mißlichen Lage zu befreien. Sie bewegte dazu den Kopf mit kurzen, kleinen Bewegungen nach vorn und hinten. Es war zu komisch anzusehen. Sie kämpfte mit der Hostie, als müßte sie daran ersticken. Wir Jungs lachten vor uns hin. Wir waren in dem Alter eben noch albern. Uns war die Hostie gut bekommen.

Nun kam der Wein. Gerda war froh, etwas zum Nachspülen zu bekommen, um von ihrem Übel befreit zu werden.

Der Pastor drehte sich um und wendete sich mit dem Kelch uns zu. Die Worte: „Christi Blut für uns vergossen“ blieben ihm im Halse stecken, als er unsere feixenden Gesichter sah.

Er bezog unser Grinsen auf sich. Zu Erklärungen blieb keine Zeit. Er zischte uns an: „Warum lacht ihr?“ und zögerte mit dem weiteren Ritual.

Er stand mit dem Kelch vor mir, ohne ihn an meine Lippen zu führen. Mich durchfuhr ein Schreck. Bloß das nicht! So eine Blamage!

Die große Kunstpause ist natürlich von der gesamten Gemeinde bemerkt worden. Bei der Richtigstellung hatten wir danach die Lacher auf unserer Seite.

Mein Konfirmationsspruch lautete:

„Des Menschen Herz erdenkt sich seinen Weg,
aber der Herr allein gibt, daß er fort gehe.“

Sprüche 16, 9

Später bekam Pastor Steckel Verstärkung durch eine Pastorin. Wo die plötzlich herkam, weiß nur der liebe Gott. Der Landkreis mußte kirchlich mit betreut werden. Überall auf den umliegenden Dörfern gab es doch vereinzelt noch Deutsche. Die waren, aus welchen Gründen auch immer, auf ihre angestammten Besitz zurückgeblieben.

Ich blieb auch nach der Konfirmation ein eifriger Kirchenanhänger. Es brachte Abwechslung und vor allem, es war für uns die vorerst einzige Abwechslung. Ich will nicht in Abrede stellen, hätte es geregelte, kulturelle Veranstaltungen wie Kino, Tanz, Kabarett, Theater usw. gegeben, wären sicher meine kirchlichen Ambitionen geschmälert worden. Aber die gab es nun mal zu dem Zeitpunkt nicht. Der Mittelpunkt des geistig-kulturellen Lebens war die Kirche.

Die Betreuung der Kirchen in den umliegenden Dörfern war nur durch kilometerweite Fußmärsche möglich.

Frau Pastor ließ sich dazu begleiten. Erstens war es sicherer, und zweitens mußten alle Requisiten, die zur Durchführung eines Sonntagsgottesdienstes gehörten, mitgeschleppt werden. Denn selbst die kleinste ehemals deutsche evangelische Kirche war katholisch hergerichtet. Es war eine Gnade der polnischen, katholischen Geistlichen, uns überhaupt für die Durchführung des Sonntagsgottesdienstes in den jeweiligen Kirchen der kleinen Gemeinden Zutritt zu gewähren.

Eins stand von seiten der polnischen Machthaber fest, deutscher Gottesdienst, na ja, in Gottes Namen schon, aber ohne Glockenläuten und ohne Orgelspiel.

Im Herbst war ich von Frau Pastor zur Begleitung auserkoren. Ein wenig hatte ich auch nachgeholfen. Ihr Ziel war diesmal das Dorf Wildschütz. Das Dorf kannte ich. Da lag auch Mutter Ernestine von Vater auf dem Friedhof begraben. Alle Gräber und Grabsteine, wenn auch ein wenig verwildert, waren noch unversehrt vorhanden. So auch das Grab und der Grabstein meiner Großmutter. Und genau dort auf dem Friedhof in der Kirche sollte um zehn Uhr der Sonntagsgottesdienst stattfinden.

Durch das Dorf Wildschütz sind wir oft gelaufen, wenn wir mit der Bahn am Bahnhof Wildschütz, aus Liegnitz kommend, eintrafen, und zu Fuß nach Crain zu den Verwandten wollten. Oft aber auch mit dem Rad. Wollten wir nach Crain, mußten wir durch das Dorf Wildschütz.

Wir brachen, um kirchlich zu bleiben, in aller Herrgottsfrühe auf, um pünktlich mit dem Sonntagsgottesdienst in der Friedhofskirche in Wildschütz beginnen zu können. Frau Pastor wollte abgeholt werden. Sie wohnte in der Piastenstraße, um das Gepäck aufzunehmen. Danach fast wieder bei uns zu Hause vorbei, die Goldberger Straße entlang, die Siegeshöhe hinauf, an der ehemaligen Gaststätte „Halbe Meile“ auf die Landstraße Richtung Goldberg.

Unser Weg führte vorbei an brachliegenden Feldern. Die Landwirtschaft hatten die Deutschen nicht mehr und die Polen noch nicht im Griff. Und die Sieger empfingen ihre Naturalien in ihren Magazinen. Die störte eine am Boden liegende Landwirtschaft am allerwenigsten.

Am Bahnhof Wildschütz links den Berg hinunter lag das Dorf.

Wir betraten die Kirche und bereiteten alles für den Sonntagsgottesdienst vor. Im Nebenraum der Kirche legte die Pastorin ihren schwarzen Talar an. Es war kalt im wahrsten Sinne des Wortes. Alles in dem kleinen Gotteshaus schien mich wie einen ungebetenen Gast anzustarren. Ein eigenartiges Gefühl beschlich mich. Das erste Mal, daß ich die sonst empfundene Geborgenheit in einer Kirche vermißte. Es kam mir vor, als hätte man mir einen kalten und kahlen Hohlkörper übergestülpt. Eingefangen und auf Erden zurückgeholt werden konnte man hier nur durch das gesprochene Wort. Und das stand der Pastorin noch bevor. Aber wie sollte sie hier ohne Glocken, ohne Orgel und ohne Gesang an die Herzen der Menschen kommen?

Die Zeit war da. Der Gottesdienst begann. Die Pastorin betrat die Kirche. In ihr saßen drei alte Menschen. Die Pastorin sah mich kurz an, ich sah die Pastorin an. Sie begann. Sie predigte mit Herzblut. Sie predigte in Gottes Namen fast ins Leere. Sie sang die angegebenen Kirchenlieder und hatte dabei in mir (ich hatte im Zeugnis in Musik mangelhaft stehen) und den drei alten Leutchen wenig Unterstützung.

Zwischendurch schauten zwei nicht gerade sonntäglich angezogene polnische Jungen durch einen Spalt der Kirchentür. Da sie aber deutsch hörten, waren sie schnell wieder verschwunden.

Der Gottesdienst war zu Ende. Die Pastorin verabschiedete sich mit Handschlag an der Kirchentür von der Gemeinde, wie gesagt, drei alten Leutchen. Die Kirche war wieder leer. War sie überhaupt voll gewesen? Ein Hauch von Kälte lag wieder über dem Gotteshaus!

Wir waren bereits am Einpacken, da erschienen drei deutsche Mädchen. Auf die vorwurfsvolle Frage der Pastorin, warum sie jetzt erst kommen würden, sagten sie nur: „Wir mußten erst frühstücken!“

Für sie sollte nämlich anschließend noch Konfirmationsunterricht sein. Frau Pastor war sichtlich verärgert, zeigte es aber nicht.

Es war schon fast dunkel, als wir unbehelligt die Stadt erreichten. Bis dahin war ich gut zu Fuß. Nun nahte das Verhängnis. Auf einmal drückten meine Schuhe. Erst der Rechte, danach noch der Linke. Ich begann zu humpeln. Die Pastorin bemerkte meine veränderte Gangart. Sie hatte ein Einsehen. Ich brauchte sie nicht bis zur Haustür zu begleiten. Am nächsten Zaun hielt ich mich zur Entlastung meiner Füße fest. Ich wankte wohl ein wenig. Sieger kamen vorbei und schmunzelten. Sicher dachten sie, ich sei betrunken und suche am Zaun halt. Zorn stieg in mir auf, der mir Kraft gab, mit zusammengebissenen Zähnen, den Schmerz bekämpfend, den Rest meines Weges einzuschlagen.

Aber nun aus himmlischen Gefilden auf die Erde zurück!

Frau Stania und ihre Schwester drängten immer mehr, ich sollte mich doch endlich ernsthaft mit der Herstellung von Pantoffeln befassen.

Ich wäre jetzt erwachsen und heutzutage müßte jeder etwas tun. Auch müßte ich mir neue Sachen kaufen, denn in den „Badehosen" könnte ich wohl jetzt, da ich konfirmiert bin, nicht mehr länger herumlaufen. So ganz unrecht hatten die beiden lieben, alten Damen nicht. Was ich hatte, paßte hinten und vorne nicht mehr. Alles war verwachsen. Von Vater war nichts zu erben. Inzwischen war ich einen Kopf größer als er. Sein Wintermantel war auch futsch. Noch in der Nikolaistraße versteckte ihn Mutter gut verpackt auf dem Kachelofen vor den Häschern. Der Herbst kam, wir machten Feuer. Als es im Zimmer warm wurde, durchzog ein eigenartiger Geruch den Raum. Wir rümpften die Nase. Es roch stark versengt. Aber es war bereits zu spät, als wir die Ursache entdeckten. Der Mantel war an der linken Schulter ein Opfer der Ofenhitze geworden. Jetzt hatte Vater selbst keinen Mantel mehr.

Und dann von wegen „Badehosen". Ich ging leidenschaftlich gern in kurzen Hosen. Die paßten alle noch. Sie waren wahrscheinlich mitgewachsen. Aber den beiden Damen war das wohl nicht standesgemäß. Trotzdem sie eine echt polnische Wirtschaft führten, hielten sie stark auf Etikette. So oft ich zu ihnen kam, geschäftlich oder privat, sie waren äußerst gastfreundlich. Aber es gab nie einen leeren Stuhl, der zum Sitzen einlud, oder eine Ecke auf einem Tisch, die sauber und frei gewesen wäre. Egal, ob es wochentags, sonn- oder feiertags, früh, nachmittags oder am Abend war. Entweder fehlten ihnen Domestiken, oder es war ihre Art zu leben.

Die polnische Staatsangehörigkeit hatten sie inzwischen. Nur mit der Sprache haperte es ein wenig. Sie sprachen perfekt wasserpolnisch. Waleska war von beiden die einfachere. Sie haben wir einmal auf den Kopf zu gefragt, was eigentlich damit gemeint ist? Sie erklärte es uns so. Wasserpolnisch ist in den oberschlesischen Landkreisen rechts der Oder ein reichlich mit deutschen Lehnwörtern durchsetzter polnischer Dialekt. Wenn einem bei Konversationen in polnisch das Substantiv in polnisch plötzlich nicht einfällt, wird das deutsche Wort in die polnische Sprache eingefügt. In der Zwischenzeit sind solche sogenannten „Hilfswörter der Verständigung“ vermutlich aus dem polnischen Wortschatz verschwunden.

Nach dem Rat der beiden alten Damen sollte ich eine Tätigkeit beginnen, von der ich bislang absolut keine blasse Ahnung hatte.

Waleska machte bereits ihre Geschäfte mit dem unzuverlässigen, polnischen Pantoffelhersteller. Der wohnte mit Lebensgefährtin und kleinem, schwarzen Hund in der Spoorstraße zwischen Mittel- und Burgstraße. Es war ein richtiges Schmuddelhaus. Der Pantoffelmacher wohnte ganz oben. Er paßte in das Haus. Er lebte davon, was man bei den Zweien so leben nannte. Zu Wodka hat es immer gereicht.

Dort führte mich Waleska ein. Sie dolmetschte. Der Pole sprach kein Wort deutsch und ich konnte kein Wort polnisch. Mag es gewesen sein wie es will, trotz aller Umstände war der Pole Kumpel.

Er unterwies mich, zeigte mir Ober- und Untermaterial und hatte sogar Leisten für mich übrig. Einen für Damen und einen für Herren, das heißt, einen kleinen und einen größeren Leisten. Denn es gibt ja auch Herren mit kleinen Füßen und Damen, die auf großen Fuß leben. Verlängern konnte man nach hinten beliebig, da ein Pantoffel nicht geschlossen ist. Es gab je nur einen Leisten, da rechts und links bei Pantoffeln keine Rolle spielte.

Das Obermaterial bestand aus guterhaltenen, organisierten Sofa- oder Sesselbezügen. Haltbar mußte es eben noch sein. Das Innenfutter war dünner, fester Stoff. Dazu gab es eine Pappschablone für alle Größen. Ober- und Untermaterial wurden am oberen Rand linksseitig mit der Hand zusammengenäht. Danach rechtsseitig umgeklappt, mit Sackleinen versehen und mit Kleister zusammengedrückt.

Als Brandsohle diente eine starke, haltbare Pappe. Das noch durch den Kleister feuchte Oberteil wurde nun vorn über den Leisten gespannt und mit Schustertäcksen an der Pappbrandsohle angeheftet. Darauf kam noch eine starke Pappsohle. Die Laufsohle bestand aus Fahrradmänteln. Nun wurden ringsherum fein säuberlich die Täckse eingeschlagen. Reste oder kleinere Stücke ergaben zusammen mit einer Pappunterlage den Absatz. Mit dem Schustermesser wurde die Sohle formgemäß, an dem Leisten anliegend, beschnitten. Die Herstellung erfolgte immer Paarweise. Nachdem ein Pantoffel fertig war, wurde er vom Leisten abgezogen. Als Trittsohle nahm man ein, dem Obermaterial farblich angepaßtes, Material und klebte es innen ein.

Grau ist alle Theorie!

Ich klemmte mir erst mal die Leisten unter den Arm, über deren Preis ich mit dem Polen schnell handelseinig wurde. Schustertäckse in allen Größen gab es zum Glück unweit in der Burg-/Ecke Spoorstraße bereits zu kaufen. Auf Zloty versteht sich! Alles andere Material konnte man, wenn man Glück hatte, organisieren.

Der Pole war so bieder in seiner Einweisung für mein künftiges Gewerbe, daß er in mir nicht mal eine Konkurrenz sah. Nur Waleska sah in mir bereits morgen den künftigen Geschäftspartner. Sie brannte förmlich darauf, mit mir gemeinsam zu Geld zu kommen. Aber soweit war ich ja noch gar nicht. Ich stand doch noch ganz am Anfang und mußte mich erst ausprobieren. Bisher war mir die Herstellung von Pantoffeln nur demonstriert worden und in geschäftlichen Dingen kannte ich mich vorerst auch nicht aus!

Aber ich begriff und lernte beides schnell!

Waleska muß das geahnt haben. Sie sah in mir den geborenen Gewerbetreibenden. Sie wäre maßlos enttäuscht gewesen, wenn ich gescheitert wäre. Sie baute auf mich. Nein, sie inspirierte mich sogar. Mein Stolz ließ es nicht zu, sie zu enttäuschen. Auf der anderen Seite hatte ich jetzt etwas, mit dem ich mich beweisen konnte.

Ich bin in der Folgezeit noch oft allein zu dem Polen in die Spoorstraße zum Erfahrungsaustausch. Trotz erheblicher Sprachschwierigkeiten habe ich immer erfahren was ich wissen wollte. Er half am Anfang sogar bei Materialengpässen – umsonst. Später dann auch ab und an, aber eben dann gegen Zloty.

Ich hatte immer zu tun, nüchtern wegzukommen. Jeden angebotenen Wodka konnte ich nicht abschlagen. Das wäre ein Verstoß gegen die Gastfreundschaft gewesen. Und die Wodkaflasche stand immer griffbereit. Ich löste aber meine geschäftlichen Obliegenheiten lieber nüchtern.

Es war äußerst schwierig, ihm das klarzumachen. Zumal hatte es mir sein Hund angetan. Er empfing mich immer mit großer Freude. Wie heißt es doch: Wer Tiere liebt,liebt auch Menschen. Da braucht man keinen Dolmetscher, der Funke springt auch so über.

Das Geschäft für Schuhmachereibedarf, in dem ich meine

Nägel nach Größe und Gramm auf Zloty kaufte, gehörte Juden. Zum Glück sprachen diese Leute ein einwandfreies Deutsch und waren immer freundlich. Ich kristallisierte mich dort dann bereits zur Stammkundschaft heraus.

Nun waren die Weichen gestellt!

Zu Hause sah man mit Freuden, daß ich mich nun endlich einer lohnbringenden Tätigkeit zuwandte. Vater rüstete mit mir die Kammer als Werkstatt um. Mutter war wieder mal zu Hause.

Sie war lange Zeit bei einer jüdischen Siegeroffiziersfamilie als „Frau" gewesen. Das war das einzige Wort, das die Siegeroffiziersfrauen auf deutsch sprechen konnten. Nur fürs Essen für sich, und ein paar Resten, die vom Tisch abfielen, für uns. Viele deutsche Frauen hatten sich aus der Not heraus mehr oder weniger so verdungen. Als Mutter aber für ihre Arbeit als Hauswirtschaftshilfe und auch Kindermädchen Geld forderte, kam das Aus. Die Sieger hatten zwar gut und reichlich zu essen, aber der Offizierssold reichte nicht aus, noch Bedienstete zu bezahlen.

So konnte mir Mutter bei meinem Gewerbe zur Hand gehen.

Vater kam durch seine Tätigkeit als Schornsteinfeger durch viele Häuser. Ausrangierte Polstermöbel standen zuhauf herum und waren der Verrottung preisgegeben. Ein scharfes Messer genügte da oft. Fahrradschläuche ließen sich in Kellern auftreiben. Pappen lagen genug herum. Es gab immer noch viele Häuser, die vom Keller bis zum Boden verwüstet und nicht bewohnt waren. Eine wahre Fundgrube für mein zukünftiges Gewerbe.

Nun muß ich gestehen, so ganz ungeschickt stellte ich mich nicht an. Bereits das erste Paar Pantoffeln war brauchbar. Freilich war es noch ein Zeitfaktor. Aber immerhin, es lief an.

Waleska sorgte für den ersten Absatz. Sie bestimmte das Sortiment. Dunkle Stoffe für die Herren, die helleren für die Damen. Sie saß mitunter bis in den späten Abend hinein auf den Stufen der Liebfrauenkirche und bot meine Produkte an.

Die Eltern und Oma waren auch nicht untätig. Sie machten unter den Deutschen Mund- zu Mundpropaganda. An Aufträgen mangelte es nicht. So saß ich den ganzen Tag allein in der Kammer und hatte meine Freude an jedem wohlgelungenen Pantoffel. Das Dachlukenfenster gab mir ausreichend Licht zum Arbeiten. Wenn es das Wetter zuließ, stellte ich die Pantoffel zum Trocknen auf das Schrägdach.

Gingen am Morgen die jungen Elektriker von KETSCH auf der anderen Straßenseite an unserem Haus vorüber, dann pfiffen sie laut den gerade populären Schlager „Wenn bei Capri die rote Sonne im Meer versinkt, bella, bella, bella Marie, vergiß mich nie ...“.

Ich öffnete die Dachluke und winkte. Sie grüßten herauf. So ging jeder seiner Arbeit nach.

Und nicht nur das! Wir hofften! Wir warteten und hofften!

Wie weiter mit uns?

Fort wollten wir, die jetzt noch da waren, alle nicht. Es konnte sich gar keiner vorstellen.

Die Post ging wieder! Inzwischen wußten wir, wo unsere Verwandten waren. Erst war die gesamte Verwandtschaft nur in Liegnitz. Jetzt war sie auf das restliche Deutschland verteilt. Auf West und Ost! Das heißt auf die Besatzungszonen der Siegermächte.

Ernährungsmäßig konnten wir nicht mehr klagen. Wir hatten satt zu Essen. Langsam konnte man wieder fast alles kaufen. Polen und Juden wußten, was der Verbraucher benötigt. Die Briefe aus dem restlichen Deutschland von unseren Verwandten waren voll der Klagen über große Versorgungsschwierigkeiten. Daher zog es uns dort nicht hin. Wir waren in der angestammten Heimat, hatten ausreichend zu essen und die Sieger lieferten uns Steinkohle. Folglich brauchten wir auch nicht zu frieren.

Aber was war das für ein Leben, mit dem wir uns damals zufrieden gaben? Hoffnung allein nützt nichts. Wissen muß man. Und wir wußten so wenig. Das was wir wußten, entstammte Gerüchten. Die polnische Presse sorgte nur im Sinne der Neubürger der Stadt für Informationen. Und diese Informationen dienten zur Festigung der Besiedlung der deutschen Ostgebiete durch polnische Zuwanderer jeglicher Art. In diesen Gazetten war für ein Deutschtum in unseren Breiten kein Raum mehr. Uns wurden oft von deutschsprachigen, polnischen Geschäftsleuten Artikel im Betreff unserer schlesischen Heimat übersetzt. Sie sprachen sich immer hundertprozentig für eine Annexion unserer Heimat aus. Bitter war die Wahrheit. Die Polen glaubten ihrer Presse und zogen sich daran hoch. Für sie waren diese Artikel der Grundstein einer neuen Existenz. Sie mußten doch wissen, daß das, was sie sich jetzt hier aufbauen, in einem für sie neuen, fremden Land, Bestand haben sollte.

Sie waren schon da und belebten die Wirtschaft!

Wir waren bloß noch da und dienten den Siegern als billige Arbeitskräfte! Ein friedliches Zusammenleben war nur auf humanitärer Basis möglich. Wir mußten ganz einfach miteinander auskommen.

Die meisten, die sich bei uns angesiedelt hatten, hatten bereits durch die willkürliche Grenzziehung im Osten ihres Landes durch die Sieger ihre Heimat verloren und strebten nun, im unter den in polnischer Verwaltung stehenden deutschen Ostgebieten, ein neues Leben an.

Uns stand früher oder später das gleiche Schicksal noch bevor. Ob wir es wahrhaben wollten oder nicht, es war unumstößliche Tatsache. Aber wir hingen doch an unserer Heimat!

Wer hängt nicht an seiner Heimat?

Eins war den Siegern, den Polen und den Juden allerdings auch klar, wir waren keine Nazis oder Kriegsverbrecher. Die waren in anderen Regionen zu suchen. Wir wieder Zurückgekehrten oder Dagebliebenen waren biedere Deutsche bar jeglicher Verfolgung durch Untaten des Dritten Reiches. Wir waren ganz einfach deutsche Menschen.

Wir konnten hier noch leben. Hatten aber absolut keine Bildungs- oder Berufschancen. Wir konnten arbeiten und wurden dafür mehr oder weniger schlecht bezahlt. Ab und an reichte es mal für etwas mehr als nur das Nötigste. Wer nicht mehr arbeiten konnte, bekam nichts.

Von wo her auch? Derjenige mußte danach trachten, ausgesiedelt zu werden.

Wir haben Oma fünf Jahre ernährt und mit durchgeschleppt. Sie hat dem deutschen Staat fünf Jahre die Rente geschenkt. Allein hätte Oma in ihrer geliebten Heimat nicht existieren können. Es gab keinerlei soziale Unterstützung. Und es gab unter den Deutschen viele Omas und Opas. Sie alle waren auf ihre Angehörigen angewiesen.

Jeder arbeitete das was er konnte. Viele im Beruf, viele machten ihre Arbeit zum Beruf. An Weiterbildung oder Qualifizierung war nicht zu denken. Not macht erfinderisch. Und viele machten aus der Not eine Tugend.

Am schlimmsten waren wir Jugendlichen und die Kinder dran. Ohne Schule, ohne Lehre! Das war dann später oft der Grund, weshalb Familien freiwillig die Heimat verließen. Eine Änderung der Verhältnisse war nicht in Aussicht. Aber die Kinder wurden älter und größer und bei uns Jugendlichen rannte die Zeit weg.

Ich hatte Glück. Ich hatte gerade die achte Klasse der Volksschule noch erreicht. Lehre, zehnte Klasse und Qualifizierung folgten in reiferen Jahren, wo es einem leider dann nicht mehr so leicht fiel.

Nun hatte ich ja mein Betätigungsfeld gefunden. Ich brauchte nun auch nicht mehr Holz hacken zu gehen. Vater hatte mich immer dazu vermittelt. Er kam ja als Schornsteinfeger viel herum und sorgte für mich für Beschäftigung. Die Siegeroffiziersfamilien bekamen oft nach Bedarf einen Kubikmeter Holz in Klötzern vor das Haus geliefert. Die Klötzer mußten natürlich gespalten werden. Aber welcher Offizier stellte sich selber hin und tat das? Nicht alle Offiziere hatten einen Burschen. So empfahl mich Vater.

Es war eine Knochenarbeit. Mit sechzehn oder vielleicht schon siebzehn Jahren, lang aufgeschossen wie ich war, einen Kubikmeter Holz zu spalten und entweder in den Keller oder gleich in die Wohnung zu transportieren. Als Entgelt gab es ein Brot, ein Stückchen Speck oder einen Zipfel Wurst.

Das war es dann. Brot, Speck oder Wurst waren schnell gegessen. Aber meine Blasen an den Händen und die Schmerzen im Rücken hielten tagelang an. Ich kann nicht gerade sagen, daß ich da meinen Vater besonders geliebt habe.

Überhaupt hatte Vater so seine Einfälle.

Eines Tages brachte er einen kleinen Hund angeschleppt. Einen kleinen niedlichen Mischling. Wir nannten ihn Pussi. Es war eine Hündin. Und wie konnte es anders sein, natürlich noch nicht stubenrein. Wir wohnten aber in der Wörtherstraße in der vierten Etage. Das war ein Spaß! Anfangs hat er nur geschlafen. Wenn er dann aufwachte, gähnte er, streckte sich und das Pfützchen war da. Wir bekamen ihn aber trotz vierter Etage schnell stubenrein. Er hatte danach ausgewachsen die Größe eines Foxterriers, war aber mehr ein Dackel. Aber ein lieber, anhänglicher Kerl. Er sollte über zehn Jahre Mitglied unserer Familie sein. Pussi hat alle Umzüge, Ausbürgerungen, Lagerleben, Neusiedlungen und wieder Umzüge mitgemacht. Wir mochten unseren Hund ganz einfach. Nur Oma hatte einen Horror gegen ihn. Wenn er sich mal kratzte, trat sie nach ihm und rief empört: „Scher dich weg, du Lausevieh!“

Später gesellten sich noch andere Hunde dazu. Einige verloren wir durch Staupe und einer wurde von einem Siegerauto überfahren. Nur Pussi blieb uns erhalten und sorgte für Nachwuchs. Aber darüber später!

In der umgerüsteten Kammer wurde es langsam kalt, denn der Winter stand vor der Tür. So zog ich mit meinen Gerätschaften um in die geheizte Wohnküche. Zubereitungen, die Schmutz machten, erledigte ich rasch weiter in der Kammer. Die Herstellung von Pantoffeln verlief ohne große Umweltverschmutzung. Von der wir damals allerdings noch nichts ahnten.

Ich saß mit dem Gesicht zum Fenster, um das Tageslicht zu nutzen und hatte vor mir meine Utensilien auf einer niedrigen Bank griffbereit.

Oma saß mit dem Rücken zum Fenster ein Stück hin und häkelte. Sie häkelte Bettvorleger. Runde, rechteckige oder quadratische. Aber meistens waren es rechteckige Bettvorleger die unter ihren geschickten Händen entstanden. Sie häkelte äußerst gekonnt und flink. Es war eine Freude ihr zuzusehen. Sie hatte doch linksseitig ihre Schüttellähmung, das heißt, die linke Hand stand nie still. In der rechten Hand hielt sie eine große Häkelnadel aus gelbem Horn mit der sie ihr Werk produzierte.

Das Material waren zum größten Teil gebrauchte, in Streifen geschnittene und fein säuberlich zu einem Knäuel aufgewickelte Damenstrümpfe oder andere dünne Textilien. Sie häkelte aus Passion.

Oft kamen so ein paar alte „Gut Schwanken“ (schlesisch für Klatsch und Tratschtanten) zu ihr und brachten „Material“. Sauber und gewaschen mußte es sein. Nun stellten sie mit Oma die Muster zusammen und machten ihre Vorschläge über Form und Größe. Entweder erst hell und nach außen hin dunkel oder eben auch umgekehrt. Oma erfüllte alle Wünsche. Ein einträgliches Geschäft war es freilich nicht. Handarbeit kann man sowieso nicht nach Stundenlohn bezahlen. Aber ganz umsonst war ihre Arbeit dann nun auch nicht. Es fiel schon mal etwas ab. Meist Naturalien, oft der Jahreszeit oder dem Kalender entsprechend.

Oma hatte ihre Beschäftigung und „ihre Kunden“ die Freude am handgearbeiteten Produkt. Sie fühlte sich auch selbstbestätigt, konnte sie doch so wenigstens etwas zum Haushalt beisteuern. Manchmal waren es nur geistige Gegengaben für ihre Mühe in Form von Büchern. Mutter und Oma schwarteten für ihr Leben gern. Freilich waren die Bücher alles alte Bestände. Am gefragtesten waren Courths-Mahler-Romane, Rosegger, Ganghofer, Birgmann und alles das, was im Dritten Reich auf dem Index gestanden und doch überlebt hatte. Bücher boten damals angenehme Unterhaltung an langen Winterabenden.

Nun saßen wir beide da und „arbeiteten".

Oma war ein Gemütsmensch, nie launisch. Ich kann mich nicht erinnern, sie je schlecht gelaunt erlebt zu haben. Sie war immer zu Spaß und Scherzen aufgelegt. Meist sang sie beim häkeln oder erzählte Episoden aus ihrem Leben. Ich weiß nicht, was mich mehr beeindruckt hat.

Mutter und ich waren völlig unmusikalisch. Vater konnte dagegen gut singen. Er war in seiner Jugend mal Mitglied des Kirchenchores gewesen. Oma sang am liebsten Operetten. Sie sang nicht gerade schön, aber klangvoll. Auch in dem dementsprechenden Dialekt. Was mich eingangs sehr wunderte, da ich immer annahm, Kunst wird nur hochdeutsch interpretiert.

Oma erfreute mich nicht nur mit der Wiedergabe der Sopranpartien, sie sang auch die Operettenlieder der Tenöre oder Buffos. Nichts ließ sie aus! Da waren: das Schwarzwaldmädel, der Vogelhändler, Frau Luna, der Zarewitsch, Wiener Blut, der liebe Augustin, die Csárdásfürstin – und wie lang die Palette auch war!

Das war ihre Welt! In unserer tristen Zeit stiegen in ihrer regen Phantasie die Traumkulissen der Operetten vor ihr auf. Mit Liebe, Eifersucht und Happy-End. Sie waren ein Teil ihrer Hoffnungen, daß sich unser Leben wie in der Operette, zum Guten wendet. Freilich – hoch gepokert!

Sie zwitscherte wie eine Lerche in den höchsten Tönen. Nicht nur den Anfang der Operettenlieder oder den Refrain, nein, sie war perfekt von der ersten bis zur letzten Zeile. Oft mußte ich still in mich hineinlachen, wenn sie erschöpft nach Luft schnappte wie eine kurzatmige Soubrette die gerade mit dem Buffo ein da capo hatte.

Oma jubilierte und ich schwang im Takt dazu munter den Hammer. Sie kämpfte mit den Maschen beim Häkeln und ich mit den Täcksen beim Pantoffeln-Herstellen. Flugs fuhr sie mit der langen Häkelnadel in ihren hochgesteckten Haarkranz und kratzte sich blitzschnell die Kopfhaut, um aber ebenso schnell die Häkelnadel ihrer tatsächlichen Aufgabe wieder zuzuführen.

So kam nie Langeweile auf!

Oma erzählte mir, daß sie in ihrer Jugend viel im Stadttheater gewesen war. Ganz oben hat sie gesessen, auf billigen Plätzen, manchmal nur Stehplatz erhascht, aber dadurch viel gesehen und gehört. Zu Omas Jugend waren Operettenlieder Schlager. Diese Melodien nahm der Leierkastenmann an der Ecke auf seine Walzen auf, und in den Tanzsälen wurde danach getanzt und mitgesungen. Dadurch hatten sich diese Melodien bis ins Alter bei Oma so fest eingeprägt.

Gesang war eine beliebte Abwechslung und Zerstreuung. Keiner hatte ein Instrument, keiner hatte ein Radio oder einen Plattenspieler. Wir sollten erst viel später zu einem Plattenspieler zum Aufziehen mit Schellackplatten kommen. An Fernsehen oder Kassettenrecorder war noch nicht zu denken.

Oma hatte zwölf Kinder geboren und sieben groß gezogen, vier Mädchen und drei Jungen. Opa war im ersten Weltkrieg gefallen. Als 1918 der Krieg aus war, stand sie mit ihren sieben Kindern allein da.

Hilfe kam durch ihre Schwester Hedwig und deren Mann Wilhelm, seines Zeichens Schuhmachermeister. Der Herr Schuhmachermeister fuhr nämlich in den zwanziger Jahren auf den Pferdemarkt. Als eifriger Händler wußte er immer genau wo und zu welcher Zeit so ein Markt stattfand. Er ließ seine Gesellen und Lehrlinge arbeiten und begab sich mit Frau und Schwägerin auf den jeweiligen Pferdemarkt.

Gehandelt wurde mit Peitschen und Schmitzen. Die Märkte fanden meistens im Polnischen statt. Ab ging es mit dem Zug ab Kopeliner Bahnhof gen Osten. Das war ein Nebenbahnhof vom Hauptbahnhof. Oma mußte mir die Antwort auf meine Frage unbeantwortet lassen, wie das so ging? Vermutlich waren nach dem ersten Weltkrieg die Grenzen für Handel und Märkte durchlässig!

Nach ihrem Erzählen herrschte buntes Treiben auf den Viehmärkten. Es wurde alles Rindvieh und jede Rasse Pferde gehandelt. Käufer, Verkäufer, Händler und Neugierige setzten sich in erster Linie aus Polen zusammen. Viel Juden mit Rauschebärten und langen Kaftan traten als Zwischenhändler auf.

Oft waren das Trio Schuhmachermeister mit ihren Peitschen weit und breit die einzigen Deutschen. Es war eben erst kurz nach dem ersten Weltkrieg und da gehörte schon eine gewisse Zivilcourage dazu, als Deutscher dort mitzumischen. Natürlich gab es auch Zigeuner. Die fuhren doch damals noch mit Pferd und Wagen. Ab und an brauchten auch sie mal ein frisches Pferde oder boten gestohlene zum Kauf an. Der Handel trieb seine Blüten!

Großonkel Wilhelm stand allein mit seinen Peitschen und Zubehör. Am anderen Ende vom Markt die beiden Frauen. Denn eine deutsche Frau allein als Händlerin in dem fast nur von feilschenden Männern umgebenen Markt, war zu riskant. Aber wo Pferde sind, werden auch Peitschen gebraucht. Großonkel Wilhelm hatte den richtigen Riecher. Das Geschäft lief gut. Kaum mußte er wieder etwas mit nach Hause nehmen.

Er hatte einen Zwischenfall mit einem Zigeuner. Unweit seines Standes verlief ein Wassergraben, dessen Verlauf er einsehen konnte. Da kam doch ein Zigeuner mit einem neugeborenen Säugling auf dem Arm und schickte sich an das Kind mit dem Wasser bekannt zu machen. Hier geschieht ein Mord, schoß es ihm geistesgegenwärtig durch den Kopf. Er ließ Peitschen Peitschen sein und stellte den Zigeuner, der sich unbeobachtet geglaubt hatte, auf Grund seiner Handlung, auf frischer Tat zur Rede. Er sagte barsch: „Du kannst doch das Kind nicht ersäufen!"

Der Zigeuner blickte verdutzt auf und lachte durch seine schlechten Zähne hindurch Großonkel Wilhelm voll ins Gesicht und antwortete: „Iiich, nein, nicht errrsäufen Kind. Iiich Kind taufen in kalte Wasser, damit es nicht erfriert die Kopf, die Händ' und die Fiiß. Ist nach Zigeunerart!"

Diese Sitten waren Großonkel bisher noch verborgen geblieben.

Nun, wo Rindviecher und Pferde sind, ist auch Landwirtschaft. Wo Landwirtschaft ist, sind auch Bauern. Und die haben Schweine im Stall, von denen ab und an mal eins davon geschlachtet wird. So passierte es dann oft, daß das Peitschenhändlertrio anschließend vom Markt zum Schweineschlachtenessen eingeladen wurde. Beim bloß essen blieb es da gewöhnlich nicht, denn Oma dachte an ihre daheim sitzenden sieben hungrigen Kinder. Aber die Bauern in ihrer rauhen Schale hatten ein Herz. Die Pakete waren so groß, daß sie Oma kaum schleppen konnte.

So war es für die Drei auch ein ökonomischer Markt, der half, Versorgungslücken zu schließen.

Zoll, Grenze, Kontrollen – alles das war illusorisch!

Nur Großtante Hedwig hatte eine bittere Erfahrung machen müssen. Es war zur Obsternte. Sie hatte herrliche große, quittegelbe vollreife Eierpflaumen erstanden. Leider nur oberflächlich eingepackt. Der Zug hält, sie will aussteigen und greift nach dem Behältnis mit den Eierpflaumen. Das Behältnis platzt, und alle Eierpflaumen rollen auf den Boden des Zugabteils. Zum Einsammeln war keine Zeit mehr. Der Zug ruckte an und fuhr schon wieder weiter. Sie stand auf dem Bahnsteig und sah dem davonrollenden Zug entgeistert hinterher und hat gejammert und geschrien: „Meine schönen Eierpflaumen! Meine schönen Eierpflaumen!"

Ja, die waren weg!

Als die Kinder größer waren, übernahm Oma einen Zeitungsvertrieb. Sie führte das Geschäft und die bereits erwachsenen Kinder haben die Zeitschriften und Illustrierten ausgetragen.

Ein Pfenniggeschäft!

Aber ein recht einträgliches Geschäft!

So konnte man sich auch mal etwas leisten. Oma war eine gesellige Person. Also auf zum Maskenball! Kostüme waren da. Großtante Hedwig hatte privat einen halben Kostümverleih, den die Töchter von Oma weiter ergänzten. Alle Kostüme waren lang und vors Gesicht kamen die feinsten Atlasmasken. Jeder richtige Maskenball war natürlich mit Demaskierung. Nun fanden die Maskenbälle aber nicht in der Stadt direkt statt, sondern in den Tanzsälen der Gasthöfe von Alt-Beckern, Groß-Beckern, Schubertshof, Weißenhof oder Dornbusch. Diese Lokalitäten lagen alle außerhalb der Stadt. Oft war im Februar das reinste Schmuddelwetter. Der viele Schnee begann zu schmelzen. Kurz entschlossen nahm Oma für sich und ihre lang gekleideten Maskenkinder eine Droschke. Im Saal angekommen, plazierte sie ihre Mädels. Nach Möglichkeit an einem Tisch ganz vorn an der Tanzfläche. Mutter hat da immer aufgemuckt. Sie wollte keinesfalls so auf dem Präsentierteller sitzen. Sie war absolut bockig. Und das ist sie heute hin und wieder immer noch manchmal.

Durch den abrupten Abbruch der deutschen Schule war ich mit meinen Tanzkenntnissen nicht weiter gekommen. Der Walzer fehlte noch. Daher unterließ ich keine Gelegenheit, den Walzerschritt heimlich im sogenannten Selbststudium zu erarbeiten.

Wie bekannt, die Versorgungsmedien waren da. Nur das Wasser lief teilweise schwach. Wir, in der vierten Etage, hatten gar kein Wasser. Das Wasser mußte aus dem Waschhaus hochgeschleppt werden. An einem Waschtag nicht ohne Mühe. Mutter und Oma hatte egal zu waschen. Zum Wasser schleppen hatten sie ja mich. Nun lief selbst das Wasser im tiefgelegenen Waschhaus nur mit dünnem Strahl aus dem Auslaufventil. Es dauerte jedesmal eine halbe Ewigkeit bis ein Eimer voll war.

Ich nutzte aber die Gunst der Stunde. Ich stand in der Zwischenzeit nicht tatenlos herum – ich übte Walzertanzen. Die fehlende Musik ersetzte ich dadurch, daß ich Walzermelodien von mir gab. Gesang konnte ich von mir nicht erwarten, das wäre Hochstapelei gewesen. Hören konnte mich da unten sowieso niemand und sehen gleich gar nicht. Ich drehte mich also rechts herum im Kreise im Dreivierteltakt indes der Eimer langsam voll Wasser lief. Es war fast die reinste Wassermusik. Nur jeweils das hintere Bein zog ich so komisch nach. Es war halt nur Training. Vater hat mir später auf der „Planschatka" den letzten Schliff gegeben. Er war in seiner Jugend ein flotter Tänzer gewesen. Ein bißchen Erbmasse ist auch an mich davon abgefallen. Als ich dann auch in den aufkommenden Modetänzen perfekt war, habe ich nie einen Korb erhalten. Es gab danach Veranstaltungen, da habe ich keinen Tanz ausgelassen.

So hatte manche Mißlichkeit auch ihr Gutes!

Am 7. November 1947 war der 30. Jahrestag der siegreichen Großen Oktoberrevolution. Die Sieger warfen sich in die Brust und feierten was das Zeug hielt. Auch optisch!

Müller Gerd, ein junger Bursche, aber seines Zeichens schon Elektriker und arbeitete wie sein Vater bei KETSCH. Er wohnte Grenadier-/Ecke Wörtherstraße.

Am eingangs genannten Datum holte er mich abends ab und wollte mir etwas zeigen, auf das er sehr stolz war. Ich wußte anfangs nicht auf was er hinaus wollte. Auf meine drängenden Fragen sagte er nur recht zufrieden mit vor Freude strahlenden Augen: „Komm nur mit, du wirst schon sehen, der Weg wird dir nicht leid tun!"

An sich kannte ich ihn gar nicht so aufgekratzt. Er war mehr ein in sich verschlossener Mensch. Langsam wurde ich aber doch neugierig, was es da so besonderes gab, daß er mir zeigen wollte. Schon deshalb, weil er so geheimnisvoll tat.

Wir machten uns also auf den Weg. Er führte uns in Richtung „Haus der Wehrmacht". Ich merkte es, als er auf die Dovestraße zu ging. Der ganze Stadtteil aber war abgeriegelt und nur von Siegern bewohnt und bewacht mit Schlagbäumen an den Zufahrtsstraßen. Da kam normalerweise kein sterblicher Deutscher durch, geschweige denn hinein.

Müller Gerd schaffte es!

Na ja, Kunststück! Er kannte die Wachposten, da er wochenlang an ihnen vorbei gemußt hatte, um seiner Arbeit innerhalb der Absperrung nachzugehen. So ließ man uns auch abends, im Dunkeln und nach der Arbeitszeit passieren.

Wir waren am Wachposten vorbei. Überall wohnten nur Sieger. Ich kannte den Stadtteil gut. Doch war's mir ein wenig unbehaglich zumute. Unweit lag die Dornbuschschule, in die ich ein paar Jahre gegangen war. Linker Hand das große Krankenhaus. Rechts waren die Tennisplätze, an derem Zaun ich bereits als Kind dem weißen Sport interessiert zugeschaut hatte. Müller Gerd verspürte nichts von meiner Beklommenheit. Er war voller Vorfreude.

Wir standen alsbald vor dem im hellen Licht erstrahlenden „Haus der Wehrmacht". Es war überreichlich illuminiert. Es drohte unter angestrahlten „Roten Sternen", Bildern von Marx, Engels, Lenin und Stalin und überdimensionalen roten Spruchbändern mit weißen kyrillischen Buchstaben fast zusammenzubrechen. Um das gesamte Objekt war es taghell. Es brannten Tausende von Glühlampen in weiß und natürlich in rot. Der Anblick war faszinierend. Da stockte einem der Atem und die Füße blieben automatisch stehen. Es war eine gleisende Pracht. Das Werk wochenlanger Arbeit deutscher Elektriker. Eins mußte der Neid lassen, es war gelungen. Ich persönlich fand es ein wenig überladen. Weniger wäre hier mehr gewesen. Aber nach meinem Geschmack ging es ja nicht. Natürlich mußte da ein junger Elektriker stolz sein, da alle Welt sehen konnte, wie so etwas funktioniert.

Es ist ein leichtes, im großen Stil aufsehenerregende Politpropaganda zu machen, wenn sie nichts kostet. Freilich, die Sieger und ihre Angehörigen erfreuten sich daran. Es stärkte ihren Glauben an den Sieg des Kommunismus, der nach ihrem Dafürhalten mal die ganze Welt beherrschen sollte. Dazu gab es absolut kein Dementi.

Diese glitzernde Lichtshow aber trug amerikanischen Zirkuscharakter. Aber wer kannte diese Vergleiche damals schon? Amerika lag nicht nur hinter dem eisernen Vorhang. Amerika lang hinter dem Ozean!

Erstellt von billigen Arbeitskräften, die mir kargem Lohn auskommen mußten!

Erstellt von Spezialisten, die mit dieser Lichtshow hätten hochkarätig honoriert werden müssen!

Ganz zu Schweigen vom enormen Stromverbrauch der gesamten Anlage. Nicht eine müde Kopeke zahlten die Sieger dafür. Sie zapften nur die Leitungen an. Ob der Strom überhaupt in der großen Menge zum Betreiben eines so umfangreichen, zusätzlichen Lichterglanzes vorhanden war, interessierte nicht.

Die Propaganda stand da im Vordergrund. Ökonomische Gesichtspunkte waren ausgeschaltet.

Noch heute beherrschen in der Stadt zum Leidwesen der polnischen Administratoren die Sieger unter denselben Bedingungen das gleiche Territorium kostenlos.

Ein Abzug der erloschenen Glitzerwelt zeichnet sich ab. Was bleibt? Hier muß der Autor schweigen, da er sehr traurig ist über das, was er im September 1993 am Ort gesehen hat.

Inzwischen hatte der neben mir stehende Gerd Müller mich mit Details überschüttet. Volt, Watt, Ampere, Ohmsche Gesetze, Anzahl der Kabel, Leitungsführung usw. Für mich als Laie, Begriffe, mit denen ich nichts anzufangen wußte. Ich hatte auch, ehrlich gesagt, so genau gar nicht hingehört, da ich mir über das Gesehene meine eigenen Gedanken gemacht hatte. Das konnte ich ihm aber nicht sagen. Er war vollauf begeistert. Ich wollte ihm nicht weh tun und enttäuschen. Ich ließ ihn bei seiner Begeisterung über die glitzernde Fassade. Beide unwissend zu der Zeit, daß diese Glitzerwelt eines Tages zusammenbricht. Ein verheerender Gedanke – damals!

Waleska kam. Es war schon dunkel draußen. Diesmal war sie in ureigener Mission gekommen. Sie scheute eigentlich nie die vierte Etage. Erstaunlich, wie gut sie noch zu Fuß war. Sie hatte bis zum Einbruch der Dunkelheit wieder auf den Stufen der Liebfrauenkirche gesessen und meine Pantoffeln zum Verkauf angeboten. Sie war äußerst geschäftstüchtig nach wie vor. Waleska ging nicht eher heim bis sie alles verkauft hatte. Meistens gelang ihr das auch. – So auch heute!

Jetzt standen sogar schon meine Pantoffeln in einschlägigen Geschäften. Die Preisausschreibung sah ich mit gemischten Gefühlen. Mein Gott, war ich billig. Wer nun alles an mir danach noch verdiente! Aber was sollte ich machen? Irgendwie mußten meine Produkte doch abgesetzt werden? Waleska ließ die Katze auch nicht aus dem Sack. Sie klagte nur immer. Aber sie hat trotzdem an mir gut verdient. Ich nahm ihr lamentieren auch nie ernst. Meine polnische Konkurrenz arbeitete luschig. Seine Pantoffeln sahen zwar etwas formschöner aus, ließen aber an Haltbarkeit zu wünschen übrig. Pantoffeln sind schließlich keine Theaterschuhe. Sie sollen warm, bequem und tragbar sein. Und das waren meine. Eben fast deutsche Wertarbeit. Ich dachte mir etwas bei ihrer Herstellung und arbeitete so, als würde ich sie für mich persönlich produzieren.

Mutter war mal außer sich. Da kam doch eine deutsche

Bäuerin vom Dorf Kunitz in von mir angefertigten und bei Waleska gekauften Pantoffeln bei uns an. Die Bäuerin hatte erfahren, daß sie auch gleich beim Hersteller Pantoffeln kaufen könnte. Da sie sowieso nicht allzu lange halten, wollte sie neue bestellen.

Na, da hat ihr Mutter aber was erzählt! Ich kam gar nicht zu Wort. Pantoffeln sind ja schließlich keine Marschstiefel oder Straßenschuhe. Sie sind doch nur fürs Haus gedacht. Dem Gebrauch halten sie auch stand. Übrigens trug die deutsche Bäuerin Herrenpantoffeln, die ihr von vornherein ein paar Nummern zu groß waren.

„Ja, ja“, meinte sie, „ich habe doch Frostballen und da finde ich Pantoffeln so furchtbar bequem.“

Sie bestellte neu. Wieder ein paar Nummern zu groß. Mir war das schließlich egal. Wie sagt man doch: Der Kunde ist König! – Bei mir war er Piast!

Aber diesmal tat Waleska recht geheimnisvoll bei ihrem abendlichen Besuch. Sie wußte von Oma, ich könnte schön schreiben. Das stimmt insofern, daß ich für Omas Post die Umschläge schrieb. Oma schrieb nämlich nur deutsch. Das konnten wir der polnischen Post nicht zumuten. Wollte Oma an ihre Enkel direkt schreiben, mußte ich es tun. Auch die Enkel konnten Omas deutsch nicht entziffern.

Ich war in der glücklichen Lage, daß ich beides konnte. Wir hatten bis zur vierten Klasse deutsch schreiben und deutsch lesen gelernt. Danach mußten wir uns auf die lateinischen Buchstaben umstellen. Nur heute fällt es mir schwer. Ich habe Mühe, die deutsche Schrift noch zusammenzubekommen.

Das gleiche nun bei Waleska!

Sie hatte heraus bekommen, daß ihre Schwiegertochter mit den Enkelkindern in der sowjetischen Besatzungszone in Ludwigsfelde lebt. Daher mußte ich indirekt dolmetschen. Und das nicht nur auf dem Umschlag. Deutsch konnte die Schwiegertochter auch nicht lesen und polnisch gleich gar nicht. Also diktierte mir Waleska ihre Gedanken auf das Schreibpapier. Nun machte sie mich noch mit zum Hehler. Sie hatte nämlich noch in ausreichendem Maße Reichsmark, die zu der Zeit im alten deutschen Raum noch ihre Gültigkeit hatten. Ob diese Briefe allerdings jemals ihre Empfängerin erreicht haben, darüber schwieg sich Waleska aus. Ich hätte es ihr gewünscht. Sie war trotz ihrer rührigen Geschäftstätigkeit ein prachtvoller Mensch.

Inzwischen war der Ofenbaumeister Walter mit Frau und Tochter von der Elisabethstraße in das deutsche Haus der Wörtherstraße umgezogen worden. Über das Haus und seine deutschen Bewohner wird später noch zu berichten sein. Es war eins von den rein deutschen Häusern.

Mutter und Oma freundeten sich mit den Damen Walter an. Monatelang zuvor hatte ich vom Ofenbaumeister Brot holen müssen. Er bekam davon ausreichend, da er über die Öfen eines Brot produzierenden Kombinates wachte. Natürlich war es Kommißbrot. Es hatte auch die Kastenform. Die Kanten schmeckten oft etwas ölig.

Nun wohnten sie in unserer Nähe. Frauen haben für gewöhnlich die gleichen Probleme. Auch hier kam es zum Austausch von Büchern und Handarbeiten. Abends traf man sich dann einmal wöchentlich abwechselnd mal dort, mal bei uns zum „Mensch ärgere dich nicht“ -Spielen.

Das Spiel machte mich ganz wuschelig. Schon als Kind habe ich voller Wut das zusammenklappbare Brett mit den Setzsteinen oft genug vom Tisch geschleudert, da ich selten gewann. Aber die vier Damen nahmen es als gemütliche Unterhaltung.

Vater hatte seinen Skat. Er spielte mit Schornsteinfeger Walter Krause und Alfred Neugebauer. Sie waren in puncto Skat ein verschworenes Trio. Von Sonnabend zum Sonntag machten sie sich die Nacht zum Tage. Ihr Spielelan kannte keine Grenzen. Ein Spieler ist schlimmer als ein Trinker. Wenn ein Trinker volltrunken ist, ist Schluß. Ein Spieler kennt kein Ende.

Horrend war es dann in unserer dritten Wohnung in der Goldberger Straße. Da saßen die drei Skatspieler in den Sommernächten in unserer Wohnküche von Samstagabend bis in den Sonntagmorgen hinein. Draußen war es inzwischen bereits Tag. Die Skatspieler bemerkten es kaum. Und ein Qualm im Raum, den konnte man mit dem Messer schneiden. Ob dazu allerdings Alkohol getrunken worden ist, kann ich nicht mehr mit Bestimmtheit sagen.

Dann kam plötzlich eines Samstagabends der große Einbruch. Wegen einem Auge, wegen einer Zahl! In ihrer großen Leidenschaft ließen sie im Bezug auf die Spielregeln keine Kompromisse zu. Schwer zu sagen, wer eigentlich der Verursacher unlauterer Methodik war? Das spielwütige Trio ging im Streit auseinander.

Wir belächelten solche Leidenschaften. Wochen, nein Monate danach gab es keinen Skat mehr. Man sah sich nicht mehr an und sprach auch nicht mehr miteinander. Man mied sich. Was bei Vater und W. Krause bestimmt nicht einfach gewesen ist, da sie ja arbeitsmäßig täglich zusammen zu tun hatten. Es gibt eben beim Skat keinen Schiedsrichter, der die drei Kampfhähne in die Schranken gewiesen und sie wieder zur Vernunft gebracht hätte.

Ich ging ins Kino. Ins Kino der Sieger. Das evangelische Vereinshaus, wo unsere Märchenaufführung stattgefunden hatte, war zum Kino umgestaltet worden. Anfangs mußte ich immer erst die Erlaubnis von Vater einholen, ob ich abends weggehen konnte. Da ich damals noch zur nichtberufstätigen Bevölkerung zählte, war ich auf die Zusage von Vater angewiesen. Das änderte sich aber, da ich mich zum selbständigen Handwerker emporgearbeitet hatte. Ich verdiente und konnte meine nächtlichen „Ausschweifungen" selber finanzieren. Vater schluckte zwar, da er die erzieherische Hand über mich verloren hatte, trug es aber mit Fassung, und vielleicht auch mit einem bißchen Stolz.

Das Kino und die darin gezeigten heroischen, ausschließlichen Siegerfilme waren oft nur Vorwand für uns Jugendliche ein paar Stunden aus der Familiensphäre auszubrechen. Selbstverständlich waren alle Filme in russischer Sprache. Verstanden haben wir davon nicht viel. Hauptsache die Bilder rollten. Es war für uns wie im Stummfilm, wenn die für uns fremde Sprache nicht gestört hätte. Die Sieger waren immer die Sieger und die Deutschen immer die Verlierer, was anderes gab es nicht zu sehen. Überwiegend waren es Kriegsfilme über die sieg- und ruhmreiche Rote Armee. Die deutschen Soldaten waren immer als Jammerlappen dargestellt und die deutschen Offiziere als Zyniker. Um uns herum die Sieger lachten und amüsierten sich darüber. Wir saße mittendrin. Oft mit ungutem Gefühl. Die akustischen Beifallsbekundungen der Sieger galten der Handlung dem an der Leinwand ablaufendem Film. Wir blieben davon unbehelligt.

Am Steinmarkt, in einem alten, großen Patrizierhaus auf der gleichen Seite unweit der katholischen Johanniskirche, wohnte ein katholischer Kürschnermeister mit großer Familie. Kürschner zu sein zählte zu den großen Spezialisten. Denn die Sieger hatten und liebten Pelze aller Art. Daher war der Herr Kürschnermeister eine angesehen und gut bezahlte Persönlichkeit. Die fast erwachsenen Kinder arbeiten schon mit in der gleichen Branche. Die Mutter und die Töchter führten den Haushalt.

Und wie ich in meinem Leben die Erfahrung gemacht habe, daß dort, wo viele Kinder in den sogenannten Großfamilien sind, immer ein offenes Haus herrscht. Man kapselt sich nicht ab mit der Maßgabe, wir sind bereits selbst genug. Solche Familien führten stets ein offenes Haus. So war es auch dort. Wo so viele Platz haben, war Besuch immer willkommen.

Und das Schicksal wollte es, daß es da Zwillinge gab. Zwei Mädchen, zweieiige Zwillinge, die sich absolut nicht ähnlich sahen. Sie hießen Brunhilde und Krimhilde. Krimhilde war von schlanker, schöner Gestalt. Brunhilde wirkte dagegen ein wenig pummelig.

Da nun Krimhilde vom Namen her zu mir paßte, machte man aus uns ein Paar. Zugegeben, ganz unsympathisch war mir Krimhilde nicht. Aber die hatte nicht nur mich. Sie hatte bereits eine Freundin und die hatte eine Zither und darauf spielte sie. Endlich war jemand da, der ein Instrument hatte! Sie spielte nach Noten, die sie unter die Saiten der Zither schob. Aber auch viel auswendig, unter anderem Schlager der damaligen Zeit zum Tanzen. Es klang schön, ich war ganz überrascht, was man aus den Saiten für harmonische Klänge herausholen konnte. Geschickt glitten die Finger der Freundin über die Saiten. Wir haben oft und viel zu ihrer Musik getanzt. Für sie ein Wermutstropfen, sie konnte nie mittanzen, da sie immer nur spielen mußte.

Man war von zu Hause her streng katholisch. Daher durfte in der Fastenzeit keine Tanzmusik aus der Zither der Freundin erklingen. Die Kinder sahen das nicht so verbissen. Man fand eine Notlösung. Ich lud alle zu uns ein.

Es sollte unserer Familie zum Verhängnis werden!

Einverstanden, so viel Platz wie bei Kürschners war bei uns lange nicht. Aber die Freundin spielte auf, etwas verhalten, versteht sich, es war eben Fastenzeit. Wir machten die ersten Schritte, es klopft, wer stand draußen, der Bursche der Siegerfamilie aus der unter uns liegenden Wohnung.

Erstens hatten wir gerade unsere ersten Schritte getan und das recht verhalten.

Zweitens sind wir nicht so herumgesprungen, daß der Kronenleuchter in der unteren Wohnung davon in Schwingungen versetzt worden wäre. Der Bursche deutete es jedenfalls so an.

Er ließ durchblicken, daß viel zu viel Menschen in der Wohnung sind und das wäre nicht „karascho“.

So hatten wir unseren Dämpfer weg. Die Tanzstimmung war verflogen. Krimhilde sah darin ein Zeichen Gottes, das da heißt: Du sollst nicht sündigen!

Durch den in allen Sachlagen stark ausgeprägten Katholizismus verhärteten sich die Fronten zwischen Krimhilde und ihrer Familie mit mir. Es gab keine weiteren, engeren Beziehungen mehr. Wir verkehrten nur noch freundschaftlich miteinander. Sie waren erzogen wie auf der „Höheren Töchterschule“. Ich empfand das als Zwang. Man konnte doch in der schweren Zeit nicht nur nach dem kirchlichen Kalender leben? Ich sah das alles anders! Ich akzeptierte die kirchlichen Feiertage zwar, aber was dazwischen lag, galt für mich als weltliche Freiheit, so weit es die Umstände damals zuließen. Ich wollte nicht erst den lieben Gott fragen, wann ich tanzen darf und wann nicht. Vielleicht sah das der liebe Gott auch alles lockerer und hatte uns längst verziehen? Schließlich waren wir alle Gotteskinder!

Es war nicht immer einfach, Anschluß zu finden. Die Auswahl war nicht groß. Es war bald wie in einem Dorf. Jeder kannte jeden. Freunde wollten gesucht sein!

Harri war nun weg. Wir hatten uns zwar verstanden, aber mehr oberflächlich. Er war ein schöner Mann. Und das wußte er. Er war nicht zu niederen Arbeiten geboren. Daher machte er auch keine Anstalten trotz Drängens seiner Großmutter, sich mit der Pantoffelherstellung zu befassen. Er sah oft auf mich von oben herab. Ich war eben bloß ein Arbeiterkind und er ein verwöhntes Kaufmannssöhnchen. Er war hart an der Grenze eines Dandy.

So schloß ich mich dann Günter Mickosch und Georg Glowalla an. Wir waren bis zu meiner Zwangsumsiedlung eng befreundet. Wir hatten viel gemeinsame Interessen, waren fast gleichaltrig und stets unternehmungslustig. Was haben wir alles angestellt! Aber alles der Reihe nach.

Irgendwie gab es bei KETSCH ein deutsches Komitee für Kultur. So kam es im Schießhaus, welches am Eingang zum Haag mit Festwiese und Spielplatz lag, zu einer deutschen Kulturveranstaltung. Das Programm gestalteten deutsche Laienkünstler. Sie griffen auf leichte, bekannte, gängige Werke zurück, für die auch das Notenmaterial vorhanden war.

Warum das Schießhaus nun Schießhaus hieß, kann hier nicht mehr genau definiert werden. Man würde heute sagen, es war ein großes Kulturhaus. Säulen standen am Eingang, dann folgte ein riesiger Saal. Vom Vorraum aus ging es rechts und links zur Galerie hinauf. Vorn im Saal lag die recht geräumige Bühne, die ein Samtvorhang verschloß.

Zum Schießhaus gehörte auch ein großer Garten mit Musikpavillon. Im Sommer fanden viel Veranstaltungen im Freien statt. Da konnte man auf Stühlen an Tischen sitzen, sich von der Gastronomie bewirten lassen und den Klängen, die von Orchestern aus dem Pavillon kamen, lauschen. Es war alles kulturvoll – gewesen!

Die Veranstaltung, über die zu berichten sein wird, fand im Saal und auf der Bühne statt. Wie immer, es war sehr voll. Jeder Deutsche nutzte die Gelegenheit, mal wieder ein paar nette Stunden Unterhaltung zu genießen.

Das Kulturprogramm hatte die „Möperten" arrangiert!

Wir kannten Frau Möpert persönlich. Sie wohnte auch in der Wörtherstraße und kam oft zu Mutter und Oma, na sagen wir kultiviert ausgedrückt, zur Unterhaltung. So war sie halt bei uns die „Möperten". Was keineswegs abwertend gemeint war. Sie war eine recht belesene, intelligente Person. Sie war bis Spielzeitende am Stadttheater Souffleuse für den musikalischen Sektor gewesen. Na, vielleicht war es auch so ein bißchen eine verkrachte, künstlerische Existenz? So genau konnte ich das damals nicht feststellen. Sie konnte erzählen – abendfüllend! Vielleicht war's wahr oder nur Dichtung und Wahrheit. Bei uns fand sie jedenfalls willige Zuhörer für ihre Stories, die noch aus ihrer Glanzzeit stammten. Sie jonglierte mit Namen, wir mußten ihr glauben. Denn keiner von uns wußte so gut Bescheid vom Theater um ihre Stories demaskieren zu können. Wenn die „Möperten" zu uns kam, war der Abend gelaufen.

Ihr Mann war klein. Im sächsischen Raum wurde man sagen, er war ein Bernmännl. Irgendwie hatten die beiden ein gestörtes Verhältnis zueinander. Es wurde als gegeben hingenommen und eigentlich nie darüber gesprochen.

Frau Möpert hatte Ausschnitte aus der Paul-Lincke-Operette „Frau Luna" einstudiert. Sie sang und spielte selbst mit. Danach folgten lustige Sketche. Alles in allem ein recht heiteres Programm. Das hatten wir auch alle erwartet. Beachtlich, was da von der Bühne herunter kam. Alle Protagonisten hatten sich die nur erdenklichste Mühe gegeben. Viele standen ja das erste

Mal auf den Brettern die die Welt bedeuten. Wir sparten nicht mit Applaus.

Mutter hatte für Frau Möpert zum Schluß ein Geschenk parat in Form von irgendwelchen Naturalien an Stelle von fehlenden Blumen. Sie beauftragte mich, ihr das auf offener Bühne zu überreichen. Ich streikte! Keine zehn Pferde hätten mich auf die Bühne gebracht. Nein, nie! Eigentlich Quatsch von mir. Ich hätte, ohne ein Wort zu sagen, Frau Möpert das Präsent nur in die Hand zu drücken brauchen. Aber eher wäre ich in den Erdboden versunken. So blieb es am Tisch liegen. Frau Möpert kam dann nach der Kulturveranstaltung selbst zu uns an den Tisch, um ihr Kompliment einzuheimsen. Sie freute sich, denn viel hatte es nicht gegeben, und viele wußten auch gar nicht, daß so etwas für „Künstler" üblich ist.

Anschließend war Tanz. Na ja, ich war noch Anfänger, wagte mich dennoch aufs Parkett. Es ging schon ganz gut. Mein Selbststudium vom Waschhaus kam mir hier zu passe. Man bestaunte meine Fortschritte. Ich gab trotz Gewühl auf der Tanzfläche einen recht passablen Tänzer ab. Vater beäugte mich mißtrauisch und gab noch gute Ratschläge. So kam heute Mutter mit mir auch zu ihrem so gern getanzten langsamen Walzer. Für mich immerhin ein Weg nach vorn.

Es gab ab und wann eben doch noch Störungen von seiten der Polen trotz langsam anlaufender Humanität untereinander.

Sie hatten dazu ein Haus in der Goldberger Straße am ehemaligen Wilhelmplatz belegt.

Vom Bösen ist keiner gefeit. Es gab Denunziationen jeglicher Art. Ob sie nun zutrafen oder nicht, erst einmal wurde alles geglaubt – und ab ging es. Es kam zu strengen Verhören, die dann schließlich im Karzer endeten.

Viele konnten ihren Mund nicht halten und schimpften laut auf die Polen und auf die sozial, mißlichen Zustände. Es wurde gehört und die unerfreulichen Dispute an die entsprechende Stelle weitergeleitet und ab ging's in den Karzer der Goldberger Straße. Oft wußten die Menschen gar nicht wie ihnen geschah. Viele beachteten ihr Umfeld nicht, wenn ihnen mal wieder die Galle hoch kam und hatten bei ihrer Festnahme schon vergessen, wie und was sie in den vergangenen Tagen geäußert hatten. Aber gesagt war gesagt – da half dann letztendlich keine Reue.

Ganz schlimm wurde es, wenn es zwischen Deutschen und

Polen zu Handgreiflichkeiten kam. Recht oder Unrecht – wer unterschied das schon? Es gab auch Diebstähle. Deutsche wurden beim sogenannten Organisieren in leerstehenden Häusern und deren Wohnungen von Möbeln, Hausrat, Steinkohle, Holz oder dergleichen erwischt. Das wurde als Plünderung geahndet. Die polnische Miliz war da unerbittlich, denn da dauerte der Karzer schon länger. Auf der anderen Seite waren Möbel und Hausrat in nicht bewohnten und arg verwüsteten Wohnungen sowieso dem Verfall preisgegeben.

Schikane gegen Deutsche?

Bei den Verhören im Keller der Goldberger Straße hatten die Polen die Machenschaften aus dem KZ übernommen. Die Festgenommenen mußten an einem Tisch sitzen. Der Raum war völlig dunkel. Nur dem Opfer wurde mit einer Lampe das Gesicht angestrahlt. Im gleichbleibenden Intervall tropfte Wasser auf die Kopfhaut. Sie mußten obendrein das Führerbild küssen und anschließend anurinieren.

Das Gebäude war aufgrund seiner Greueltaten berüchtigt. Alle Deutschen wechselten die Straßenseite, um gar nicht erst an dem Gebäude vorbeigehen zu müssen.

Einen deutschen Jugendlichen aus unserer Nachbarschaft hatte es auch erwischt. Na ja, er hing oft genug an der Wodkaflasche. Er konnte kaum selbst etwas dafür. Er war vorbelastet. Seine Eltern tranken beide – viel!

Getrunken, ein Wort zuviel, die Hand zum Streite gehoben – und ab ging's.

Er wurde verpflichtet über seine Behandlungsweise im Karzer der Goldberger Straße, nach seiner Entlassung Stillschweigen zu wahren. Das genau tat er nicht. Ein selten törichter Mensch. Ohne alles auszuposaunen ging es bei ihm nicht. Ihm beherrschte die Großmannssucht. Er fühlte sich als Märtyrer. Trotzdem wir sein Verhalten vor und nach dem Karzer nicht unbedingt als Heldentat empfanden. Aber es gibt eben überall und zu jeder Zeit schwarze Schafe in jeder Gesellschaft. Davon gab es auch welche unter uns Deutschen.

Eine Strafdauer für nach polnischem Ermessen verübte Straftaten gab es nicht. Diese Schikanen waren nicht zeitlich begrenzt. Sie hingen von dem Gutdünken und vielleicht auch von der Laune der Verurteiler oder des Betroffenen selber ab. Gab er sich geständig und einsichtig oder aufsässig!

Nun ist ja eine Schlägerei untereinander nicht unbedingt ein juristisches Delikt. Aber eine Schlägerei zwischen Polen und

Deutschen war sogar ein Politikum. Es war keinesfalls ratsam, es erst so weit kommen zu lassen. Die Deutschen zogen immer den kürzeren. Man mußte eben gerade und aufrecht, wenn auch manchmal mit geballter Faust in der Tasche, seines Weges gehen.

In der Folgezeit hat es oft solche Situationen gegeben wo es knisterte.

Wenn wir nachts mit unseren Mädels vom Tanzen kamen, hatten wir verständlicherweise auch getrunken. Heiter und beschwingt ging's heim. Plötzlich standen wir Polen gegenüber. Die hatten es auf unsere Mädels abgesehen und auf unsere Klamotten. Denn teilweise hatten wir bereits mehr als manche junge Polen selber. Da half nur Diplomatie und gutes Zureden um friedlich vorbeizukommen. Hätte einer von uns Jungens die Hand gehoben, wäre uns die Miliz sicher gewesen oder die Polen hätten vorher das Messer gezogen. Es war daher auch nicht ratsam, nachts weit allein zu gehen. Gefahr im zivilen Sektor lauerte für die deutsche Bevölkerung noch an jeder Ecke.

Die Sieger waren mit ihren übertriebenen Sicherheitsvorschriften auch kaum zu übertreffen.

Das ehemalige Amtsgericht in der Goldberger Straße hatten sie auch für ihre Zwecke belegt. Es wurde streng bewacht. Denn hinter dem Amtsgericht lag das Gefängnis. Vermutlich war es mit Strafgefangenen aus ihren eigenen Reihen belegt.

Stadtauswärts auf der gleichen Seite und hin bis zur Wallstraße schloß sich eine Grünanlage an mit Bäumen, Rasen, Hecken und Parkbänken.

In der Wallstraße wohnte eine alte Dame mit ihrer Schwester und ihrer Tochter. Wie nun der Frühling ins Land zog, machte sich die Tochter auf den Weg über die Straße in die Grünanlagen. Die drei Damen waren Blumenfans. In Ermangelung nicht käuflich zu erwerbender Blumenerde bewaffnete sich das junge Fräulein mit einem kleinen Eimerchen und eben solcher großen Schaufel. Wie sie nun gerade, nichts Schlechtes denkend und ahnend, mit ihrer kleinen Schaufel aus einer nach ihrem Ermessen günstigen Stelle brauchbare Blumenerde ins Eimerchen schaufelte, stehen plötzlich drei bis an die Zähne bewaffnete Sieger in Uniform hinter ihr.

„Stoi, stoi!" rufen die drei aufgeregt und empört, „Frau, stoi! Nitschewo, Frau, dawei", und stoßen dieses junge Fräulein mit den Gewehrkolben vor sich her in Richtung ehemaligem

Amtsgericht. Vor Schreck hatte sie das Eimerchen und die kleine Schaufel zurückgelassen.

Große Unruhe bei Mutter und Tante, da Tochter und Nichte so lange ausblieb wegen dem bißchen Blumenerde.

Als sie sich dann schließlich aufrafften, um selber nach dem Verbleib der Hobbygärtnerin Ausschau zu halten, fanden sie nur den bereits mit Muttererde gefüllten, umgeworfenen, kleinen Eimer, die Schaufel und frisch angegrabenes Erdreich. Von der Tochter keine Spur.

Die zwei alten Damen waren verzweifelt. Eine Erklärung fanden sie für das spurlose Verschwinden ihrer Tochter und Nichte nicht. Welche Mutter bangt in solch einer Situation nicht um ihr Kind? Tränen brachten letztendlich das Kind auch nicht wieder. Wen sollte oder konnte man fragen? Da gab es niemanden!

Banges Warten begann!

Das Rätsel sollte sich erst am anderen Tag lösen, als die Vermißte wieder vor der Tür stand.

Es war makaber! Sie war im übertriebenem Sinne einem Justizirrtum zum Opfer gefallen.

Da hatten doch tatsächlich die Sieger angenommen, sie wollte einen unterirdischen Tunnel von außen her graben um die Gefangenen zu befreien.

Im Nachgang haben nicht nur die drei Damen, sondern alle, die davon erfuhren, geschmunzelt. Wie dem auch sei, getraut haben uns die Sieger absolut nicht. Ihre übertriebenen Schutzmaßnahmen waren einfach lächerlich.

Eine andere Sicherheitsmaßnahme hatten sich die Sieger noch einfallen lassen, die uns alle merkwürdig berührte.

Zwischen Schloßplatz, Schloßstraße, Marienstraße und Frauenstraße errichteten sie ein Ghetto für Deutsche. Das gesamte Areal war mit Bretterzäunen umgeben. Eine kleine Tür von der Mittelstraße herkommend diente als Zugang.

Nun war da nicht gerade die beste Bausubstanz. Die Häuser waren eng und erdrückend mit bedauernswerten sanitären Anlagen ausgestattet. Ein Ruhmesblatt hatten sich damit die Sieger gerade nicht an die Uniform geheftet. Die Bewohnbarkeit stand im krassen Gegensatz zu den Vierteln die sie mit ihren Angehörigen bewohnten.

Das Ghetto der Deutschen war zwar abgeschirmt gegen Belästigungen von außen, aber das war auch alles. Ein ehemaliger

Klassenfreund der leider zu kurzen Schule der Franziskanerstraße wohnte dort mit seinen Eltern. Ich hatte noch Kontakt zu ihm und besuchte die Familie. Sein Vater war auch einer der deutschen Spezialisten für die Sieger, wie überhaupt alle, die dort wohnten.

Lange hat das Ghetto aber nicht bestanden. Ein Teil der Deutschen fiel dann schließlich unter die Zwangsumsiedlung, und der Rest wurde mit respektablerem Wohnraum versorgt. So löste sich auch diese durch die Sieger nicht gerade humanitär gedachte Zwangslösung in Wohlgefallen auf.

Der Winter 1947/48 kam mit Kälte, Frost und Schnee. Wir hatten sibirische Verhältnisse. Ein eiskalter Wind pfiff durch die Straßen und fegte den losen Schnee in die Häuserecken zuhauf. Alles verkroch sich in die Wohnungen. Vater konnte daher als Schornsteinfeger nicht mehr auf die Dächer. Er und sein Kompagnon beschränkten sich auf Innenarbeiten.

Vater brachte Fleisch, es war viel und er tat recht geheimnisvoll. Unsere Oma war eine erfahrene Hausfrau und eine gute Köchin. Ich habe mich oft gewundert, wie und was sie in der schweren Zeit manchmal auf den Tisch brachte. Sie konnte aus nichts etwas machen. Nun hatte sie natürlich auf Anhieb erkannt, was Vater da so geheimnisvoll enthüllte. Es war Hund! In der Nikolaistraße hatten wir gleich nach unserer Rückkehr schon einmal Hund gegessen. Ein großer Hund schmeckt wie Kalbfleisch. Oma legte all ihre Kochkünste in die Zubereitung. Und siehe da, der Hund war eßbar.

Ich kenn' mich doch, ich hebe doch schnell die Zähne. Wie heißt doch ein Sprichwort: Was der Bauer nicht kennt, ißt er nicht!

Manche Hausfrauen meinen auch, wenn ihnen beim Kochen eine Mahlzeit mal nicht so richtig gelungen ist: Der Hunger treibt es rein!

Sprichwort hin, Sprichwort her! Zum ersten kannten wir bereits Hundebraten und zum zweiten hatten wir Hunger. Also sagten wir uns: Guten Appetit!

Unser Hund Pussi wurde dabei getestet. Es heißt nämlich, Hunde würden merken, wenn Hunde gebraten werden.

Und tatsächlich! Vater benahm sich seinem kleinen Liebling gegenüber wie ein Bösewicht. Als das Hundefleisch in der Pfanne auf dem Herd brutzelte, lockte er Pussi zum Küchenofen. Pussi kam, reckte den Kopf nach oben, schnupperte, nahm seinen Schwanz zwischen die Hinterbeine, lief zwei Schritte rückwärts und fing ein mörderisches Gebell an. Vater lockte ihn dann noch mit einem Stückchen gebratenem Fleisch. Aber Pussi verkroch sich sofort.

Wie mir Oma erst viel später erzählte, hatte sie uns auch Katze vorgesetzt und sich diebisch darüber gefreut, daß wir es nicht gemerkt haben. Erhalten hatte sie die geschlachtete Katze allerdings ohne Kopf. Der Kopf der Katze abgezogen ohne Fell soll nicht gerade appetitlich anzuschauen sein. Sonst wirkt eine tote Katze wie ein Kaninchen und schmeckt, dementsprechend zubereitet, fast genauso.

Wie leichtsinnig wir in der Zeit waren? Wir wußten doch vom Schweinschlachten aus Crain, daß da jedesmal der Trichinenbeschauer kam, um das Fleisch der toten Sau gut zu heißen und dafür seinen blauen Stempel aufzudrücken. Vorher hätte damals keiner eine Wurst angerührt. Nun aßen wir Hunde und Katzen ohne das Urteil eines Trichinenbeschauers! Was macht man nicht alles in der Not? Wir haben es überstanden und hatten nach dem Verzehr weder Übelkeit, Brechreiz oder Magenverstimmungen. Wir waren hart verpackt, so leicht warf uns nichts um.

Zum Glück überhaupt war keiner von uns in dieser schweren Zeit ernsthaft krank.

In der Vorweihnachtszeit war ich viel bei Familie Neugebauer in der Wörtherstraße im rein deutschen Haus. In dem Grundstück, von deutschen Spezialisten in guten bewohnbaren Zustand versetzt, wohnten vom Erdgeschoß bis unters Dach nur deutsche Familien.

Neugebauers wohnten in der ersten Etage rechts zu sechst. Das Ehepaar hatte vier Kinder. Herr Neugebauer war einer der Skatbrüder von Vater. Er war von Natur ein äußerst lustiger Mann, nur in der Erziehung seiner Kinder sehr streng. Die zweite Tochter Irmgard ist mit mir konfirmiert worden.

Alle konnten gut singen. Manchmal war Vater dabei. Da wurden alle Weihnachts- und Kirchenlieder gesungen, die es nur gab. Alle auswendig, ohne Gesangbuch und ohne Noten. Es war einfach herrlich, es brachte Stimmung, es war anheimelnd. Ich habe so etwas später nie wieder erlebt. Zu der Zeit, als ich das erlebte und es mir wirklich nahe ging, kam alles spontan, es kam von Herzen und ging zu Herzen.

Frau Neugebauer, klein von Wuchs, wie überhaupt die ganze

Familie, hatte täglich mit drei Mahlzeiten sechs hungrige Mäuler zu stopfen. Auch kleine Menschen brauchen jeden Tag ihre Mahlzeiten. Oma sagte immer spaßhafterweise, die Neugebauers, das ist so eine richtige Karnickelrasse! Nun mußte der kleine Vater Neugebauer für alle sechs aufkommen. Die große Tochter war Näherin bei Schneidermeisterin Ziegert in der zweiten Etage links. Frau Ziegert nähte, wie konnte es anders sein, für Siegerinnen. Aber gegen Bezahlung. Wir waren also ökonomisch im Aufwind.

Auch die Schneidermeisterin hatte eine große Tochter. Die brauchte nicht mitzuarbeiten, hatte aber einen Freund. Dem Freund wieder waren bestimmte Anstandsregeln auferlegt. War er abends da, klopfte Frau Schneidermeisterin herrisch an die Tür und rief spontan: „Herr Hellmann, es ist 22 Uhr!"

Das sollte so viel heißen, nun waren sie lange genug bei meiner Tochter. Und der Freund entfleuchte. Er konnte sich doch mit seiner zukünftigen Schwiegermutter nicht anlegen. Frau Schneidermeisterin hielt eben sehr auf Etikette.

Die jungen Leute waren prima. Bei Festlichkeiten haben wir sie immer mit zu uns eingeladen. Ich verstand mich mit ihnen sehr gut.

Die zweite Tochter von Neugebauers, die in meinem Alter war, saß eben auch noch zu Hause. Für deutsche Mädels in der Zeit etwas Lohnendes zu finden, war sehr schwer. Als Jugendlicher männlichen Geschlechts kam man da schon besser unter.

Wir jungen Leute waren doch alle ungelernt. Da kamen nur niedere Arbeiten in Frage. Freilich, jeder Siegerhaushalt hätte das Mädchen als billige Arbeitskraft mit geschmatzten Händen genommen. Aber eben ohne Bezahlung, nur fürs Essen und wenn ein bißchen abfiel. Aber was war das schon? Nicht nur, daß die Sachen eines Mädels einem gewissen Verschleiß unterliegen, Frauen haben in puncto anziehen so ihre eigenen Vorstellungen. Und ohne Geld war da nichts drin, denn langsam gab es ja wieder schöne Sachen in den polnischen Judenläden zu kaufen.

Da sagte Mutter Neugebauer: „Nitschewo, wo fünfe satt werden, reicht es auch für sechse." Das so geplagte Mädchen hat es dann noch ein paarmal als Hauswirtschaftshilfe bei polnischen Geschäftsleuten versucht. Aber die waren auch nur drauf und dran, die junge deutsche Arbeitskraft tüchtig auszunützen. Was bleibendes fand sie nie. Allein der Wille genügte eben nicht, wenn es die Umstände nicht wollen. So blieb sie ein wenig Aschenputtel in ihrem gleichaltrigen Kreis. Natürlich hat sie das gekränkt. Aber sie trug es mit Würde.

Die beiden, schulreifen, jüngeren Geschwister, ein Mädchen und ein Junge, mußten jeden Tag Schulaufgaben machen. Frau Neugebauer sah da sehr darauf. Es war eigentlich erstaunlich für die damalige Zeit. Nun ja, die Zeit verstrich und die Kinder wurden größer und auch älter, so sollten sie doch wenigstens lesen, schreiben und rechnen können. Es war doch völlig ungewiß, wann und wo die Kinder mal in eine richtige Schule kommen. Also konnten gewisse Vorkenntnisse nichts schaden. Klug waren die beiden Kleinen. Ich habe manches Mal echt gestaunt. Beim Gedichte aufsagen waren sie Meister. Die Gedichte konnten noch so lang sein, sie packten sie. Es war absolutes Geistestraining.

Im Erdgeschoß links wohnte Familie Kinzel. Der Sohn war bereits im heiratsfähigen Alter. Er hatte seit langem ein festes Verhältnis. Nun konnte man an seiner Partnerin die Auswirkungen des festen Verhältnisses optisch wahrnehmen. Jetzt sollte schnell geheiratet werden. Es ging damals natürlich nur kirchlich, beziehungsweise evangelisch-lutherisch. Pastor Stekkel mußte ran. Er war inzwischen mit einer Hebamme liiert. Was besseres konnte dem jungen, zukünftigen Ehepaar gar nicht passieren. So blieb alles in den Familien.

Sie trug lang und weiß und ein wenig weit, das überdeckte den schon etwas nach vorn gewölbten Bauch. Er sah schmuck aus in seinem dunkelgrünen Anzug. Woher hatten die Leute damals bloß die Sachen? Erstaunlich, aber sie waren da!

Ein Wermutstropfen fiel allerdings auf die kirchliche Zeremonie.

Das ist wieder so ein undurchschaubarer Punkt!

Pastor Steckel war auch immer noch die evangelisch-lutherische St. Martha-Kirche zur Durchführung der Gottesdienste für die deutsche Bevölkerung von den polnischen Administratoren überlassen worden. Er konnte auch das Brautpaar kirchlich trauen. Aber dem Brautpaar war es nicht gestattet, die evangelisch-lutherische St. Martha-Kirche durch das Hauptportal zu betreten und durch das gleiche nach der Trauung wieder zu verlassen. Eingang in und Ausgang aus der Kirche waren nur durch die kleine Seitentür gestattet worden.

Damals machte eben auch der liebe Gott zwischen Deutschen und Polen „kleine“ Unterschiede!

Vor Gott sind alle Menschen gleich?

Aber eben nicht immer. Wenn es höhere, politische Mächte nicht wollen, kann auch der liebe Gott in seiner unermeßlichen Güte und Barmherzigkeit nichts machen.

Es war keinesfalls der Umstand, daß die Braut sich in so einem befand. Die polnischen Kirchenfürsten kannten das Brautpaar ja gar nicht. Bei den Katholiken soll es solche einschneidenden Maßnahmen geben, wenn der Nachwuchs schon bei der Hochzeit mit dabei ist. Da ist der Jungfernkranz auf dem Kopf der Braut hinten nicht geschlossen, da wird nur gebimmelt und die großen Glocken schweigen und der katholischen Sitten noch mehr.

Aber bei unserem evangelischen Brautpaar, es fällt mir schwer es so auszulegen, weil das im allgemeinen im kirchlichen Bereich nicht üblich sein sollte, war es versteckte Schikane. Oder es gibt es vermutlich einen deutschen und einen polnischen Gott!

Pastor Steckel ließ sich von den mißlichen Begleiterscheinungen nicht beirren. Es war rundherum eine schöne Trauung, eine deutsche, kirchliche Trauung, die zwei Menschen vor dem lieben Gott offiziell zusammenführte.

Gegenüber von uns im großen Eckhaus Wörther-/Goldberger Straße, in der ersten Etage, wohnte Familie Tscharnke. Es war ein ehemals prunkvolles, ehrwürdiges Haus. Die Wohnungen hatten alle Stuck und Parkett und waren mit Bädern ausgestattet. Jetzt befand sich das Grundstück in einem erbarmungswürdigen Zustand. Der Hof lag bis zum ersten Treppenhausfenster hoch voll mit Gerümpel und Sperrmüll aus den oberen Etagen. Ein Werk der Sieger! Sie hatten alles kurz und klein geschlagen und danach aus dem Fenster geworfen. Da lag es nun! Ganze zertrümmerte Wohnungseinrichtungen der Witterung ausgesetzt. Ein Eldorado für die Ratten. Mich gruselte immer ein bißchen, wenn ich mal zu Tscharnkes mußte.

Auf sie selber machte augenscheinlich das arg verwüstete Umfeld keinen deprimierenden Eindruck. Zumal sie auch noch allein in diesem großen Haus wohnten.

Es war fast ein Glücksumstand, daß zwei alte Freundinnen wie Oma und die Frau Tscharnke senior jetzt nur gegenüber wohnten.

Tscharnkes hatten ein Haus am Anfang der Immelmannstraße besessen. Selbstverständlich war es liquidiert. Es war eine traditionsreiche Ofenbaufirma gewesen. Der Sohn mit seiner Frau wohnten noch mit da. Deren junger Sohn kurz vor Kriegsschluß eingezogen und wer weiß wo.

Die alte Frau Ofenbaumeister fremden Rechts watschelte ein wenig beim Laufen. Sie war so dick, daß man glaubte, die Beine könnten den Körper nicht tragen. Ihre Schwiegertochter tat es ihr gleich. Not und Entbehrung schienen an den zwei Frauen spurlos vorübergegangen zu sein. Es gab viele, denen waren die Hunger- und Leidensjahre jetzt noch anzusehen. Sie waren überhaupt damals die dicksten Frauen, an die ich mich erinnern kann. Sie rochen auch etwas herb – kam man ihnen zu nahe.

Ich kannte die Familie und das Haus noch von vor 1945. Oma hatte mich manchmal mitgenommen, wenn sie zu ihrer Freundin ging. Aber nicht nur zum Vergnügen, eher als bloßen Eigennutz.

An Tscharnkes Grundstück schloß sich ein großer Obstgarten an. Und ich durfte dann immer schleppen. Frauen powern eben die Männer nur aus. Gleich, in welcher Situation.

Wir feierten mit Tscharnkes Silvester. Nun sind dicke Menschen meistens gemütlich. So war es dann auch. Wir gossen Blei. Eine lustige Angelegenheit, denn die Frauen entlockten den dabei entstehenden, undefinierbaren Gebilden die ulkigsten Deutungen. Man mußte sich bis Mitternacht auf eigene Art ohne jegliche Musik unterhalten. Getrunken haben wir auch. Es war Stimmung, das ist mir noch in Erinnerung.

Die Männer kannten sich auch schon. Herr Tscharnke arbeitete selbstverständlich als großer Spezialist Ofenbaumeister bei KETSCH wie Vater. So war sich keiner fremd.

Ulica Zlotoryska 88

Wie war ein Jahr voller Hoffnungen und Bangen auf eine Änderung der Verhältnisse für die Deutschen ins Land gezogen. Die Aussichten zugunsten der Deutschen standen nicht gut. Das Zünglein an der Waage neigte sich in Richtung der neuen Bürger der Stadt. Wir mußten wohl oder übel eine Abspaltung vom alten Reich als unter polnischer Verwaltung stehende Ostgebiete akzeptieren. Im Innersten wollte es keiner. Wir konnten es nicht glauben, nicht wahrhaben. Selbst wenn es uns täglich vordemonstriert wurde. Die Polonisierung schritt weiter voran. Wirtschaftlich war alles bereits fest in polnischer Hand.

Hat Heimatverbundenheit etwas mit Sturheit zu tun?

Wenn ja, waren wir alle stur!

Denn warum blieben wir alle noch? Keiner sprach davon, sich freiwillig zwangsumsiedeln zu lassen.

Die Post kam jetzt schon regelmäßig aus dem Rest-Deutschland. Der Inhalt der Briefe war nicht gerade angetan uns zum Verlassen der Heimat zu beflügeln. Man mußte sich auch dort gewaltig zur Decke strecken. Es gab Lebensmittelkarten und Bezugsscheine für Nahrung und Bekleidung in allen vier Besatzungszonen Deutschlands.

Hier gab es nun schon alles – ohne Marken. Der Zloty hatte seinen Wert. War er doch gerade erst wieder zur offiziellen Währung Polens aufgerückt. Hungern brauchte hier niemand mehr. Satt zu essen hatten alle. Wer seine Zloty ökonomisch einsetzte, konnte darüber hinaus daran denken, sich ein neues Kleidungsstück zu kaufen.

Also blieben vorerst alle!

An die Möglichkeit die polnische Sprache zu erlernen um dadurch bleiben zu können, dachte ganz einfach niemand.

Nein, wir fanden es sogar absurd. Es wäre dann folgendes entstanden: Staatsangehörigkeit – Volksrepublik Polen; Nationalität – deutsch. So eine Zwitterstellung strebte niemand an!

Es war auch in unseren Breiten ganz einfach keiner da, der uns hätte die polnische Sprache lernen können. Unsere Eltern hätten sowieso gepaßt. Sie waren zu lange aus der Schule raus und hätten sich auf keinen Fall noch mal auf die Schulbank gesetzt um Vokabeln zu lernen.

Vielleicht wären wir jungen Deutschen nicht abgeneigt gewesen. Eine Fremdsprache zu beherrschen hat etwas für sich. Aber die arbeiteten alle bei den Siegern. Sie eigneten sich deren Sprache an, da sie ja täglich mit ihnen umgingen als Auftraggeber und Auftragnehmer.

Dabei kam zwar nur die Umgangssprache heraus, aber zur Verständigung genügte es.

Beim Lesen und Schreiben sah es schon anders aus. Angesichts der kyrillischen Buchstaben hoben alle die Hände. Die Sieger freuten sich schon, wenn man sich mit ihnen in ihrer Sprache verständigen konnte.

Später, während der zehnten Klasse in der Volkshochschule und danach beim Fernstudium war ich äußerst gut in „der" Fremdsprache. Aber so weit kannte ich damals meine Qualitäten noch nicht.

Das in unserer Region herrschende deutsche Sprachtum ist geschichtlich bewiesen. Schlesien gehörte seit dem 14. Jahrhundert zum Königreich Böhmen. Es war dann im 15. Jahrhundert eigenständiges, deutschsprachiges Herzogtum. Und danach fiel es an Österreich und später an Preußen. Trotz Grenzverschiebungen innerhalb der Kleinstaaterei ist Schlesien immer deutschsprachiges Territorium geblieben. Egal ob bei Maria Theresia oder dem Alten Fritzen. Wir lagen immer im deutschsprachigen Raum. Das setzte sich fort bis zum Ende des Zweiten Weltkrieges.

Ja, bis geschichtlich anders entschieden wurde!

Der Tabakspfeife Rauchende und der Zigarren Schmokende sowie der mit dem Sternenbanner Winkende waren auf der Insel Krim während des Zweiten Weltkrieges und danach in der Stadt bei Berlin kurz nach dem Zweiten Weltkrieg bereits zu senil, um einen Blick auf die Landkarte zu werfen, wie einst die Ländergrenzen gezogen waren.

Sie sahen nur ein Land, was zerrissen werden mußte!

Sie zerrissen es und teilten es auf. Sie waren fest davon überzeugt, nur so und nicht anders kann in Zukunft Frieden herrschen. Sie diktierten den Völkern Europas ihre Grenzen auf. So entstanden Zwangsgebilde.

Ein Friedensvertrag, der die willkürlichen Grenzverschiebungen als verbindlich dargelegt hätte, blieb aus.

So mußten Jahre nach dem Zweiten Weltkrieg die Verlierer eine Variante finden, den damals willkürlich gezogenen Grenzen den Stempel der Glaubwürdigkeit aufzusetzen!

Der Tabakspfeife Rauchende verschob seine Grenzen mächtig nach dem Westen und damit seinen westlichen Nachbarn immer vor sich her weit hinein in treu deutsche Gebiete. Ihm schien sein Land immer noch nicht groß genug.

Dem Herrscher des Dritten Reiches hatte man Großraumsucht nachgesagt. Nun drehte der Sieger im Osten den Spieß um.

Diktator bleibt Diktator – gleich welcher Nation!

Die Gegenwart aber hat gezeigt, daß willkürlich von hohen Mächten gezogene Grenzen in den davon betroffenen Ländern nicht immer den erwarteten, ewigen Frieden bringen.

Selbst Kleinstaaten, die gewaltsam zu einem Land zusammengepreßt worden sind, brechen aus. Unter Druck beugt man sich. Aber Druck erzeugt Gegendruck. Und der, gepaart mit langanhaltendem Freiheitsdrang, sprengt letztendlich die Fesseln. Da sprengen sie die Grenzen und setzen sich frei mit eigenem Herzblut.

Die politisch motivierte Abtrennung der östlichen Gebiete von Deutschland hat weder dem polnischem Volk noch den Siegern greifbare Erfolge gebracht – ganz zu schweigen dem deutschen Volk.

Aber soweit war es damals bei uns noch nicht gekommen. Uns lag allen noch der Zweite Weltkrieg mit seinen verheerenden Folgen im Gedächtnis. Dazu hatten wir gerade zwölf Jahre eiserne Disziplin hinter uns. Nach Aufmucken war uns nicht zu Mute. So warteten wir eben geduldig weiter auf die Ereignisse 1948.

Diese ließen nicht lange auf sich warten, zumal bei uns. Das Jahr hatte weitere Überraschungen parat.

Das Ereignis was uns betraf gehört wieder in die Kategorie undurchschaubar.

Wir wurden erneut umgezogen!

Angeblich wollten oder sollten die Siegeroffiziersfamilien allein in Häusern wohnen und ihre deutschen Spezialisten auch.

Erst nahmen wir an, weil wir oft Besuch hatten und gefeiert haben, wäre der Grund. Aber das war es allein wohl nicht.

Im Nachbarhaus in der vierten Etage wohnte das alte Ehepaar Bader und Fräulein Türke. Auch sie mußten weichen.

War es Zufall oder Bestimmung? Wir sieben Personen erhielten zusammen in der Goldberger Straße 88 in der dritten Etage eine riesige Sechs-Zimmer-Wohnung.

Aussuchen wohin und mit wem war nicht drin! Es wurde

ohne Ansehen der Personenzahl und ohne Einfluß auf Wohnungsgröße gelenkt – und man mußte miteinander auskommen.

Im Grunde genommen waren wir vier Familien. Oma und Fräulein Türke zählten schließlich auch. Eins wußten wir zum damaligen Zeitpunkt noch nicht. Das waren die Wohnverhältnisse der Sieger im eigenen Land. Man wollte uns ein System aufzwingen, was nach deutschen Verhältnissen nicht funktioniert. Das System sollten wir erst viel später kennenlernen. Wie man uns unterbrachte, war nach ihrem Klischee. So lebten die Sieger in ihrer Heimat.

Protest war zwecklos. Wir machten das Beste daraus. Es war in der Folgezeit recht lustig.

So wie bei den Siegern daheim oder wie sie sich das vorgestellt hatten, machten wir es nicht. Es ist und war doch nicht nach deutscher Sitte, vier Familien, eine Küche und jede Familie hat darin zum Kochen einen Herd.

Wir richteten uns deutsch ein und hatten sogar noch ein Zimmer übrig, das nicht bewohnt war. Wer sollte denn im Winter diese Riesenräume heizen? Vier Zimmer lagen so bei etwa dreißig Quadratmeter. Und so viele Möbel hatten wir gar nicht. Also machten wir aus der Not eine Tugend. Trocken, sicher und warm!

Nun lag geradeaus von der Treppe der separate Eingang zum Zimmer der Schneiderin Türke. Das Zimmer war nicht allzu groß durch die separate Eingangstür, die zweiflüglige Doppeltür zu Baders, den Kachelofen und das Fenster. Ein Bett, ein Schrank und als wichtigstes Attribut die Nähmaschine.

Fräulein Türke war eine äußerst couragierte, stämmige und mittelgroße Mitfünfzigerin mit lautem Organ, das sie oft genug gegen Frau Bader einsetzte. Sie konnte von ihrem Zimmer ein- und ausgehen, ohne die Korridortür zu benutzen. Durch diese separate Tür empfing sie auch ihre Kundschaft. Es waren immer noch Frauen der Sieger. Es war enorm, was die sich an den Hals hingen. Sie brauchten wohl ein Heer von Schneiderinnen, um sich einkleiden zu lassen. Aber bei der starken Besatzungsmacht hatte die deutsche Schneiderzunft keine Not.

Die zweiflügelige Verbindungstür führte dann für Fräulein Türke durch den großen Wohn-, Arbeits- und Schlafraum des Ehepaares Bader zur Tür zum Flur in Küche, Bad oder WC.

Arbeitsraum der Frau Bader deshalb, sie wusch Wäsche für die Sieger und mitunter auch für polnische Geschäftsleute.

Die geräumige Küche diente dem Ehepaar Bader und dem Fräulein Türke als Wohnküche. Dort wurden auch gemeinsam, fast immer unter großen Geschwafel, die Mahlzeiten eingenommen.

Fräulein Türke hatte dazu in ihrem Zimmer keinen Platz und bei Baders füllten immer das stets aufgeklappte Bügelbrett, Waschkörbe, gebügelte und ungebügelte Wäscheberge zusätzlich das Wohn- und Schlafzimmer. Dadurch war eine direkte Nutzung als Wohnraum von vornherein nicht gegeben und schloß ein behagliche Gemütlichkeit aus.

Von der Küche ging's ins Bad. Das hatte ausschließlich Frau Bader in Beschlag gelegt. Das war zur Waschküche umfunktioniert worden. Gewaschen wurde immer noch von Hand. Frau Bader wusch wie ein Weltmeister, bald Tag und Nacht. Sie war eine kleine,behende Person, stramm gebaut und voller Tatendrang, trotzdem sie auch nicht mehr die Jüngste war. Sie ging voll auf ihn ihrer Tätigkeit, so, als hätte sie in ihrem ganzen bisherigen Leben nie etwas anderes getan.

Also war das Bad für uns erst mal Tabu. Eigenartigerweise trugen wir das mit Fassung ohne das es unsererseits zum Eklat gekommen wäre. Wann wir dann mal baden durften, bestimmte Frau Bader. Wenn sie mal nicht zu viel tun hat, könnten wir baden. Aber wann hatte die gute Frau Bader mal nicht viel zu tun?

Nur das Trocknen der Wäsche wurde zum Problem. Die Wäsche im Hof zu trocknen, wagte die „Badern" nicht. Da hätte sie daneben sitzen bleiben müssen, um aufzupassen, daß nichts gestohlen wurde. Es war ja schließlich die Wäsche von Kunden. Und Versicherungen – gab es nicht.

Die Innentoilette mußten wir gemeinsam nutzen. Sie hatte kein eigenes Fenster ins Freie. Die Entlüftung der Gerüche erfolgte über das Bad. Mußte jemand, verließ Frau Bader fluchtartig das Bad. Wenn Frau Bader nicht wusch, stand sie am Plättbrett.

Wie dem auch sei, wurde nicht geheizt, standen fast immer überall in unserer gemeinsamen genutzten Sechs-Zimmer-Wohnung sämtliche Türen offen. Waren sie geschlossen, zum Beispiel im Winter oder bei unserer Abwesenheit, verschlossen waren die einzelnen Zimmertüren nie. Es ging, uns fehlte nie eine Stecknadel.

Waren die beiden Frauen bei ihrer Arbeit, das heißt, Fräulein Türke saß an ihrer Nähmaschine am Fenster ihres Zimmers und

Frau Bader stand am Plättbrett ihres Wohn-, Arbeits- und Schlafzimmers stand die zweiflügelige Verbindungstür offen.

Nun gifteten sich die beiden an, in einer Art, die schon entweder an Hysterie oder Schizophrenie grenzt. Es war einfach schlimm es mit anhören zu müssen. Sie warfen sich ihre Verdienste bis auf den letzten Groszy vor. Und da nannten sie sich, die „Badern" und die „Türken".

Bei allen stundenlangen Anpöbeln blieb es beim „Sie". Nie kam es bei den beiden Frauen zum vertrauten „Du".

Da wurden Aufrechnungen gemacht, da wurde das Oberste nach unten gekehrt, es hagelte gegenseitige Vorwürfe über Anschaffungen, das ging bis zum letzten gekauften BH oder Schlüpfer. Wer was wann wo gekauft hat, ob die Notwendigkeit vorlag. Wieviel Wäsche jeder im Schrank hat. Wehe, eine von beiden nannte ein Frottiertuch mehr ihr eigen. Was jeder früher besessen hatte an Einrichtungsgegenständen in der angestammten Wohnung bis Mai 1945. Hatte die „Badern" ein schönes Stück mehr besessen als die „Türken", hielt die „Türken" der „Badern" vor, es billig erworben oder gar geerbt und nicht selber gekauft zu haben.

Es war unbeschreiblich, wie, mit Verlaub gesagt, die beiden Weiber sich Stunden angingen. Ihre Phantasie dazu war grenzenlos.

Oder es war auch eine Form der anregenden Unterhaltung als Ersatz für Musik oder Radio?

Bis dann eine von beiden sagte, nun müsse man in die Küche, kochen und essen, weil die Zeit dazu da war und sich Hunger eingestellt hatte. Das taten sie dann auch. Vertraut standen sie dann wieder am Herd und bereiteten friedfertig ihre Mahlzeiten, die sie dann genauso friedlich zusammen zu sich nahmen. Natürlich nicht ohne dabei ihren Redeschwall zu dämpfen. Fräulein Türke sprach sogar mit vollem Mund, trotzdem sie immer behauptete, früher bessere Zeiten gesehen zu haben und die „Höhere Töchterschule" besucht zu haben.

Angegiftet haben die zwei Frauen sich stundenlang und das täglich, aber dabei nie ernsthaft zerstritten. So ein durch Redeschwall zusammenhängendes Verhältnis von zwei Frauen unterschiedlichsten Charakters bin ich in meinem ganzen Leben nie wieder begegnet.

Nur gut, daß es Herrn Bader gab. Er war der ruhende Pol. Er war ein Typ Hans Moser, nur dachte man bei ihm er hätte jahrelang bei der Kavallerie gedient. Als Tormann hätte er garantiert jeden Ball durchgelassen. Aber eine Seele von einem Menschen.

Wenn er abends kam, stürzte die „Badern" gleich auf ihn ein und schickte ihn liefern. So mußte der kleine Mann, kaum von der Arbeit zu Hause angekommen, sich umgehend wieder auf den Weg machen. Er schleppte die vollen, mit sauber gewaschener und sorgfältig geplätteter Wäsche zu den Kunden. Meist kam er beladen zurück. Im Korb war dann schon wieder schmutzige Wäsche zum Waschen. Wie gesagt, die „Badern" hatte immer zu tun.

Kam der Mann zurück, mußte er sofort das Geld auf den Tisch legen. Sie dackelte so lange um ihren Mann herum und konnte es kaum erwarten, bis er seine Jacke an die Garderobe gehangen hatte und ihr das Geld bis zum letzten Zloty aushändigte. Am liebsten wäre es ihr gewesen, er hätte noch Handstand gemacht, falls sich irgendwo noch ein Groszy verbarg.

Gezahlt wurde in einer Währung, und das war der Zloty. Unabhängig davon, ob die Kunden Sieger oder Polen waren.

Kam aus irgendeinem Grund Herr Bader nicht gleich wieder zurück, spielte die „Badern" verrückt. Alle fünf Minuten rannte sie zum Fenster, riß es auf, schaute auf die Straße und wenn sie ihn immer noch nicht erblicken konnte, rammelte sie das Fenster wieder zu und lief aufgeregt durch die Wohnung. „Wo der Moan bloß wieder bleibt? Wo bleibt bloß der Moan?" Sprach's laut vor sich hin und beruhigte sich erst wieder, wenn der „Moan" zur Korridortür hereinkam.

Aber dann gab es ihrerseits ein Donnerwetter. Er sagte kaum etwas dazu. Es war auch das Klügste, was er machen konnte. Schließlich beruhigte sich die „Badern" schnell wieder, wenn ihr Moan wieder da war.

Eine Situation gab es, da war die „Türken" auf die „Badern" angewiesen. Konnte nämlich die „Türken" ihre angegebenen Termine gegenüber den Siegerfrauen betreffs Anprobe oder Abholung fertiggestellter Kleider, Röcke, Blusen oder Jacken nicht einhalten, ließ sie sich von der „Badern" verleugnen.

Klopften nun die Siegerfrauen an die separate Eingangstür der „Türken", schlich diese sich in die Küche und ließ durch die radebrechende „Badern" von der Korridortür aus bestellen: „Frau nix doma! Frau nix zu Hause!"

Verdutzte Gesichter bei den Siegerinnen. Schließlich hatten sie Termin! Mußten aber unverrichteter Dinge wieder abziehen und waren ohne ihre Sachen zu erhalten oder die Anprobe durchzuführen, drei Etage umsonst hoch gestiegen. Derweil stand die „Türken“ in der Küche und feixte!

Und das passierte oft genug.

Ja, die beiden, das war schon ein Pärchen!

Was waren das sonst damals für Zeiten?

Wir haben in der Zeit gelebt!

Aber über manche Begleiterscheinung haben sich viele keinen Kopf gemacht. Diese Überlegungen verschwendete keiner einen Gedanken daran. Gerade die „Badern“!

Sie hatte durch die Wäsche täglich sehr viel Wasser verbraucht. Ohne Bezahlung – für Wasser!

Sie kochte zum großen Teil die Wäsche auf dem Gasherd. Ohne Bezahlung – für Gas!

Sie plättete täglich Stunden mit dem elektrischen Bügeleisen. Ohne Bezahlung – für Strom!

Es kam aber damals keinem in den Sinn über eine Bezahlung überhaupt nachzudenken! Die Versorgungsmedien waren da und sie wurden genutzt.

Ich glaube auch kaum, daß die Sieger an die Polen eine Pauschale entrichteten.

Wäsche wollten und mußten die Sieger waschen lassen, aber übermäßig viel haben und konnten sie dafür auch nicht bezahlen. Wären die Kosten der Versorgungsmedien als Aufpreis in Rechnung gestellt worden, wären wohlweislich alle als Kunden abgesprungen.

Aber welche Siegeroffiziersfrau wusch selber große Wäsche?

Ich bitte! Das waren meistens alles fein herausgeputzte und geschminkte Dämchen. Denen wäre ja ein Zacken aus der Krone gefallen und der rote Lack von den Fingernägeln abgeweicht. Also übertrieb man es nicht.

Parallelen fallen einem da ein – es war ja alles Eigentum des Volkes.

Wessen Volkes, blieb allerdings offen!

Politökonomie, die von hinten losgeht.

So profitierten schließlich alle davon.

Das nächste, fast fünfunddreißig Quadratmeter große Balkonzimmer nach vorn heraus, blieb ungenutzt. Ungenutzt insofern, daß wir es nicht als Wohnraum einbezogen. Vor dem Fenster links der Balkontür ließ ich mich nieder. Dort hatte ich ausreichend Platz und gutes Licht zum arbeiten. Wenn ich die Pantoffeln vom Leisten abzog, stellte ich sie auf die Balkonbrüstung zum Trocknen. Vorausgesetzt natürlich es regnete nicht und es ging kein allzu starker Wind. Hinter mir hatte ich ausreichend Platz mein Material abzulagern.

Rechts von der Balkontür entledigte sich Vater seiner Schornsteinfegerutensilien. Die waren ja schließlich nicht vom Feinsten. Aber irgendwo mußte Vater sich von ihnen befreien.

Der Rest des großen Balkonzimmers diente als Abstellraum.

Es sah recht rumpelig aus. Wenn Kundschaft kam, war es mir peinlich. Aber ich wohnte ja nicht alleine.

Links von mir, wo ich saß und arbeitete, war ebenfalls eine große zweiflügelige Tür nach dem Wohn-, Schlaf- und Arbeitszimmer der „Badern". So mußte ich, ob ich wollte oder nicht, mir fortlaufend das Wortgeplänkel der „Badern" und der „Türken" mit anhören. Ihnen war klar, daß ich alles mithören konnte. Sie störte das nicht, aber mich. Zumal wenn Kundschaft da war, konnte das ewige Getättere der beiden „Weiber" unangenehm werden. Denn meine Kundschaft kannte doch die beiden Zankteufel nicht und dachte, dort wird ernsthaft gestritten. Daß das nur „gehobene" Unterhaltung war, konnte sie nicht ahnen. Bedauerlicherweise war ich damals noch nicht Manns genug, um dem ewigen Gezeter Einhalt zu gebieten und für Ruhe zu sorgen. Das wagte ich noch nicht.

Im Winter zog ich mit meinen Gerätschaften in die Küche um. Ich beschränkte mich aufs Wesentliche, mehr Verbot der Platz in der Küche. An Heizen des immens großen Balkonzimmers war nicht zu denken. Das hätte auch wenig genützt. Der große Kachelofen stand an der Balkonzimmereingangstür und ich saß am Fenster.

Um unsere Selbständigkeit in puncto Wirtschaftsführung zu erhalten, hatten wir das kleine Zimmer nach dem Hof hinaus, das neben der offiziellen Küche gelegen war, für uns als solches eingerichtet. Dort fanden später die Skatrunden statt, die bis in die frühen Morgenstunden gingen.

Unsere so eingerichtete Küche diente zum Kochen, zum Waschen und zum Essen.

Saß ich früh mit Vater allein beim Frühstück, da wir zur berufstätigen Bevölkerung gehörten, las ich beim Essen. Vater wurde da immer fuchsteufelswild. Er mochte nicht, daß ich mich früh schon bilde. Oft genug hat er mit einer raschen Handbewegung das jeweilige Buch vom Tisch gefegt. Beistand von Mutter und Oma war nicht zu erwarten, die schlummerten noch.

Da war nun in der Wohnung ein Bad. Vater kam jeden Tag rußgeschwärzt nach Hause und wusch sich in der Waschschüssel in unserer Küche. Mutter oder Oma mußten dafür täglich große Töpfe heißes Wasser vorbereiten. Jeden Tag ließ Vater sich den Rücken schrubben. Wieso das so war und nicht anders, ist schwer nachzuvollziehen. Ein tägliches Bad wäre Vater freilich besser bekommen. Ich nehme noch heute an, er wollte sich nicht mit der „Badern" anlegen. Uns gegenüber hat er oft genug den Hausherrn rausgekehrt. Anderen gegenüber fehlte es ihm dagegen an Mut. So spielten sich auch weiterhin die Waschfeste bei uns in der Küche ab.

Daneben lag das bald vierzig Quadratmeter große gemeinsame Schlafzimmer von Oma und mir, was aber überwiegend auch als unser Wohnzimmer genutzt wurde. Es war von der Küche aus erreichbar, hatte aber auch vom Flur her eine große zweiflügelige Eingangstür und nur ein großes Fenster hinten heraus. Vermutlich wurde dieser Raum der Herrschaftswohnung als Salon genutzt.

Mein Bett stand zwischen Küchentür und Fenster. Oma schlief an der Wand links von der Tür zum elterlichen Schlafzimmer. Das hatte auch seine fünfundzwanzig Quadratmeter und war das letzte und hinterste der Zimmerflucht.

In der Mitte des kombinierten Wohnzimmers stand ein, auf jeder Seite zweimal zum Ausziehen gehender, schwerer Eichentisch. Der diente oft zur sportlichen Betätigung.

Irgendwoher hatte ich zwei Schläger, einige Bälle und ein Netz zum Tischtennisspielen aufgetrieben. Waren meine Freunde da, machten wir ein Matsch. Zu unserer aller Gaudi spielte Mutter mit. Wir aber lagen nur auf dem Boden und suchten den Ball. Muter schoß überall hin, nur brachte sie den kleinen Ball selten übers Netz.

Für unseren Hund war das ein besonderer Spaß. Er glaubte, wir spielen mit ihm. Wir konnten jedesmal nicht schnell genug den Ball in Sicherheit bringen. Er biß auf die Bälle und futsch waren sie. Aber so viele Bälle hatten wir auch wieder nicht.

Wenn man vom Korridor aus das Wohnzimmer betrat, stand gleich links unser mächtiger Kleiderschrank. Zwischen Kleiderschrank und Kachelofen aber stand unser Grammophon zum Aufziehen mit seinen Schellackplatten. Hatten wir schöne Platten! Gab es früher schon schöne Schlager! Alles Ohrwürmer zum Mitsingen. Und dazu wurde richtig getanzt. In der Zwischenzeit war ich perfekt. Da hatten wir beim Tanzen die Mädchen noch fest im Arm und da ging es rechtsherum genauso gut wie linksherum. Wir drehten und bewegten uns beim Tanzen, was nun heute gar nicht mehr der Fall ist. Heute steht jeder auf der Tanzfläche und schüttelt sich. Und das ist dann „in". Wir haben damals oft, gern und viel getanzt.

Nicht nur Geschäfte eröffneten die Polen, nein, auch Restaurants, Bars und diverse Lokalitäten in den ehemaligen deutschen Gaststätten. Alles privat, was anderes gab es da nicht!

Die Ziegenteichbaude am gleich benannten Teich hatte ihr Interieur kaum geändert.

Sie waren allesamt schlecht besucht. Am liebsten hätten die Inhaber die Gäste mit dem Lasso von der Straße eingefangen. Selbst an Wochenenden war wenig Betrieb. Es waren nicht die Preise für Speisen und Getränke, denn selbst ihre eigenen Leute nahmen diese Amüsements nicht an. Es lief schwer! Zumal damals immer eine Kapelle von drei bis fünf Mann zum Tanz aufspielte. Disco und die damit verbundene Technik gab es noch nicht. Und eine Kapelle brauchte Noten. Was da war, waren deutsche Noten mit deutschem Text. So wurde eben die Musik von den Noten heruntergespielt, denn die sind zum Glück international. Den Text für den Gesang schenkte man sich. Den meisten solchen Leuten ging es wie uns, sie konnten und kannten kein Deutsch. Aber Musik spricht alle an, unabhängig von der Nationalität.

Modetänze und moderne Schlager gab es noch nicht. Man beschränkte sich auf das althergebrachte. Uns gefiel es, wir lechzten nach Abwechslung.

Man hielt uns für mutig. Wir sprengten die Ketten. Wir waren zu sechst die ersten deutschen Jugendlichen die abends ein polnisches Tanzlokal besuchten.

Aber Günter, Georg und unsere Mädels wollten es wissen. Offen gestanden war mir es am Anfang mulmig in der Magengegend.

Man erkannte uns doch gleich als Deutsche, als wir die fast noch leere Ziegenteichbaude eines Sonnabendabends betraten. Und wir waren noch nicht mal achtzehn Jahre. Dazu gehört Mut in zweifacher Hinsicht.

Natürlich hatten wir uns fein gemacht. Damals gehörte das ganz einfach dazu. Anders hätten wir uns gar nicht in ein Lokal gewagt. Wie schwer das war, kann nur der ermessen, der die

Zeit miterlebt hat. Wir sahen alle schmuck aus. Bei den Mädels war das relativ einfach. Einen Rock und eine Bluse oder ein leichtes Kleid ließ sich aus irgendeinem Reststoff herbeizaubern. Anders schon bei uns Jungs. Aus allem herausgewachsen. Keine Hose, kein Jackett paßte noch. Aber wir hatten es doch zu der Zeit schon so weit gepackt, daß es zu einem neuen Anzug gereicht hatte. Hemd, Schlips und Schuhe waren dann kein Problem mehr.

Nun kam die Bestellung – auf deutsch!

Wir hatten großes Glück. Unser junger, hübscher, polnischer Kellner lachte und zeigte dabei eine Reihe weißer, gleichmäßiger Zähne. Er sah nicht nur gut aus, er sprach auch gut deutsch. Er studierte Germanistik und jobbte an den Wochenenden als Kellner, um sein schmales Stipendium aufzubessern.

Wir bestellten Weißwein, das sah immerhin nach etwas aus. Wir wollten nicht nur Alkohol trinken, wir wollten in erster Linie tanzen. Das haben wir in ausreichendem Maße getan. Platz war genug, denn die Ziegenteichbaude hatte sich auch an dem Abend nur spärlich gefüllt.

Mit dem jungen, polnischen Kellner hielten wir den ganzen Abend freundschaftlichen Kontakt. Das wurde von den polnischen Gästen, seinen Kollegen und natürlich von seinem Chef argwöhnisch betrachtet. Wir verabschiedeten uns von ihm mit Handschlag. Seine uns gegenüber offen gezeigte Sympathie und der Händedruck wurde ihm zum Verhängnis.

Wir sahen ihn noch oft auf der Straße oder im Stadtpark. Er schnitt uns und ging uns aus dem Weg. Für uns anfangs unverständlich. Erst viel später sollten wir für sein Verhalten uns gegenüber eine Erklärung bekommen. Durch Zufall, abends in einer dunklen Straße, war er Günter begegnet. Er stellte ihn zur Rede. Der junge Pole, überrascht, doch sicher im Finstern von niemanden beobachtet und erkannt zu werden, erklärte sich.

Er war vom polnischen Lokalbesitzer und seinem eigenen polnischen Kollegen arg gerügt worden, eine über die als Kellner hinausgehende Verbindlichkeit für uns an den Tag gelegt zu haben. Gäste ja – aber keine Freundschaften. Als Gäste waren dem polnischen Lokalbesitzer der Ziegenteichbaude Menschen gleich welcher Nation willkommen. Die brauchte er, die brachten Geld, das Lokal war schlecht besucht. So nahm er auch Zloty von Deutschen. Geschäft ist Geschäft! Aber auf keinen Fall vor den Gästen zur Schau getragene Freundschaften zwischen Polen und Deutschen. Er brauchte seinen Job, er mußte seinen Job behalten. Daß es seinerseits eine gute Möglichkeit war zur Konsultation der deutschen Sprache, die schließlich seinem Studium diente, wurde nicht akzeptiert.

Von den Siegern und ihrer Sprache wollten sie nichts wissen und von uns zu der Zeit ebenfalls nicht.

Wir bedauerten es sehr. Aber die Zeit war eben ganz einfach noch nicht reif für Freundschaften in der Öffentlichkeit zwischen jungen Polen und jungen Deutschen. Die Wunden des Krieges waren noch nicht verheilt und Narben sind bis heute geblieben. Die Wogen glätteten sich erst allmählich. Der im Krieg gegen die Deutschen gewachsene Haß ließ sich ganz einfach nicht von heute auf morgen abbauen. Da mußte noch viel Wasser die Oder und die Neiße hinunterfließen.

Ähnlich ging es uns auch mit den Kindern und Jugendlichen der Sieger. Direkte Freundschaften waren da ausgeschlossen. Es hat keinen einzigen Fall gegeben, wo deutsche Jungs einen Siegerjungen als Freund hatten, geschweige denn ein deutscher Jugendlicher eine Siegerfreundin. Das war von vornherein ausgeschlossen.

Eine unangenehme Situation habe ich selbst erlebt. Ich kam ahnungslos am Tage die Sedanstraße lang und wollte in die Wörtherstraße einbiegen. Da kommt doch eine aufgebrachte Horde etwas jüngerer Schüler, beschimpfen mich in ihrer Sprache als Schwein und noch mehr und bewerfen mich mit Steinen. Ich war so überrascht, daß ich erst wie schockiert stehenblieb um aber im nächsten Moment schleunigst die Flut zu ergreifen. Sicher hatten sie im Geschichtsunterricht gerade die bösen Faschisten behandelt (von denen sie heute nicht genug erhalten können).

Man sah uns eben die Nationalität an. Die Schüler wußten genau, da kommt ein Deutscher. Sie waren sich sicher, keinen Juden oder Polen zu steinigen. Die Schüler der Sieger trugen zum Unterricht alle die gleichen Sachen, fast wie eine Uniform. Folglich unübersehbar für mich, wer die Peiniger waren.

Wir setzten dann noch zweimal an, öffentlich tanzen zu gehen.

Einmal waren wir in einem Lokal am Breslauer Platz, dessen deutscher und polnischer Name mir entfallen ist. Da sind mir nur zwei Dinge im Gedächtnis geblieben.

Es war wieder schlecht besucht. Sicher war es ein Wochenende. Aber auch hier lief es nicht so richtig mit den Gästen. Daher waren wir willkommen. Getanzt haben wir jede Tour, getrunken auch. So konnte der private Lokalbesitzer mit uns als Gästen – und eben nur als Gästen, die mit Zloty bezahlten – zufrieden sein.

Zwei von unseren Mädels hatten sich zu dem Anlaß neue, orangefarbene Blusen selbst genäht. Sie waren an der Schulter und über dem Busen mit gleichfarbenen Rüschen versehen. Das Material war vermutlich nicht knitterfrei, einfache Futterseide. Sah ja bildschön aus. Aber so konnten sie nicht auf die Straße. Es war zur kalten Jahreszeit. Also mußte der Mantel drüber. Wie schwer damals ein Wintermantel war. Er drückte die ganze Schönheit der Rüschen an den Blusen glatt. Lange Gesichter bei den beiden, als sie im Lokal die Mäntel ablegten.

Ja, ja, die Frauen hatten damals schon ihre besonderen Sorgen. Aber es trübte unsere Tanzlust nicht im geringsten. Die Mädels trugen es mit Fassung. Überhaupt waren solche Dinge damals unkompliziert. Wir nahmen es, wie es war, und selten gab es irgendwelche Uneinigkeiten. An Kleinigkeiten zog sich keiner hoch.

Ein tolles Ding haben wir danach noch in einem Lokal in der Haynauer Straße erlebt. Es lag ganz am Anfang der Straße auf der linken Seite gegenüber der Ritterakademie. Es hatte schlauchartigen Charakter. Die Tanzfläche war ein langes Rechteck.

Der Swing war aufgekommen. Den tanzte Gerda so leidenschaftlich gern. Eigentlich gehörte sie ja zu Georg. Aber der war meistens nur mit. Er beließ es bei seinen Pflichttouren. Es war auch hier wie in den anderen Lokalitäten gähnend leer. So hatten wir genügend Platz. Wir waren laufend auf dem Parkett. Und Gerda legte mich zusätzlich in Beschlag beim Swing. Nun war sie fast einen Kopf kleiner als ich. Aber ein Irrwisch! Sie tanzte leicht wie eine Feder. Rechts herum, links herum, über die Diagonale der langgezogenen Tanzfläche. Da nicht wir nur Spaß an der Tanzart hatten, sondern die Kapelle auch an uns, swingten wir bis uns die Luft ausging. Die Kapelle amüsierte sich über unseren langen Solotanz köstlich. Ich stand in Schweiß gebadet.

Wir sollten in Zukunft unsere Tanzlust nicht mehr in fast leeren polnischen Lokalitäten frönen. Es eröffneten sich für uns bald andere, kostensparende und stimmungsvollere Möglichkeiten, über die noch zu sprechen sein wird.

Aber nun zurück zur Goldberger Straße 88!

Die deutschen Familien in den unteren Etagen waren mit der Wohnungsaufteilung ebenso verfahren wie wir.

Die Räume unter uns hatte das Ehepaar Noack mit Sohn. Sehr einsichtige und gesellige Menschen. Wurde bei uns ein großes Fest gefeiert, haben wir sie mit eingeladen, damit sie die Schwingungen des Kronleuchters in ihrem Wohnzimmer nicht mit ansehen mußten. Herr Noack war auch Spezialist bei KETSCH. Er war Glasermeister.

Sie teilten die Wohnung mit Familie Müller. Die unter den Räumen von Bader und Türke lagen.

In der ersten Etage unter uns teilte sich die Familie Deichsel mit dem Ehepaar Brandt die große Wohnung.

Nur im Erdgeschoß wohnte das Ehepaar Sprotte allein. Diese Wohnung war kleiner. Erstens ging der große Hauseingang vom Wohnbereich ab und zum anderen war da früher ein großes Friseurgeschäft im Haus gewesen. Das Geschäft arbeitete nicht.

Frau Sprotte hatte Ziegen. Man stelle sich vor, mitten in der Stadt Ziegen. Sie hatte sie im Waschhaus und dem niedrigen Hintergebäude untergebracht. Ich bin sicher, Mutter hat mir manches Glas Ziegenmilch untergeschoben. Wo ich ansonsten Ziegenmilch gar nicht trank!

Aber Mutter und Oma waren an meiner Gesundheit interessiert. Ich schoß in die Höhe und war sehr schlank. Böse Zungen behaupteten, ich sei dürr. Alle dachten es liegt an der Ernährung. So umgaben mich Mutter und Oma mit großer Fürsorge. Schließlich konnten sie es ja nicht auf sich sitzen lassen, daß sie die Schuld an meiner schlanken Figur trugen. So wurde ich unter anderem auch mit Milch vollgepumpt.

Herr Sprotte mußte handwagenweise das Futter für die Ziegen heranschaffen. Er war ein unsympathischer Patron. Ein richtiger alter Muffel, trotzdem er so alt auch wieder nicht war. Frau Sprotte war eine nette Person und so alt wie Mutter. Sie hielten beide gute Nachbarschaft.

Erst hatte ich mich über Herrn Sprotte amüsiert, wenn er das Futter rankarrte. Bald sollte es mich selber erwischen, wenn auch nicht im gleichen, großen Umfang.

Vater baute auf dem Balkon einen Kaninchenstall mit vier Boxen. Ich dachte, das kann ja heiter werden! Wohin mit dem Stall im Winter? Vater machte sich im Sommer darüber noch keine Gedanken. Eines Tages saß in jeder Box ein Kaninchen zum Füttern und später zum Schlachten. Für Weihnachten und andere Festtage. Vater war nämlich eigen, er aß absolut kein Geflügel. In meiner Jugend gab es zu Hause Weihnachten, Neujahr, Ostern, Pfingsten, zum Geburtstag und was es sonst noch so gibt an Feiertagen, stets Kaninchen. Wir aßen alle drei gern Geflügel, aber das kam eben wegen Vater seiner Abneigung nicht auf den Tisch. Es ging alles nach Vater. Er verlangte auch jeden Donnerstag Klöße mit Schweinebraten zum Mittag. Und wehe, Mutter kochte mal etwas anderes. Aber das wagte sie gar nicht. Sie war doch vom Ernährer abhängig und gehörte jahrelang zur „nicht berufstätigen Bevölkerung“.

So, nun waren die Kaninchen da und verlangten jeden Tag ihr Futter. Und das in der Stadt! Wo gab es da im nahen Umfeld Wiesen mit Klee und Maisstöcken? Aber Vater fand das was seine Kaninchen brauchten. Er gab ihnen sogar Namen. Hans, Trautel oder Schnucki und so ähnlich. Beim Schlachten war es dann aus mit seiner Zärtlichkeit. Da bekamen die armen Tiere eines mit dem flachen Handrücken von Vater ins Genick, ein geschickter Stoß mit dem Messer, das Blut spritzte und aus war es.

Einmal hatte Vater nicht richtig zugeschlagen. Da schrie das Kaninchen, daß es einem durch und durch ging. Als das geschlachtete und gebratene Tier dann zur Mahlzeit auf dem Tisch stand, hörte ich noch im nachhinein den Schrei und es wollte mir nicht so richtig schmecken.

Vater sah das Futter von weitem schon. Wenn er seiner Tätigkeit als Schornsteinfeger auf den Dächern nachging, lugte er nach unten, nach links und nach rechts. Und tatsächlich, ihm entging von da oben nichts was unten nicht für unsere Kaninchen als Futter geeignet war. Das Futter nach dem Erspähen gleich mitnehmen, war bei ihm schlecht möglich. Kam er heim, war er erst mal geschafft. Also erklärte er mir kurzerhand, wo er große Maisstöcke, saftigen Klee und üppig grüne Wiesen von oben gesehen hätte. Er hieß mich die Tasche zu nehmen und, von den von ihm beschriebenen Flecken, das Futter zu holen.

Nun gehörte ich ja nicht zur „nicht berufstätigen Bevölkerung“. Ich hatte schließlich meine Arbeit. Ich arbeitete auf Bestellung und nach wie vor für Waleska, und die Kunden wollte ich wegen des dämlichen Futters nicht warten lassen. Manchmal habe ich Vater in solchen Situationen direkt gehaßt. Er konnte es nicht überwinden und wollte es nicht wahrhaben, daß ich kein Kind mehr war, das unbedingt dem Vater sofort gehorcht. Oft kam sein Bauerndickschädel durch.

Ich steckte mich hinter Mutter. Die mußte mir sowieso erst mal erklären, was ich holen sollte nach Vaters Weisung. Schließlich war ich ein Stadtjunge und erkannte nur Bäume und Sträucher wenn Früchte daran hingen. Mutter klärte mich auf. Den Ort hatte ich mir gemerkt. Hatte ich übermäßig viel Aufträge und drohte ich in Lieferschwierigkeiten mit meiner Pantoffelherstellung zu gelangen, sprang Mutter ein. Da wusch Oma Vater den Rücken, er legte sich danach grundsätzlich ein wenig aufs Ohr, und Mutter lief mit der Tasche los und holte das Futter.

Vater vertrat die Ansicht, wir würden alle von den Kaninchen essen, folglich müßten wir sie gemeinsam versorgen.

Im Winter kam der Stall ins Balkonzimmer. Eine Lösung war es nach meiner Ansicht freilich nicht. Aber nach meiner Meinung wurde nicht gefragt. Ich fand es ganz einfach unhygienisch. Nun bin ich von Natur her penibel, ich will nicht gerade sagen pedantisch. Eben ein echter Ästhet. Nun das! Unter den Stall kam eine große Zeltbahn gegen die Nässe. Nur gegen den Geruch konnten wir nichts machen. Zum Glück arbeitete ich im Winter in der Küche.

Im Winter brachten die Sieger die Kohlen für ihre deutschen Spezialisten. Steinkohle versteht sich! Jede Familie bekam ihren mehr oder minder großen Berg vors Haus geschüttet. Alles kostenlos! Wer für die Sieger arbeitete, sollte auch im Winter nicht frieren.

Fachmännisch besahen Mutter und Oma sich die Kohlen. Waren es Oberschlesische oder nur Waldenburger? Früher konnte man beim Kohlenhändler wählen. Angeblich heizte die schlesische Steinkohle besser, war dafür aber auch teurer.

So ein Quatsch, dachte ich. Steinkohle ist Steinkohle und dazu noch umsonst. Die Steinkohle war auf alle Fälle aus dem schlesischen Raum, aus dem Land der Sieger war sie auf keinen Fall. War mir auch gleich, ich hatte die Mühe und mußte unseren Anteil in den Keller schaffen.

Auf welchem Weg nun die Sieger zu den Kohlen von den Polen kamen, ist völlig undurchschaubar. Wir brauchten nichts zu bezahlen. Hatten die Sieger die Polen bezahlt? Wir hatten doch noch keinen Kommunismus!

Pussi war der absolute Hund von Vater. War er da, waren wir völlig abgemeldet. Das verrückte Vieh sprang täglich kurz vor Feierabend von Vater auf die mit Zinkblech abgedeckte, glatte Balkonbrüstung. Mir blieb immer das Herz stehen wenn ich das sah. Ich dachte jedesmal nicht anders, er springt gleich ganz über die Balkonbrüstung von der dritten Etage auf die Straße. Aber geschickt hielt er sich immer am Blech fest. Ging seine Rute lebhaft, war Vater in Sicht. Er sprang von der Balkonbrüstung herunter, rannte durch die Wohnung an die Korridortür. Wenn Vater dann eintrat, gab es eine lebhafte Begrüßung. Pussi half dann Vater beim ausziehen. Aber er hinderte ihn mehr, als daß er half. Nun wich er nicht mehr von Vaters Seite. legte sich Vater hin, legte er sich daneben. Nahm Vater die Leine, um Gassi zu gehen, kam große Freude auf. Nachts schlief er zwischen den Eltern im Ehebett.

Ich habe ihn manchmal verflucht. Immer wenn ich abends heimkam, egal ob spät oder nicht ganz so spät, steckte er die Schnauze aus Mutters Bett und gab ein leises Bellen von sich. Die Eltern wurden davon natürlich wach und sahen nach der Uhr. Ich konnte mir an der Haustür die Schuhe ausziehen und mich noch so leise hoch schleichen, Pussi hörte es.

Am anderen Tag sagten die Eltern mit Unterton in der Stimme: „Bißchen spät, gestern abend!“

Oma war da weltoffener, sie sagte nur: „Laßt den Jungen in Ruhe, der ist groß genug. Seid froh, daß er überhaupt ganz nach Hause gekommen ist!“

Nun trachtete ich aber danach einen eigenen Hund zu besitzen. Es sollte mir aber nicht gelingen.

Ein hübscher weißer, halbhoher Mischling war mir zugelaufen. Er hatte ein kuschliges Fell. Ich säuberte ihn und befreite ihn von den Läusen. Nur wollte er nicht gehorchen. Vielleicht verstand er unsere Sprache nicht? Aber in den noch gängigen Sprachen blieb er genauso bockig. Das wurde ihm zum Verhängnis. Bei einem Spaziergang zur Siegeshöhe machte ich ihn von der Leine los, um ihm Auslauf zu gewähren. Anstatt sich in den Grünanlagen zu tummeln, rennt doch der dumme Hund auf die Straße. Ein Siegerlaster kam, er hörte natürlich wieder nicht, als ich ihn zurückpfiff. Und schon war es geschehen. Der Laster hatte ihn erfaßt und angefahren.

Ich nahm den Hund auf den Arm und lief rasch nach Hause. Geblutet hat er nicht, vermutlich war er innerlich verletzt. Es gab keine Rettung mehr. Vater mußte ihn mit Gewalt einschläfern. Ich sah nicht hin. Im Hofgarten haben wir ihn dann begraben.

Nun war ich wieder hundlos. Aber nicht lange. Es liefen genügend herum. Man mußte nur den richtigen finden.

Eines Abends auf dem Heimweg, es war bereits dunkel und die Straßenbeleuchtung brannte schon, folgt mir willig ein kleiner dackelartiger brauner Hund. Ich nahm ihn mit. Er war etwas kleiner als Pussi. Der beargwöhnte ihn kritisch. Mein Findling fraß nicht. Wir wunderten uns sehr. Ansonsten sind die zugelaufenen Tiere recht hungrig. Anderen Tags klärte sich das Rätsel auf. Er schien stubenrein zu sein, trotzdem ich doch gar noch nicht mit ihm Gassi war. Die Offenbarung war ekelig. Er fraß seinen eigenen Kot. Ich befreite mich schnell von ihm und gab ihm seine Freiheit wieder.

Alle guten Dinge sind drei. So war es auch bei meiner eigenen Hundesuche.

Ich wurde wieder fündig. Diesmal war es ein kleines Tier, schwarz-weiß im Fell. So eine Art Hund, bei denen man nicht weiß, was vorn und hinten ist. Alle hatten ihn gleich ins Herz geschlossen. Aber die Freude dauerte wieder nicht lange. Er bekam die Staupe oder er hatte sie schon in sich, als ich ihn aufnahm. Der kleine Kerl quälte sich furchtbar. Wir mußten es ohnmächtig mit ansehen und konnten nicht helfen. Einen Tierarzt gab es damals noch nicht. Um ihn von seine Qualen zu befreien, mußte er vom Leben zum Tode befördert werden. Und Vater nicht da. Er mußte ein paar Tage außerhalb arbeiten und kam erst am Wochenende zurück. Da war guter Rat teuer. Ich faßte mir ein Herz. Ich nahm das kleine, unglückselige Bündel unter den linken Arm und die Axt in die rechte Hand und ging in den Hof. Ich schlug zu, genau zwischen die Augen auf dem Kopf. Er zuckte noch, er war zäh, er wollte nicht sterben. Ich wollte ihn aber doch nicht weiter quälen. Ich wollte ihn doch nur von seinen Qualen befreien. Mir brach fast das Herz, als ich mein Werk betrachtete. Es war vollbracht. Er war endlich tot. Es war grausam. Ich vergrub ihn schnell neben dem anderen Hund im Hausgarten.

Inzwischen desinfizierte Mutter die Wohnung. Sie fürchtete für Pussi. Staupe soll ansteckend sein. Mutter rutschte auf den Knien über die Fußböden und zog den Eimer mit der Lauge immer hinter sich her. Sie machte es gründlich. Jedes Stuhlbein, jedes Tischbein, unter die Möbel und die Betten kroch sie. Nichts entging ihrem nassen, mit Desinfektionsmittel getränktem Lappen. Es hat geholfen. Pussi blieb verschont. Mutter beflügelte die Angst. Wenn Vater nach Hause gekommen wäre und hätte seinen Hund unheilbar krank vorgefunden, hätte er uns das Leben zur Hölle gemacht.

Nun war ich geheilt, im doppelten Sinne. Ich ließ die Hand von Hunden. Es hat eben nicht sein sollen.

Pussi war heiß. Mutter mußte am Tage mit dem Hund an der Leine Gassi gehen. Nun trieben sich doch genug herrenlose Hunde auf der Straße herum. Die Rüden riechen es, wenn in einem Haus eine Hündin heiß ist. Mutter öffnete die Haustür und schon war es passiert. Pussi war so schnell gedeckt und konnte sich dabei seinen Freier nicht mal selber aussuchen. Mutter war fassungslos! Vor ihren Augen! Was wird Vater sagen? Und überhaupt, was soll dabei bloß herauskommen? Ein Mischling von einem Mischling gedeckt! So eine Rasse gibt es doch gar nicht.

Vater verzieh Pussi. Mutter allerdings nicht.

Pussi warf im Balkonzimmer – nachts! Eine bessere Tageszeit hätte sich das Vieh auch aussuchen können.

Vater hatte eigens für den Wurf einen ausrangierten Wäschekorb bereitgestellt. Am Boden lag eine alte Decke. Pussi hatte den Korb auch diesbezüglich angenommen. Er wand sich beim Eintritt der Wehen und kratzte und krallte sich am Korb. Bei dem Geräusch mitten in der Nacht waren wir alle munter. Dann lagen sechs junge, feuchte, kleine, blinde Hunde an den Zitzen.

Was tun?

Was sollen wir mit sechs solchen Mischlingen?

Ich sagte nur sarkastisch: „Fleißig, fleißig Pussi."

Vater zischte mich an!

Oma war empört! Lebte sie schon mit Pussi auf Kriegsfuß, was soll aus den sechs Kleinen werden?

Ich überließ die Entscheidung den Eltern. Sie trennten sich gleich von vier der sechs kleinen Tiere. Zwei Junge brauchte das Muttertier zum Absaugen der Milch. Mutter befürchtete, daß Pussi sonst den Milchbrand bekäme.

Ein Glück, daß ich nun doch keinen eigenen Hund hatte. Es reichte! Die Kaninchen auf dem Balkon mit Jungen. Im Balkonzimmer der Wäschekorb mit Jungen.

Und daneben mußte ich arbeiten. Aber das interessierte nicht.

Die „Badern" und die „Türken" kamen auch laufend gerannt und ergossen sich mit ihren dußligen Redensarten: „Wie niedlich, wie hübsch, wie allerliebst“ und was es der Redewendungen in der Richtung noch alles gibt.

Ganz zu schweigen von meiner Kundschaft. Da wurden erst die kleinen Hunde, danach die jungen Kaninchen und zuletzt ich betrachtet. Ich wußte manchmal nicht, wollte die Kundschaft Hunde, Kaninchen oder Pantoffeln bestellen und kaufen.

Die zwei kleinen Bastarde wurden größer und liefen frei herum. Da wie immer in unserer gemeinsamen Wohnung die Türen offenstanden, mußte dem Einhalt geboten werden. Zwei Bretter vor der Balkonzimmertür verhinderten den zwei Kleinen weiteren Auslauf. Wollte Oma auf den Balkon, mußte sie erst diese Hürde nehmen. Das machte ihr Pussi mit Nachwuchs nicht sympathischer. Oma – sonst eine Seele von einem Menschen – was hat sie darüber geschimpft.

Vater ließ sich etwas einfallen. Er gab die zwei kleinen Hunde weg. Einfach so, denn sie mußten aus dem Haus. Es war nicht mehr länger tragbar. Pussi überwand den Abschied seiner Jungen. Freilich hat er noch lange in allen Ecken nach ihnen gesucht. Auch ein Bastard hat Mutterinstinkt.

Nun kehrte wieder Ruhe ein!

Wochen später, eines Morgens, ich sitze wie gewohnt an meinem Arbeitsplatz, höre ich großes Hundegekläff auf der Straße. Ich gehe auf den Balkon und traue meinen Augen kaum.

Hundefänger!

Bisher kannte ich so etwas nur aus Filmen. Ich rief Mutter und Oma. Wir sahen uns das Treiben gemeinsam von oben an.

Ein gummibereifter Wagen, darauf ein großer Käfig und zwei Pferde davor. Im Käfig jaulten bereits mehrere Hunde entsetzlich. Zwei Männer machten Jagd auf das nächste Opfer. Sie waren mit langen Stangen ausgerüstet an denen große Netze befestigt waren. Ähnlich wie ein Köcher beim Schmetterlingsfang, nur wesentlich größer und stabiler. Die Hunde in ihrer Angst waren flinker und behender als ihre Häscher, die laute Flüche von sich gaben. Letztendlich ging fast jeder Hund, den sie aufgespürt hatten, ins Netz und landete schließlich im Drahtkäfig auf dem Wagen. Nicht ohne mit lautem Kläffen von den bereits gefangenen begrüßt zu werden.

Die polnischen Administratoren mußten zu der Maßnahme greifen, da die streunenden Hunde täglich zunahmen. Es wurde langsam zur Plage. Auch Tollwut war nicht ausgeschlossen. Ob einem nun die Hunde und ihre Behandlung durch die Häscher leid taten oder nicht, Ordnung mußte langsam einkehren.

Es war wie mit allem. Wir zahlten keine Hundesteuer. Vielleicht gab es auch dazu gar noch kein Amt, wo man sie hätte entrichten können? Es wurde auch keine an- oder eingefordert! Vater hätte für seinen Hund bestimmt gezahlt. So blieb es.

Ich war zum Materialeinkauf. Die Quellen des Organisierens versiegten langsam. Der Pole in der Spoorstraße fungierte als Zwischenhändler. Die Preise waren verhandlungsfähig. Er versorgte mich auch mit neuen Leisten. Meine Damenkundschaft verlangte von mir Pantoffeln mit Keilabsatz aus weißem Samt mit Fellbesatz. Na, die hatten Einfälle! Aber langsam stellte man wieder Ansprüche. Und ich sage auch noch zu. Was ich mir da eingehandelt hatte wurde mir erst später bewußt. Die Herstellung war ja weitaus komplizierter und zeitaufwendiger als ein einfacher Pantoffel. Das mag noch angehen. Aber zeigen sie mir den Schuhmachermeister der bei der Arbeit so saubere Hände hat, damit er mit weißem Samt umgehen kann?

Ich konnte – und war am Ende mächtig stolz auf mein Produkt. Alle waren begeistert und ich warf mich in die Brust. Gleich das erste Paar war tadellos gelungen. Eigentlich hätte ich ja zum Probieren erst mal mit dunklem Stoff anfangen können. Aber nein: ich wollte es wissen – und es gelang.

Da ich durch den Materialeinkauf schwer bepackt war, nahm ich die „Elektrische“. Sie fuhr wieder, die gute, alte deutsche Straßenbahn. Natürlich mit polnischem Personal.

Sie hielt am ehemaligen Wilhelmsplatz, der allerdings zwölf Jahre anders hieß, und dann erst wieder Goldberger/Ecke Martinstraße. Nun lag unser Haus Goldberger Straße 88 genau in der Mitte der beiden Haltestellen. Ich hätte entweder am ehemaligen Wilhelmsplatz aussteigen und das ganze Ende die Goldberger Straße bis zu unserem Haus hochlaufen müssen. Oder ich fuhr bis Martinstraße und marschierte das Stück zurück. Da aber selbst die Polen gemerkt hatten, daß die Strecke ohne Haltestelle zwischendrin doch etwas lang ist, hatten sie ungefähr in der Mitte am Raupachgäßchen eine Bedarfshaltestelle eingerichtet. Dort auszusteigen wäre für mich Schwerbeladenen der Idealfall gewesen.

Nur hätte ich das dem polnischen Fahrer wissen lassen müssen. Aber wie? Und ehe ich mich noch bemerkbar machen konnte, donnerte die „Elektrische“ an der Bedarfshaltestelle Raupachgäßchen durch und hielt erst an der offiziellen Haltestelle Martinstraße. Enttäuscht über meine eigene Dußlichkeit trabte ich eben dann, bepackt wie ich war, zurück.

In der Goldberger Straße linksseitig stadteinwärts zwischen Synagogenstraße und Rosenstraße war die Bäckerei und Konditorei Lewandowsky. Es war eine absolute Goldgrube. Ich habe den Laden nie ohne Kundschaft erlebt. Das Ehepaar hatte drei Verkäuferinnen in dem nicht allzu großen Ladenraum. Er war ein großer stattlicher Herr. Stets freundlich und zu Späßen aufgelegt gegenüber der Kundschaft. Er hatte ein ausgeprägtes, verbindliches, geschäftstüchtiges Image. Deutsch konnte er. Ob er allerdings die Sprache der Sieger beherrschte, entzieht sich meiner Kenntnis.

Und Backwaren gab es da zu kaufen, da konnte man ganz einfach nicht nur so vorübergehen. Nein, da mußte man auch hineingehen und seine letzten Zloty zusammennehmen und etwas kaufen. Brot und Semmeln ofenfrisch waren ein Genuß. Und die Konditorwaren aller Art – alles vom Feinsten.

Frau Lewandowsky war das sprachlichste Phänomen was mir je begegnet ist. Ich habe nun in den zurückliegenden Jahren auf unseren Auslandsreisen in Ost und West bereits viele Dolmetscher erlebt. Aber Frau Lewandowsky hat noch niemand übertroffen.

Sie war eine kleine, sehr resolute, quirlige, etwas korpulente Person. Sie hatte äußerst stramme Beine, denen die Fesseln fehlten. Es ging alles glatt runter. Nun waren doch zu der Zeit für Frauen Schuhe mit Korkkeilabsatz Mode. So verstärkte sich der Eindruck, als seien die Schuhe an den Beinen angewachsen. Die Haare hatte sie hochgesteckt. Das sollte sie wohl in der Körpergröße strecken. Ein wenig zu viel geschminkt im Gesicht. Aber das ist wohl der Polin Reiz.

Aber das Mundwerk, das stand den ganzen Tag nicht still und das viersprachig perfekt. Polnisch, russisch, jüdisch und deutsch. Und nicht nur über das Angebot im Laden. Nein, über und in allen Lebenslagen. Sie erkannte auf Anhieb ihre Kundschaft. Sie wußte sofort wer ihr gegenüber steht. Und das auffordernde „Bitte", was zum Kauf einlud, kam prompt in der Sprache des Käufers richtig, der gerade vor ihr stand. Nie hat sie sich darin vertan. Sie konnte in sekundenschnelle die Sprache wechseln bei vollem Geschäftsbetrieb und blieb immer nett, freundlich und zuvorkommend.

Herr Lewandowsky nahm bedauerlicherweise ein schlimmes Ende. Man fand ihn tot im Straßengraben außerhalb der Stadt. Man munkelte, er sei nicht eines natürlichen Todes gestorben. Aber wer wollte das damals von uns Deutschen schon so genau wissen.

Frau Lewandowsky überwand den Verlust schnell. Das Geschäft ging weiter gut, auch ohne Mann. Sie ging eine Zeitlang in schwarz. Ließ aber bald davon ab. Die Farbe wollte so gar nicht ins Geschäft passen. Es mußte ja für sie weitergehen – allein!

Ich rauchte damals schon. Welch ein Laster. Dem fröne ich heute noch. Da bin ich erblich belastet. Vater rauchte stark und Mutter etwas minder.

Die Sorte die ich bevorzugte hieß „Mozne", die Starken. Es war nur der Name, so stark war die Sorte polnischer Zigaretten gar nicht. Deutsche Zigaretten gab es keine. Die Papirossy der Sieger waren bei uns verpönt. Die mit den langen, hohlen Mundstück, das erst zusammengekniffen werden mußte, um die Papirossy zwischen den Fingern halten zu können, mochten wir nicht. Die eigentliche Zigarette, die an der hohlen Hülse dran hing, war bei drei kräftigen Zügen verbraucht. Die Siegersoldaten mit ihrem Machorka in dem „Prawda"-Papier war das letzte. Das zog einem die Lunge aus dem Körper. Um das zu verdauen, muß man hart verpackt sein. Die armen Schlucker kannten und hatten nichts anderes. Also blieb ihnen keine andere Wahl. Die Dreherei war auch umständlich. Was manchmal dabei raus kam, hatte mit einer Zigarette oft nichts gemein. Und der Qualm stank! Da rückten die Mücken schon kilometerweit wieder ab.

Also ich hatte mich für die „Mozne" entschieden. Sie waren relativ preiswert und halbwegs ordentlich verpackt. Ich kaufte sie beim Zigarettenkiosk in der Goldberger/Ecke Wallstraße.

Der Besitzer des Kiosk hatte keine Beine mehr. Ihm brachte jeden Morgen seine Frau im Rollstuhl, lud ihn um auf den Sessel im Kiosk und da saß er nun bis zum Abend bis ihn seine Frau wieder mit dem Rollstuhl abholte. Er war ein wenig dicklich, vielleicht, da es ihm an der notwendigen Bewegung fehlte. Oder er aß auch gern und gut. Er war nicht übermäßig freundlich zu den Deutschen. So verlangte ich meine Zigaretten-Marke auf polnisch und gab passendes Geld durch das Fenster des Kiosk. Aber da war es schon zu spät. Er wußte, daß ich Deutscher bin. Ich sah ja leider auch so aus. Groß, schlank, blauäugig und blond. Da schob er mir mit einer ruckartigen Geste die Zigaretten zu und hatte immer auf deutsch eine unpassende Bemerkung parat.

Vielleicht hatte der Verlust seiner beiden Beine etwas mit den Deutschen zu tun? Oder überhaupt reagierte er an der Kundschaft seinen Frust ab. Wer wußte das schon genau? Er sprach aber ganz gut deutsch. Dem Aussehen der Frau nach zu urteilen, war er sicher jüdischer Herkunft.

Einen Spaß hat er sich gerade mit mir mehrmals erlaubt. Ich fand es einfach unfair. Er aber amüsierte sich darüber sehr.

Von der Sache her war die verlängerte Wallstraße über der Kreuzung die Dovestraße. Sie verlief kerzengerade stadtauswärts. Und genau das war die Sicht aus seinem Kioskfenster.

Er fragte mich einmal, er fragte mich zweimal, er fragte mich dreimal: „Wie heißt diese Straße dort?“ Dabei deutete seine Hand geradeaus in Richtung Dovestraße.

Ich sagte prompt: „Das ist die Dovestraße.“

Er lachte dabei über das ganze Gesicht. Oft zeigte er mit der Hand bestätigend auf andere Kundschaft dabei.

Warum sollte ich ihm auch klarmachen, daß die Dovestraße nichts mit doof zu tun hat. Herr Dove war ein angesehener Liegnitzer Bürger gewesen. Er war Mitbegründer der wissenschaftlichen Meteorologie und entdeckte das Winddrehungsgesetz, das nach ihm benannt wurde. Deshalb hatte man in seiner Heimatstadt Liegnitz eine Straße nach ihm benannt.

Außerdem wußte der Tabakwarenhändler ja, daß die Straße jetzt Ulica Kosciuszki hieß.

Warum ich damals meinen Tabakwarenhändler nicht gewechselt habe, ist mir bis heute unklar.

Familie Finger, Tante Martha und Onkel Oskar mit Tochter Gertrud und Enkelin Elke, tauchte plötzlich auf. Weiß der Kuckuck, wo die auf einmal herkamen? Das sollte sich aber bald aufklären.

Onkel Oskar war ein Cousin von Vater. Sie wohnten noch im gleichen Haus in der Sophienstraße. Nur nicht mehr in der vierten Etage, sondern in einer großen Wohnung der zweiten Etage mit Tochter Gertrud und deren Tochter Elke. Gertruds Mann war Offizier gewesen und im Krieg gefallen. Kriegstrauung, an die Front und eine Witwe mehr. Elke hatte ihren Vater nie gesehen, und der Vater seine Tochter nicht. Da sie bis Kriegsende gegenüber der Eltern gewohnt hatten, zogen Gertrud und Elke der Einfachheit halber danach zu den Eltern bzw. Großeltern. Die Räumlichkeiten gaben es her.

Es war sogar noch Platz für einen deutschen Freund für Gertrud. Na ja, die jungen Frauen, aber es war halt ein Deutscher. Und deutsche, stattliche Männer zu der Zeit waren rar. Es war aber kein Liegnitzer. Seine Herkunft blieb uns im Dunkeln verborgen. Er paßte gut zu Gertrud. Sie war eine stramme, lebenslustige Blondine. Vater, nein sogar Mutter meinte, sie sei ein Rasseweib. Elke war ein wenig vorlaut. Sie wußte alles „positiv". Sie war das echte Verwöhnkind ihrer Großmutter. Sie war zehn Jahre jünger und Gertrud genau zehn Jahre älter als ich. Das war immer meine Eselsbrücke, da ich mir ansonsten Geburtsdaten schlecht merkte.

Nun hatten wir wieder etwas Verwandtschaft. Wir luden uns gegenseitig ein und feierten manchen Geburtstag gemeinsam.

Oma mit ihren Handarbeiten kam bei Tante Martha groß an. Für mich allerdings war Tante Martha eine von gestern. Sie machte den Eindruck, als hätte sie die „Höhere Töchterschule" besucht. Aber das war eben nur der Eindruck. Sie hätte sich bestimmt gefreut, wenn man „gnädige Frau" zu ihr gesagt hätte. Und ein ganz klein wenig in der Richtung erzog sie ihre Enkeltochter. Trotzdem Elke noch Kind war, aber so richtig Kontakt hatte ich zu ihr nie.

Da war Onkel Oskar anders. Der war gleich Kumpel, einfach und unkompliziert. Mit ihm verstand ich mich auf Anhieb. Er war mal hier, mal da beschäftigt.

Anders seine Tochter Gertrud. Sie war immer Verkäuferin. Erst bei den Siegern, dann bei den Polen. Verkaufen war ihre Welt. Dazu paßte ihr offenes Wesen ideal. Was sie sprachlich dazu brauchte, hatte sie sich rasch angelernt. Sie war nicht nur eine schöne Frau, sie war auch intelligent. Und wer mit Lebensmitteln beim verkaufen umgeht …

Ihr Freund war auf dem Schlachthof am Rande der Stadt beschäftigt. Immerhin ein ganz schöner Weg ohne öffentliche Verkehrsmitteln von der Sophienstraße aus. So war ein Teil der Versorgung wohl geklärt. Teilweise konnte auch unsere Versorgung mit abgedeckt werden. Überwiegend aber zur warmen Jahreszeit. Alles mußte gleich verbraucht werden. Zumal im Sommer, wenn es warm war. Es gab doch im Sommer für uns keinerlei Möglichkeiten leicht verderbliche Lebensmittel kühl zu lagern. Und Fingers konnten auch nur essen.

So war Tante Martha oft bei uns. Oma zauberte aus ihrem Mitbringsel die herrlichsten Gerichte. Das muß man Tante Martha lassen, sie ließ nichts verderben. Da machte sie sich lieber auf den Weg zu uns. Daß ich sie nicht so besonders mochte, hatte seinen Grund. Sie kannte mich schon seit Kindheit an und so behandelte sie mich auch noch als fast jungen Mann, der bereits auf eigenen Füßen stand. Und das gefiel mir eben an ihr nicht. Aber was soll's! Sie kam zu Oma und Mutter, da nabelte ich mich bei ihren Besuchen meistens ab. Allerdings gab es auch Momente, wo ich Tante Martha recht geben mußte. Natürlich nur im stillen.

Oma hatte im Sommer Geburtstag und die liebe Tante hatte sich im Tag um eine Woche verkalkuliert. Sie erschien also am Nachmittag mit Elke im Sonntagsstaat zur Gratulationskur. Oma war gar nicht zu Hause und wir auf Gäste nicht vorbereitet.

Das mag noch angehen. Was viel schlimmer war, so habe ich es jedenfalls empfunden, wir saßen auf dem Balkon. Nun mußte man doch bei uns, um auf den Balkon zu gelangen, erst durch das rumpelige Balkonzimmer. Auf dem Balkon dann die etwas herb riechenden, der Sommersonne ausgesetzten Kaninchenställe, wo darunter die Nässe nach dem Balkonabfluß sich ihren Weg suchte. Von einladender Gemütlichkeit war auf dem Balkon nichts zu spüren. Er war verschmutzt, unordentlich und es stank. Mir war es schon lange zuwider. Ich hatte bereits mehrmals dazu angesetzt, dem Balkon ein sommerlich, behagliches Gepräge zu geben. Vergebens! Ich stieß da bei Mutter auf taube Ohren. Ich haßte diese stilvolle, nach polnischer Wirtschaft tendierende Unordnung aus vollem Herzen und stand ihr machtlos gegenüber.

Mutter hatte oft einen kleinen Hang in diese Richtung!

Da war ich nun gar nicht ihr Sohn!

So plötzlich wie Tante Martha und Elke aufgetaucht waren, ebenso schnell waren sie wieder verschwunden. Oma war nicht da, das Geburtsdatum hatte sie vermasselt und im Sonntagsstaat auf diesen übel nach Kaninchen riechenden, unaufgeräumten Balkon! Nein, nie! Auf dem Absatz kehrt, und fort waren sie.

Wie wahr, wie wahr! Ich glaube, ich hätte auch so gehandelt. Und gerade da war ich auf Tante Marthas Seite – unausgesprochen selbstverständlich.

Wie klein war die Welt?
Wie groß war Liegnitz?
Wie gut war die Post?
Letztere ging ja wieder!

Tante Ida in der damaligen sowjetisch besetzten Zone hatte erfahren, daß Fingers noch in Liegnitz sind. Das gleiche wußte sie von uns. So brachte sie uns die Verwandtschaft etwas näher.

Wir sollten unser Stadttheater noch mal von innen sehen. Die Firma KETSCH hatte für ihre Mitarbeiter mit Angehörigen eine geschlossene Vorstellung organisiert. Kostenlos – versteht sich!

Gegeben wurde ein Schauspiel „Schninidba“ oder so ähnlich. Der Autor ist mir entfallen.

Der Zuschauerraum war unverändert und machte einen „noch“ gepflegten Eindruck, wie ich ihn in Erinnerung hatte.

Wie bereits bekannt, war das Stadttheater jahrelang die Domäne der Sieger. Allerdings nur für die Kunstsparte Schauspiel.

Da wir als deutsche Zuschauer der Sprache, die von der Bühne herunter kam, nicht mächtig waren, erhielten wir vor jedem Akt durch einen deutschen Dolmetscher eine Einführung.

Das Haus war bis auf den letzten Platz besetzt. Wir nach Kultur lechzenden Deutschen spendeten am Schluß kräftigen Beifall.

Die undurchschaubaren Machenschaften der Sieger setzten sich fort!

In der Grünstraße hatten die Sieger aus Waldenburg und näherer Umgebung gewerbetreibende Deutsche angesiedelt. In der Gegend um Waldenburg waren kaum Deutsche evakuiert worden. Die in die Grünstraße eingewiesenen deutschen „Spezialisten“ waren überwiegend Damen- und Herrenschneider, Polsterer und Dekorateure und sogar ein Fotograf.

Sie arbeiteten alle im Komplex der Ritterakademie in der Haynauer Straße. Selbstredend hatten natürlich auch dieses große imposante Bauwerk die Sieger für ihre Zwecke in Beschlag gelegt.

Später folgte aus der gleichen Gegend eine Besiedlung deutscher Schuhmachermeister, Schneidermeister, Dekorateure und ähnlich gelagerte Gewerke in die Thebesiusstraße.

Es waren sogenannte Willkürakte. Ob die Deutschen wollten oder nicht.

Ulica Mlynarska im heutigen Legnica, dem einstigen Liegnitz

Vielleicht wollten die deutschen Handwerker in ihrer angestammten Heimat bleiben? Oder vielleicht wollten sie nach dem verbliebenen Deutschland umsiedeln? Gab es gar dadurch eine Familienzusammenführung?

Danach fragten die Sieger nicht! Aus Angst, bei Verweigerung womöglich weit gen Osten abgeschoben zu werden, beugten sich die Handwerker der zwangsweisen Umsiedlung.

Liegnitz war die Hochburg der Sieger und dort hatten sie absolute Priorität. Zur Erhaltung und Erweiterung ihrer existentiellen Vormachtstellung sahen sie in den Deutschen in den ersten Nachkriegsjahren, billige und willige Arbeitskräfte. Es gab kein Gewerbe was für sie nicht präsent gewesen wäre.

Sie sanierten sich rundherum!

Sie nutzten ihre Macht in zweifacher Hinsicht!

Die Deutschen waren ausgezeichnet gut ausgebildete Fachkräfte, dazu arbeitsam und korrekt. Sogenannte Billiglohnarbeiter, wie wir sie heute noch in Teilen von Asien vorfinden. Von letzteren haben wir damals freilich noch nichts gewußt. Nur die hohe Macht der Sieger versteckte sich hinter dem Deckmantel der Humanität.

Die Polen lieferten kostenlos Strom, Gas und Wasser.

Wir sind nicht mehr gegenwärtig!

Der Kommandant der Sieger und „oberste Feldherr“ vom ehemaligen „Haus der Wehrmacht“ wollte nach letzten Verlautbarungen bis heute seine Vormachtstellung in der Region um und in Liegnitz absolut nicht aufgeben. Er herrschte wie ein Pascha in seiner Enklave und mußte nun doch weichen.

Liegnitz hatte fast 100 000 Einwohner bis 1945. Die Polen schafften bis heute ungefähr 105 000 Einwohner. Sie werden noch mehr schaffen, weil Legnica keine Siegerstadt mehr ist. Die Polen selber bezeichneten Legnica als Russen-Stadt. Nun hatte die Ansiedlung der vielen deutschen Schuhmacher- und Schneidermeister in Liegnitz auch etwas Gutes für uns. Dieser und jener konnte drei Jahre nach dem Krieg daran denken, sich etwas Neues zu schaffen.

Ich griff gleich nach den Sternen. Ein Wintermantel mußte her und ein Anzug. Ein Schneidermeister in der Grünstraße nähte mir aus dunkelblauen, selbst gekauftem Tuch, einen hochmodischen Wintermantel. Dazu noch einen gleichfarbigen Anzug. Nun war ich wohl ausgewachsen und brauchte keine Befürchtungen mehr zu hegen, aus den Neuanschaffungen wieder herauszuwachsen. Böse, neidische Zungen behaupteten zwar, ich sei von vorn nicht viel und von der Seite gar nicht da! Freilich, ich war langaufgeschossen. Ich war halt noch ein Jüngling, das änderte sich dann in den weiteren Mannesjahren.

Schuhe ließ ich mir später vom Waldenburger Schuhmachermeister Kazer in der Thebesiusstraße anfertigen. Der Mann hatte goldene Hände. Die Schuhe habe ich jahrelang getragen. Sie waren nicht tot zu kriegen.

Was man sonst noch brauchte, wie Hut, Schal und Lederhandschuhe, war in den Geschäften der polnischen Juden erschwinglich. Meine Chancen stiegen.

Oma war es, die mich warnte: „Junge, gib bloß acht, daß nichts passiert. Die Zeit läßt es nicht zu, leichtsinnig mit Amor und seinen daraus eventuell entstehenden Folgen umzugehen.“ Sprach's und sah mich dabei besorgt aber liebevoll an. Es klang trotz allem ein wenig Stolz aus ihren Worten, so einen Enkelsohn zu haben.

Safer-Sex war zu der Zeit ein Fremdwort.

Die Sieger sind pur verfahren auf Teufel komm raus. Wie die restlichen Nationalitäten diesbezüglich verfuhren, blieb uns verborgen. Verhütungsmittel waren für keinen greifbar. An sich gab es wenig schwangere Frauen und daher wenig Nachwuchs.

Die halbe Welt war vorsichtig. Warum sollte ich es nicht sein? Und Aids kannte noch niemand!

Wir ließen uns fotografieren. Die Bilder waren als Präsent gedacht für unsere Verwandten, als Weihnachtsüberraschung 1948. Es sollte ein optischer Gruß aus der Heimat sein.

Am meisten drängelte Oma dazu. Alle waren weit fort. Oma trug schwer daran als alte Liegnitzerin. In jeder Straßenecke vermutete sie mal auf eins ihrer sieben noch lebenden Kinder mit Kindeskinder zu treffen. Aber das war nun mal nicht so. Alle Freunde und Bekannten waren nicht mehr da. Sie war eine sehr gesellige Person und hat nie ein Fest ausgelassen.

Ihr Stock war weg, ein anderer genügte nicht mehr ihren Ansprüchen und ohne Stock ging es aber bei ihr auch nicht mehr. Da besorgte ihr jemand einen Leichtmetallstock. Vater brachte ihn auf die richtige Länge und setzte unten den Gummistopfen an. Bekanntlich faßt sich Metall kalt an. Auch dazu hatte Oma eine Lösung. Sie hatte noch irgendwo verkramt einen sehr schönen einzelnen, linken, blauen Stoffhandschuh. Den zog sie über, auch im Sommer. Alle ärgerten und foppten sie, von wegen reiche alte Dame mit Silberstock und Handschuh. Aber Oma war nicht auf den Mund gefallen und gab immer prompt eine passende Antwort.

Bevor ich mit den Eltern und Oma beim Fotograf war, hatte ich von mir allein ein Bild machen lassen. Wir wollten den Fotograf testen. Das Bild war gelungen, ich war darauf gut getroffen.

Ein Jahr später ließ ich mich dann noch einmal allein mit meinem neuen Anzug porträtieren. Ein gelungener Schnappschuß.

Fast alle Bilder wurden verschickt.

Nun wollten es meine Freunde wissen. Wir gingen zu dritt, Georg, Günter und ich, und ließen uns auf die Platte bannen. Eigentlich waren wir damals schicke, schmucke junge Männer. Wir brauchten uns nicht zu verstecken.

Georg Gawlitta und Gerda Henschel, beiden, und Gerdas Eltern war ich jahrelang freundschaftlich verbunden.

Trotz intensiver Freundschaft zwischen Gerda und Georg kam es zu keiner Heirat. Wie die Umstände auch waren, sie mußten nicht und so taten sie es auch nicht. Und verloben gab es nicht. Man „ging“ eben miteinander.

Leider kam es zwischen den beiden lieben Menschen zu einem tragischen Ende. Wir waren bereits weg von Liegnitz, als uns die traurige Nachricht erreichte, Gerda sei an einer heimtükkischen Krankheit, so jung noch, gestorben. Georg hat daraufhin seine langjährige Freundin als Braut in den Sarg gelegt. So erfüllte sich erst im Tode das, was sich im Leben nicht vollziehen sollte.

Georg war Autoschlosser. In der Jauer Straße hatten die Sieger dazu eine große Werkstatt. Viele junge Deutsche arbeiteten dort und unterhielten den Fuhrpark durch reparieren der Fahrzeuge aller Art. Solche Arbeiten wurden schon damals hoch honoriert.

Georgs Eltern?, es waren, glaube ich, Pflege- oder Adoptiveltern, hatten in der Schulstraße ein Anwesen. Es war ein einstöckiges, breitgezogenes Haus mit großem Hof, Stallungen und Remisen. Wir waren jahrelang befreundet, aber zu seinen Eltern bekam ich nie richtigen Kontakt. Vermutlich waren es keine reinen Deutschen. Georg hat sich dazu auch nie richtig geäußert. Ich war und bin heute noch nie neugierig. Was man mir von sich aus erzählt ist gut. Nach irgend etwas gezielt zu fragen ist nie meine Art gewesen.

Seine Eltern akzeptierten mich wenn ich da war. Sie waren nie direkt bösartig. Ich kann aber nicht sagen, daß sie zu mir besonders freundlich gewesen wären. So viel mir in Erinnerung ist, war Gerda nie bei Georg im Haus. War diese unverbindliche Art der Eltern nur gegen uns gerichtet, nur gegen die Jugend oder gegen die Deutschen? Es war einfach undurchschaubar. Der Vater machte Geschäfte. Die Mutter war rührig, sie half ihm dabei. Not hatten sie nicht. Sie hatten von allem. Vier Jahre nach einem verlorenen Krieg in Liegnitz als „Deutsche“?

Ich sah darüber hinweg. Mich störte das Verhalten der Eltern von Georg mir gegenüber eigentlich wenig. Georg hatte sein Zimmer und da waren wir unter uns. Oft haben wir zwei Abende lang philosophiert. Über Gott und die Welt, die Astronomie, über Schulzeit und unsere Lehrer, über Krieg und Frieden, über ferne Länder, die für uns in utopischer Reichweite waren, über Deutschland, das so fern lag. Es waren Abende der geistigen Diskussionen. Sie gaben uns gegenseitig etwas. Sie erfüllten und füllten manchen Abend. Sie waren unheimlich anregend. Wir ergänzten uns ausgezeichnet. Wobei wir jung waren und gar noch keine rechte Lebenserfahrung besitzen konnten. Vielleicht ging oft unsere blühende Phantasie mit uns durch? Aber so und nicht anders stellten wir uns damals in unserem jugendlichen Leichtsinn die aufgerissenen Probleme vor. Unser wacher Geist sprühte und war schier unausschöpflich.

Wie anregend kann eine auf gegenseitigem Einverständnis basierende Konversation sein. Wie träge ist man da heute. Ein Druck aufs Knöpfchen und man läßt sich durch die Ferne berieseln. Da erstickt jegliche Konversation im Keime. Da darf sich keiner äußern, man könnte ja auf dem Bildschirm etwas verpassen.

Günter, mein anderer Freund, war ein athletischer Typ. Er wohnte mit seiner Mutter in der Sedanstraße. Auch sie wurden dann umquartiert in die Goldberger Straße, in das Haus genau von unserem gegenüber in die Erdgeschoßwohnung. Auch sie hatten einen hübschen Hund, eine Art Show-Show. Eigenartigerweise mochte mich der Hund nicht. Keiner hatte dafür eine Begründung.

Auch bei Günter wollte der Start ins Arbeitsleben nicht so richtig klappen. Er hatte wie wir alle, noch nichts gelernt.

Seine Mutter arbeitete bei KETSCH als, na ja, sagen wir mal mit heutigen Worte, als „Putze".

Waren in einem Objekt der Sieger die Handwerker im Ein satz, mußte es doch nach Fertigstellung sauber übergeben werden. Und das machten deutsche Frauen, unter anderem auch Günters Mutter. Sie war recht resolut und Günter hatte in seiner Jugend vor ihr Respekt.

Er kam dann aber doch arbeitsmäßig unter und nahm eine Tätigkeit in der Technik des Stadttheaters an. Er wechselte bei den Vorstellungen die Bühnenbilder. Es gibt dafür einen für meine Begriffe herabwürdigenden Ausdruck, den ich mir hier ersparen möchte. Die Bezahlung war aber nicht besonders. Dazu war er fast jeden Abend beschäftigt. Wenn wir alle gemeinsam etwas unternehmen wollten, mußte Günter arbeiten. Waren die Schauspielaufführungen der Sieger, denn um solche handelte es sich ausschließlich, nicht so lang, holte ich ihn manchmal ab. Aber da war der Abend schon angebrochen, und um für den Rest etwas zu unternehmen, blieb nicht mehr viel Zeit.

Seine Mutter war Jahre mit einem Maler, der auch bei KETSCH arbeitete, liiert. Der Maler war aber besonders fleißig, er arbeitete noch abends oder an den Wochenenden privat. Allein verbrachte er nicht so viel, er trachtete daher nach einem Gehilfen.

So gab Günter seine Tätigkeit am Stadttheater auf. Der Maler brachte ihn als Malergehilfe bei KETSCH unter. Und der Anstreicher Günter M. qualifizierte sich unter der Anleitung des Meister-Malers zum Malergehilfen.

Nun hatten die beiden gleich drei Fliegen mit einer Klappe geschlagen.

Günter hatte nun eine Arbeit, die er am Tage ausführen konnte und dadurch wieder freie Abende.

Günter erlernte das Malerhandwerk unter ausgezeichneter Anleitung. Der fertige Maler hatte einen Gehilfen für seine sehr lohnende Arbeit nach der Arbeit. Polnische Geschäftsleute wollten renovieren. Sie suchten dazu „Spezialisten“. Der Maler und Günter waren bereit. Das brachte zusätzlich Geld.

Günter mußte dadurch natürlich auch wieder Freizeit opfern, aber das hielt sich in Grenzen. Das Lebensniveau stieg. Und das war äußerst wichtig. Wir trachteten doch alle gemeinsam danach, aus den Hungerjahren herauszukommen. Das konnte nur, wer Arbeit hatte und dazu fleißig war.

Wir hatten oft gemeinsam Freundinnen. Entweder, es waren zufällig auch Freundinnen oder aber, es waren Schwestern.

Einmal waren es zwei nicht deutsch verstehende Polinnen. Zwei Schwestern versteht sich, hübsch, mit der Polin Reiz. Aber es blieb eine Episode. Es wollte nicht so richtig laufen. Die Sprachbarriere war zu groß. Auch kam heftige Kritik von Seiten der deutschen Mädchen. Die hatten nämlich Angst, sitzenzubleiben, wenn wir uns den schönen Polinnen zuwenden. Es wurde daher auch ruchbar bei uns zu Hause. Hier war man absolut gar nicht begeistert.

Günter und ich waren zwar unabhängig, aber im Unfrieden mit der Familie, wegen eines Flirts, wollten wir auch nicht leben.

Ähnlich war es auf der anderen Seite. Nur kam es nie zur Sprache beziehungsweise zur Verständigung einer Richtigstellung unserer gegenseitigen Ansichten. Diese beiden Welten wollten nicht zueinander finden. Es brach, ehe es ernst hätte werden können. Amors Pfeil war abgeschossen und vibrierte in der Luft. Er zögerte noch, sein Ziel zu treffen, um dann langsam rückwärts wieder im Köcher zu verschwinden. Er hatte diesmal seine Pflicht nicht getan.

Die Jahreszeiten zogen über unser Schlesierland und unser Liegnitz. Es wurde Frühling, Sommer, Herbst und Winter. Wir hatten Ostern, Pfingsten, zwischendrin die Geburtstage und das Weihnachtsfest und den Jahreswechsel.

Die Natur bescherte jede Jahreszeit mit ihrem Reiz. Ihr war es egal für welche Menschen sie sich schmückt.

Wir starteten auch einen Maiausflug in aller Herrgottsfrühe ins Grüne. Es blieb aber nur bei einem erholsamen, langen Spaziergang, um das Erwachen der Natur vor Ort so richtig beobachten zu können.

Es kam zu keinen Vergnügungen wie sie unsere Eltern von früher kannten. Die Gasthöfe am Rande der Stadt, die Ziel der Maiausflüge unserer Eltern waren, existieren zwar noch, waren aber alle geschlossen und so früh sowieso nicht geöffnet.

Wir hatten ein neues Freibad entdeckt, den Lehmteich!

Wenn man die Goldberger Straße stadtauswärts ging, mußte man vor dem Bürgerwäldchen links den Weg nehmen: Richtung Tal-Ziegelei. Bekanntlich werden ja Ziegel aus Lehm gebrannt. So hatte sich nach dem Abbruch und der Stillegung der Ziegelei dort ein ansehnlicher, recht sauberer, großer Teich gebildet. Ringsherum lagen saftige Wiesen. Schatten spendete der sich anschließende Mischwald.

So bald es die Temperaturen zuließen, pilgerte Groß und Klein zum Lehmteich. Er war aber fast ausschließlich für Schwimmer geeignet da er gleich trichterförmig tief abfiel.

Er war im Sommer das absolute Eldorado von uns Jugendlichen. Dort konnten wir uns richtig auslassen. Manchmal nahm ich Pussi mit. Er saß dann auf der Decke und bewachte meine Sachen, verlor mich aber dabei im Wasser nie aus den Augen. Ein Pfiff meinerseits genügte, und Pussi – als hätte er nur darauf gewartet , sprang ins Wasser und schwamm zu mir. Bei mir angekommen, krallte er sich an mir fest. Ich hatte dann Mühe, mit ihm unterm Arm, das Ufer zu erreichen. Ein fauler Hund. Freilich konnte er selbst schwimmen, aber, war er bei mir angelangt, dachte er, er brauche sich nicht mehr selbständig über Wasser zu halten.

Oft kamen durchziehende Zigeuner vorbei. Fuhren die Wagen am Rande des Lehmteiches, stiegen die Mädchen und

Frauen in ihren langen, bunten, prachtvollen Röcken samt Schürzen ins Wasser. Schuhe waren bei ihnen sowieso Luxus. So ruhig und ohne Hast und Freude, wie sie ins Wasser gestiegen waren, stiegen sie wieder aus dem Wasser und liefen den von den Männern gelenkten Pferdewagen hinterher, als sei nichts geschehen. Wir waren baff erstaunt. Die Zigeunerinnen trieften vor Nässe. Die Kittellasche hatte sich voll Wasser gesogen, was nun erst ablaufen und danach wieder trocknen mußte. Sie schlugen zwei Fliegen mit einer Klappe. Sie waren unten herum und an den Füßen erfrischt und hatten gleichzeitig Röcke und Schürzen gewaschen. Auf Unterwäsche werden sie wohl verzichtet haben.

Von uns nahmen sie keine Notiz. Vielleicht hielten sie uns für schamlos. Obwohl wir doch noch nicht völlig nackt in unseren Badehosen beziehungsweise Badeanzügen dastanden. Immerhin hatten wir noch etwas an. Denn FKK kannten wir damals noch nicht.

Eine Zeitlang hatten sich Zigeuner in der Jauer Straße in den Häusern gegenüber dem Gasthof Bitschen seßhaft gemacht. Sie trieben dort in der Nachbarschaft ihr Unwesen. Wir mieden diese Gegend. Für sie gab es keine Nationalitäten – für sie waren alle gleich.

Es war aber nicht von langer Dauer. Entweder wurden sie auf Betreiben der Sieger, die dort in unmittelbarer Nähe ihr Domizil hatten, oder von den polnischen Administratoren vertrieben – oder ihr Drang zum Wandern war wieder durchgebrochen.

Nach so langer Zeit kommt mir eines jetzt erst richtig zum Bewußtsein. Es gab nie Urlaub! Wir machten nie Ferien! Wir sind nie verreist! Wer Arbeit hatte, arbeitete durch – Sommer wie Winter – bei den Siegern und anderswo!

Für heute undenkbar. Wo soviel gesprochen wird vom Regenerieren der Arbeitskraft. Wo man sich den Rang abläuft, dort zu arbeiten, wo es am meisten Urlaub gibt.

Das kam uns damals überhaupt nicht in den Sinn. Wohin hätten wir auch gekonnt? Es war absolut absurd, daran überhaupt einen Gedanken zu verschwenden.

Wir hatten andere Sorgen. Keine wirtschaftlichen, rein ideelle. Wir hingen noch in der Heimat, aber keiner wußte, wie lange noch!

Gerüchte gingen um, Ausreise wäre einzeln möglich, sogar mit Möbeln, nach Antragstellung. Praktiziert hatte es bisher noch niemand aus unserer Umgebung. Also warteten wir weiter ab.

Unsere Sorgen, teilweise waren es auch angenehme Sorgen, blieben. So eine angenehme Sorge hatte ich. Ich wollte unbedingt ein paar Stiefel. Nun gab es zwei unterschiedliche Arten von Stiefeln.

Die der Sieger und die der Polen.

Die der Sieger waren vorn abgeflacht, hatten einen niedrigen Absatz und Falten in den Schäften wie eine Ziehharmonika.

Die der Polen waren vorn spitz, hatten eine überdimensionale, hohe Hacke und glatte Schäfte.

Ich entschied mich für ein paar Siegerstiefel. Heute würde man sagen, sie waren ausgesprochen fetzig. Damals gefielen sie mir einfach. Sie sollten mir aber später fast zum Verhängnis werden.

Ich hatte wieder einmal geschäftlich bei Waleska zu tun. Aber heute war niemand da. Ansonsten freute sich auch Frau Stania wenn ich kam. Sie tischte dann gleich auf. Das heißt, erst mußte eine Ecke vom Tisch frei gemacht werden, damit neu aufgetischt werden konnte. Das Kaffeegeschirr war zwar nicht immer das sauberste, aber ich verzieh im stillen den beiden alten Damen. Sie waren so unbeschreiblich liebevoll und nett, da mußte ich ganz einfach Abstriche machen. Zumal Frau Stania dann wieder mal Gelegenheit hatte, mit mir über ihre Kinder zu sprechen, die jetzt schon eine Weile weg waren. Sie las mir Briefe vor. Und ich sah, wie es ihr richtig guttat, sich wieder mal auszusprechen. So ließ ich alles geduldig über mich ergehen. Hatte dann nur zu tun, mit Waleska ins Geschäft zu kommen, was eigentlich der Grund meines Besuches war.

Dachte ich es mir doch: Frau Stania war bei den Gänsen!

Im einstöckigen Hinterhaus war linker Hand eine Remise. Dort hockte Frau Stania auf einem alten Stuhl, den Hals der Gans zwischen den Knien und der Leib der Gans lag auf ihren Füßen. Neben sich hatte Frau Stania in einer alten Blechschüssel die vorbereiteten, daumenstarken Würgel. Ein Gemisch aus Schrot, Korn, Mehl und Wasser. Die Würgel wurden vorbereitet und getrocknet. Damit sie aber bei den Gänsen besser den Hals hinunterrutschten, wurde jede einzelne Würgel von Frau Stania vorher in Wasser getaucht.

Jedes Federvieh bekam nun acht bis zehn Würgel zwangsweise in den eigens dafür gewaltsam aufgesperrten Schnabel gestopft. Diese Prozedur macht die Gänse besonders schnell fett und vorfristig schlachtreif.

Für meine Begriffe ein recht qualvolles Hobby von Frau Stania. Mitunter hatte sie bis zu zehn Gänse zu füttern. Das brachte dann natürlich etwas ein. Sie klagte immer, daß sie vom polnischen Staat so wenig Rente bekam. Ich konnte nichts dazu sagen, da sie mir die Höhe der Rente nie verriet. Also wußte ich logischerweise nie, wie ich mich äußern sollte. Aber na, Not hatten die zwei alten Damen keine. Sie wußten aus allen etwas herauszuschlagen.

Leider konnten wir niemals eine auf diese Art und Weise fettgefütterte Gans kaufen. Bei uns gab es nach wie vor Kaninchen. Vielleicht gut so, da erfuhr ich nie den Preis. Auch war Frau Stania bestimmt nicht billig.

Oma klärte mich auf. Sie war der Meinung, was Frau Stania mit den Gänsen macht, wäre Tierquälerei und verboten gewesen. Wer hielt sich damals schon an solche Verbote? Sicher gab es Schlimmeres.

Bei einem solchen Besuch nahm ich Pussi mit. Ich mußte anschließend noch zum Fleischer einkaufen. Im Nachbarhaus der Ulica Nowi Swiat 8, der große Fleischerladen, war durch einen Polen wiedereröffnet worden. Die Wurst- und Fleischwaren waren gut. Ich bedeutete Pussi, bevor ich die Tür zum Fleischerladen aufmachte, Platz zu behalten und draußen auf mich zu warten. Aber weit gefehlt! Pussi hatte natürlich gerochen, was hinter der Ladentür lag. Ehe ich mich versah, war er schneller im Laden als ich. Ich kam gar nicht so schnell hinterher. Er war flink wie ein Wiesel. Und sofort hing er hinter dem Ladentisch an einem an der Wand herunterhängenden Stück Innereien und zerrte und würgte hastig daran. Zum Zurückrufen war es schon zu spät. Der Fleischermeister betrat den Laden und ich bekam einen heftigen Schreck. Aber der Meister sah es gelassen. Er warf Pussi noch ein Stück Wurst in den Laden, um ihn hinter dem Ladentisch vorzulocken. Was dann auch schließlich gelang. Der Fleischermeister machte sich nicht mal die Mühe, wenigstens die Bißstelle von unserem Hund von den Innereien abzuschneiden. Die bekam dann eben der nächste Kunde.

Was einem da alles so blühte, wenn man damals einkaufen ging?

Als ich den Vorfall zu Hause schilderte, lachte Vater. Er wußte nämlich, daß besagter Fleischermeister eine Hundezucht betreibt mit Doggen. Daher seine Tierliebe für Hunde. Da waren wir nochmal mit einem blauen Auge davongekommen.

Nun hatten sich die Sieger etwas einfallen lassen! Etwas Kommerzielles, Öffentlich-Kulturelles: die „Planschatka"! Wenn man aus dem Schießhausgarten herauskommt Richtung Baumgart-Allee, gleich linker Hand, fast am Anfang vom Hag, dort hatten sie eine runde betonierte Freitanzfläche errichtet. Sie hatte einen Durchmesser von zirka dreißig Meter. In der Mitte erhöht (aus Holz) stand der Musikpavillon. Dort oben saßen dann abends zehn Siegermusiker und spielten live zum Tanz auf. Das Rondell umschloß ein zwei Meter breiter Sandstreifen, auf dem Sitzbänke angeordnet waren. Dahinter verlief ein zwei Meter hoher Maschendrahtzaun. Vorn am Eingang ein kleines Häuschen als Kasse. Live wurde aber nur Mittwoch, Samstag und Sonntag gespielt. Die anderen Tage arbeitete die „Planschatka" auch, aber mit Musik aus der Konserve.

Aus heutiger Sicht, wenn man das alles nochmal so Revue passieren läßt, war alles, ob live oder aus der Konserve, richtige Plauzmusik. Man hörte nur den Takt heraus. Zwei-, Vier- oder Dreiviertel-Takt. Aber nichtsdestotrotz, es wurde fleißig gedreht und geschoben und das ging über die Schuhsohlen. Der Zement tat das seinige.

Natürlich war diese Belustigung nur für die warme Jahreszeit gedacht. Tänzer, Gucker und Zuschauer kamen aus allen Nationalitäten, trotzdem es in erster Linie eine Domäne der Sieger war.

Die Sieger tanzten ganz anders, als wir es gewohnt waren. Wir Jugendlichen hatten damals alle keine Tanzschule genossen, erkannten aber auf Anhieb Siegertänzer. Sie hatten eine recht steife Armhaltung zusammen und die Beine gingen halt anders als bei uns. Es war immer schwierig, wenn es einmal zu einem gemischten Tanzpaar kam. Man kannte sich langsam, oft waren es die gleichen unentwegten Gesichter die sich als Stammgäste abzeichneten. So kam es schon mal vor, daß man eine Siegerin aufforderte. Sie mußte dann allerdings nach Siegermusik aber deutsch tanzen. Nur wer dort aufkreuzte, konnte tanzen und war selber tanzbegeistert. Zum anderen war es fast eine körperliche Preisgabe. Oft standen mehr Menschen am Maschendrahtzaun, als Tänzer da waren.

Ganz schlimm war es an den Wochenenden. Alles pilgerte zur „Planschatka", denn da gab es immer was zu sehen.

Das ganze lief ab ohne gastronomische Betreuung. Wie wir das geschafft haben, ist mir heute noch schleierhaft. Waren wir einmal da, wurde durchgetanzt. Alles ohne Alkohol. Der war völlig zweitrangig. Wir hatten nur Freude am Tanz. So gab es auch keine unliebsamen Zwischenfälle.

Nur für mich war es schlimm, wenn Vater da war. Er stand dann am Zaun und korrigierte mich noch laufend beim Tanzen. Nun ja, es war schwer beim Walzer nicht immer das hintere Bein so nachzuziehen. Aber seine Anleitungen haben geholfen. Walzer linksherum ist mir heute noch das liebste.

Rechts von uns lag ein freistehendes, zweistöckiges Gebäude. Das Fenster der Mansarde von der sogenannten dritten Etage war an der Stirnseite fast auf der Höhe unseres Balkons.

Im besagten Haus in der ersten Etage wohnte Familie Unte. Sohn Werner war der zeitweilige Freund von Brigitte Hübner, unserer „bösen Königin" aus dem Märchenspiel Schneewittchen. Sie hatte eine Freundin Namens Lonny. Ein hübsches, schlankes Mädchen. Immer fröhlich und guter Dinge. Sie ging bei Familie Unte ein und aus. Sie wurde immer weniger und nahm rapide ab. Frau Unte nähte für sie weite Röcke, Blusen mit Rüschen, um sie wenigstens optisch fülliger zu gestalten.

Leider haben diese Bemühungen von Frau Unte nur kurze Zeit vorgehalten. Lonny war unheilbar krank, sie hatte TBC. Keiner konnte ihr helfen. Wir wußten es und sie selber wußte es auch.

Trotzdem sich die medizinische Betreuung für die deutsche Bevölkerung durch Eröffnung von Polikliniken der Sieger, die auch ihre Mitarbeiter versorgten, erheblich gebessert hatte, war Lonny in dem Fall nicht mehr zu helfen. Ihr Gesundheitszustand verschlimmerte sich zusehends. Schließlich mußte sie nur noch das Bett hüten. Kurze Zeit später starb das junge Wesen.

Ein einfacher, roher Holzsarg tat das Übrige.

Jemand hatte ein offenes Fuhrwerk gechartert. Wir liefen im Trauerzug hinterher quer durch die Stadt bis zum Friedhof in der Breslauer Straße. Der Wagenlenker vermied die Hauptstraßen. Die Polen blieben ehrfurchtsvoll stehen und schlugen mit der Hand ein Kreuz vor der Brust.

Uns war bang ums Herz.

Lonny hatte uns eins voraus. Sie ist dort, wo sie geboren worden ist in Heimaterde bestattet. Von wie vielen kann man das leider nicht sagen. Ein Stück Heimaterde auf dem Sarg als letzter Gruß wiegt schwerer als Blumen aus und in der Fremde.

So lagen Freud und Leid eng beieinander!

Unser Leben ging weiter. Wir machten alle das Beste daraus!

Irgendwie verdichtete sich der Trend, doch weichen zu müssen. Vielleicht heut und morgen noch nicht, aber in naher Zukunft gewiß. Man setzte uns nicht unter Druck. Man überließ uns die Entscheidung letzten Endes selber. Es war uns keine Frist gesetzt. Vorläufig jedenfalls nicht.

Die Sieger brauchten ihre „Spezialisten". Da ließen sie sich von den polnischen Behörden keine Vorschriften machen. Solange wir Deutschen da waren, sahen die Sieger auch keine Veranlassung, Deutsche gegen Polen einzutauschen zur Arbeit für ihre Belange.

Die Polen freilich waren mit sich und der Umgestaltung der Stadt vollauf beschäftigt.

Wir Deutschen belasteten ihre Wirtschaft nicht. Wir stärkten sie höchstens durch unsere Kaufkraft. Sie zahlten keine Renten oder sonstige sozialen Unterstützungen. Das gesamte Steuergefüge war noch im Aufbau. Wir zählten dabei für sie nicht. Nach ihrem Ermessen gehörten wir nicht mehr hierher. Man duldete uns auf Zeit. Die Polen bauten ihre Struktur allein auf, aber so, daß die Okkupation aller Welt glaubhaft erscheinen sollte.

Es gab keine Registratur der Deutschen. Wieviele sind noch da, wieviele sind schon weg! Wann der Rest unter welchen Umständen gehen muß!

Man fragte auch nicht nach einer eventuell gewünschten Adaptation, um die Bevölkerungsstärke der Stadt zu erhalten. Man war sich in der Hinsicht einig, daß es im rein deutschsprachigen Raum zu keinerlei Adaptation kommen konnte.

Die Polen wären gar nicht in der Lage gewesen, die Lücken der deutschen „Spezialisten" wieder zu schließen. Und ob die Polen überhaupt hätten bei den Siegern arbeiten wollen? Diese Frage stand zu unserer Zeit noch nicht.

Polnische Handwerksmeister jeglichen Gewerbes und Spezialisten ausgefallener Zünfte, wollten einen Laden eröffnen und Geschäfte nach ihrer Art machen. Solche Leute ordneten sich doch nicht unter. Sie kamen alle aus dem Osten, um sich bei uns frei in ihrem Gewerbe entfalten zu können. Da hatte keiner das geringste Interesse daran, ihre erst kurz errungene

Selbständigkeit wieder in Frage zu stellen. Sie trugen eher das Risiko des freien Handels, als sich abgesichert vom Sieger anwerben zu lassen.

Unsere soziale Sicherheit bei den Siegern war nicht von ungefähr. Man durfte nur nicht krank werden. Zum Glück gab es bei KETSCH keinen Betriebsunfall mit anschließender Erwerbsunfähigkeit. Ob da – und in welcher Form dann die Sieger eingesprungen wären, ist mehr als fraglich.

Wir waren fast die letzten Deutschen die Liegnitz verließen. Der Rest folgte uns auf dem Fuße.

Ich korrespondierte zwar von der ehemaligen DDR aus dann noch mit Frau Stania, aber nur rein privat. Sie hatte über die Gepflogenheiten, in denen wir gelebt hatten, keinen Überblick. So muß offen bleiben, wer nach dem Weggang der Deutschen für die Sieger, bis zum Abzug der Sieger, gearbeitet hat.

Und wie das im Leben so ist. Schließlich kam die Korrespondenz zum erliegen. Frau Stania wollte auch nicht so recht begreifen, daß Harri und ich uns nicht mal besuchten, um uns wiederzusehen. Harri saß in der BRD und ich „bloß" in der ehemaligen DDR. Alles Deutschland! Und es ging eben nicht. Ich habe es ja selber kaum begriffen. Zumindest hat es lange gedauert! Und jetzt ist sicher alles zu spät!

Aber das war schon vorgegriffen. Noch sind wir in Liegnitz.

Über Familie Unte im Nachbarhaus, in der zweiten Etage, wohnte ein Ehepaar: na ja, Liegnitzer waren es nicht. Waren es Deutsche? Sie sprachen beide polnisch. Auch Tochter Silvia. Wie sie mir einmal in einer schwachen Stunde gestand, hatten sie für Polen adaptiert. Wir hatten übrigens dann später viele gemeinsame schwache Stunden.

Was ihr Vater eigentlich trieb, war nie so genau zu erkennen. Die Mutter nähte ein wenig, aber viel für ihre Tochter. Silvia hatte immer das Neueste und Modernste was gerade „in" war. Sie war das Haustöchterchen, ohne Beruf und ohne Beschäftigung. Das ging bei bestimmten Leuten damals alles – und sie kamen dabei gut über die Runden. Silvia war in meinem Alter. Sie war blond und ein wenig, na sagen wir mal, stramm. Sie war ohne Sorgen, immer lustig und fidel. Manchmal oft albern. Aber ihr immer zur Schau getragenes, heiteres Wesen wirkte ansteckend und aufmunternd. Bei und mit ihr kam nie Langeweile auf. Unsere viel betriebene gemeinsame

Freizeit war damit begründet, wir waren zeitlich beide unabhängig. Sie hatte immer Zeit und ich konnte mir meine Arbeit einteilen. Wenn ich einen Tag mal nichts machte, war es so schlimm auch nicht. Das war mein Vorteil der Selbständigkeit, aber auch mein Risiko.

In einer klaren, frostigen Winternacht kamen wir von einer Party. Es hatte geschneit. Die Gehwege waren schlecht geräumt, teilweise vereist und nicht gestreut. Silvia, in ihrem Pelzmantel, wirkte noch fülliger als so schon. Trotz der Kälte trug sie hochmodische Pumps mit spitzen, hohen Absätzen. Sie hatte zu viel getrunken. Nun an der frischen Luft, wirkte der Alkohol doppelt.

Rechts am Arm hing nun das lachende, vor sich hinkichernde Weib und in der linken Hand trug ich ein geborgtes Koffergrammophon. Auch mir drohte es die Füße wegzuziehen. Ich hatte zu tun, mein eigenes Gleichgewicht zu halten. Vor Angst, Silvia könnte stürzen oder ich mit dem Koffer, der bloß geborgt war, ließ mir den Schweiß trotz grimmiger Außentemperaturen den Rücken herunterlaufen. In dem Moment habe ich Silvia nicht gerade geliebt. Sie fand unseren glatten Heimweg äußerst lustig. Ich bin zwar nicht katholisch, schlug aber trotzdem drei Kreuze, als wir unversehrt zu Hause ankamen.

Auch bei den nächsten Vergnügen im Schießhaus legte mich Silvia voll in Beschlag.

Unter der Sieger-Vormachtsstellung hatten die Vergnügen im Schießhaus bereits Niveau. Das Programm konnte sich sehen lassen und zum Tanz spielte live eine deutsche Band. Sie spielte live und wunschgemäß in angenehmer Lautstärke, die eine anregende Konversation beim Tanzen mit der Partnerin zuließ. Dabei kamen alle auf ihre Kosten – die Jugend und die Eltern. Die Palette reichte vom Rheinländer bis zum Swing.

Der Zuzug der Waldenburger Deutschen belebte unser kulturelles Leben. Sie hatten einige Musiker unter sich. Amateure zwar, aber gute. Die konnten sich einzeln und auch in der Band hören und sehen lassen. Sie erzählten sogar, daß Deutsche in Waldenburg das Singspiel „Im weißen Rößl" von Ralph Benatzky aufgeführt haben und damit in noch dichtbesiedelte, deutsche Gebiete auf Abstecher gefahren sind.

Leider waren sie nie bei uns in Liegnitz. Das Ensemble wird vermutlich unter der Fluktuation einzelner Mitglieder stark gelitten haben.

Silvia hatte wieder etwas Neues an. Nun kommt ein schönes, neues Kleid einer Frau erst richtig zur Geltung, wenn ein Mann daneben steht. In dem Falle war ich der Mann.

Die Eltern sahen es mit einem weinenden und einem lachenden Auge. Wir machten beide „Figur". Das freute sie. Aber etwas ganz ernstes und für Zukunft wünschten sie sich nicht unbedingt zwischen uns. Freundschaft ja, aber bitte nicht die nächste Stufe. Ich war gerade achtzehn Lenze jung und damals herrschten noch strenge, moralische Sitten. Ein wenig hatten wir noch Respekt vor den Eltern in dem Alter.

Ich kam mit Ach und Krach zum Pflichttanz mit Mutter. Nun, da ich perfekt war, wollte Mutter keinesfalls auf ihren langsamen Walzer mit mir verzichten.

Es bot sich jetzt genügend Abwechslung. Wir hatten die „Planschatka", ab und an ein großes Vergnügen und wir feierten oft privat. So brauchten wir keine polnischen Restaurants mehr aufzusuchen.

Zum Reden über Freuden und Kümmernisse sucht man in einem bestimmten Alter die Gesellschaft von Gleichaltrigen.

Wenn auch unter den Jugendlichen Cliquenwirtschaft herrschte, an mir kamen sie nicht ganz vorbei. Lag es an meinem Äußeren, lag es an meiner verträglichen Art oder an meinem aufrichtigen, humorvollen Wesen. Ich war, wie gesagt, nie neugierig, ich stellte keine dummen Fragen. Ich nahm's, wie's war. Auch konnte ich schweigen. Das wußten alle und viele schätzten es sehr. Wieviele haben ihr Herz bei mir ausgeschüttet. Ich dachte manchmal heimlich bei mir, wenn das die anderen wüßten, gäbe es einen Skandal nach dem anderen.

Von je her habe ich Klatsch und Tratsch gehaßt. So etwas fand ich direkt ekelerregend.

Das führte mich in Geselligkeiten, wo mein Platz eigentlich gar nicht war. Ich fand mich allerdings immer schnell zurecht. Zum Teil hatte ich Tischdamen, die den Rang einer älteren Schwester hatten. Vergiß es! Anderen Tags war alles vorbei. Schwamm drüber! So erhielt ich meine Kontakte. War immer gern gesehener Gast – trotz meiner Jugend. Ich konnte mich in der Richtung nicht beklagen.

Während der Saison war Sonntagnachmittag Fußball!

Der Blücher-Sportplatz lag an der Peripherie der Domänen der Sieger. Daher hatten sie ihn für ihre Zwecke ausgewählt. Er machte für die damaligen Begriffe einen intakten Eindruck. Alle deutschen Fußballfans trafen sich dort. Der Eintritt war erschwinglich.

War Fußballspiel, dann kamen die Sieger (im übertriebenen Sinne gesagt) mit Kind und Kegel. Fußball war immer sehr gut besucht.

Wir kannten inzwischen die Mannschaften. Natürlich hießen sie Dynamo, Spartak usw. Vor dem Spiel wurden bereits Prognosen aufgestellt, wer heute gegen wen gewinnt. Es war fast wie ein pokern vor dem Pferderennen. Von der Sache her – eine willkommene Abwechslung.

Ein makabrer Zwischenfall ist mir noch ganz eindeutig gegenwärtig.

Während eines Fußballspieles begann es leicht zu regnen. Naß werden wollten wir nicht, daher entschlossen wir Deutschen uns zum Gehen und Fußball, Fußball sein zu lassen. Durch die Ränge war während des Spieles auf dem Rasen kein Durchkommen. Dort saßen die Sieger dicht an dicht. Also mußten wir über die Aschenbahn zum Ausgang. Nun ist das ja nicht unbedingt gestattet mit Straßenschuhen. Die ersten Unmutsbekundungen waren zu hören und die ganz unten saßen, konnten schließlich nicht durch uns durchsehen, um am Ball zu bleiben. Es regnete stärker, wir liefen schneller, wir rannten letztendlich die paar Meter bis zum Ausgang. Als die Sieger das sahen, erhob sich ein Tumult, der uns begleitete bis wir den Sportplatz verlassen hatten.

Uns kam es erst nachträglich zum Bewußtsein. Es hatte ausgesehen „wie Deutsche auf der Flucht“, und die von uns als Tumult aufgenommenen Unmutsäußerungen waren geballte Lachsalven aus Tausenden von Siegerkehlen. Seht, da rennen die Deutschen, wie auf der Flucht! Denn als solche hatte man uns doch gleich erkannt.

Wie das damals mit dem polnischen Fußball aussah, war uns nicht bekannt. Ob es überhaupt welchen gab und wenn, auf was für einen Sportplatz der Stadt er stattfand, interessierte nicht und war auch nie Gegenstand von Diskussionen. Es wäre auch niemanden eingefallen, dort hinzugehen.

Wenn im folgenden zu berichten sein wird von Maskenbällen und sonstigen Festen, mag der Eindruck entstehen, wir waren eine illustre Gesellschaft und unser Leben bestand nur aus feiern.

Wir waren der gleiche Menschenschlag, alles Liegnitzer, alles Schlesier, und sind von der Mentalität her recht gesellig und sehr gastfreundlich. Das ist aus heutiger Sicht schwer zu beurteilen, da es uns im Komplex nicht mehr gibt und Brauchtum und Sitten nicht mehr nachvollziehbar sind. So wie das Sommersingen, Mohnklöße oder schlesisches Himmelreich fast in Vergessenheit geraten sind.

Unter den Zurückgebliebenen waren keine großen, intellektuellen Leute. Es waren alles brave, biedere Durchschnittsbürger. Es gab keinen Klub der Intelligenz, es gab keine literarischen Abende und es gab keine Haus- oder Kammermusik im trauten Heim vor dem Kamin.

Wir unterhielten uns echt volkstümlich. Von Gleichen zu Gleichen.

Es gab auch gewisse Strömungen, über die ich erst später zur Genüge aufgeklärt werden sollte, die aber inzwischen schon wieder vom Untergang geweiht sind.

Gegenüber von uns, in dem deutschen Haus, wo im Erdgeschoß Günter wohnte, wohnte unter anderem ein junger Friseur mit Namen Niedergesäß. Der Name regte uns immer zum Schmunzeln an.

Worauf ich hinaus will, ist etwas Politisches.

In der Vergangenheit hatten wir schon lange bemerkt, daß es außer Ostern, Pfingsten, Weihnachten und dem Jahreswechsel auch noch Feiertage gab, die anders lagen, als wir sie von früher kannten.

Am 1. Mai und zur Großen Sozialistischen Oktoberrevolution der Sieger hängte ein älterer Mann vom gegenüberliegenden Haus in der oberen Etage eine große, rote Fahne heraus. Sie flatterte einsam im Wind. Selbst die Polen hielten sich zurück in puncto Fahnenschmuck zu solchen gesellschaftlichen Anlässen.

Für mich etwas Neues! Ein Deutscher hängt eine rote Fahne aus dem Fenster! Ich guckte nicht schlecht.

Die „Badern“ und die „Türken“ winkten nur ab und schüttelten ungläubig die Köpfe. Oma kam und sagte sporadisch: „Dort wohnt ein Kommunist!“

Es klang hart und leicht vorwurfsvoll.

Du meine Güte, was wußte ich damals schon vom Kommunismus? Wir lebten zwar unter den Siegern, aber die unterließen es tunlichst, uns über die Lehren von Marx, Engels, Lenin und Stalin aufzuklären. Die mußten doch wohl denken, alle Deutschen, die hier noch leben, sind Kommunisten, sonst wären wir sicher gar nicht mehr da. Wir hatten zwar alle keine politische Vergangenheit, waren aber an so einer Zukunft auch nicht sonderlich interessiert.

Wir lebten noch in der angestammten Heimat, arbeiteten zum größten Teil bei den Siegern und waren auf Gedeih und Verderb den polnischen Administratoren ausgeliefert. Was nützt uns da eine nach außen getragene politische Weltanschauung in Richtung rote Fahne?

Was wir später an Härten und Mißbilligungen in Hundsfeld, in Eisenach und in der ehemaligen DDR am Anfang in Wolperndorf am eigenen Leibe verspürt haben, grenzt eine politische Weltanschauung völlig aus. Ob Christ oder Kommunist, keiner hätte das im mindesten akzeptiert. Nur die Humanität stand da im Vordergrund – und die war oft bitter genug. Ich sollte in den Folgejahren noch genügend Stoff bekommen von den Idealen, an deren Beseitigung wir heute alle schwer zu tragen haben.

Ob er Vorteile hatte, der Mann von gegenüber mit seiner roten Fahne an gesellschaftlichen Festtagen, blieb uns verborgen. Er machte nur auf sich aufmerksam. Letzten Endes mußte auch er weichen. Denn nicht die Sieger entschieden, wer bleibt oder gehen muß. Egal wie groß oder wie lang die rote Fahne war. Wir sind schließlich alle gegangen worden – durch die Administratoren.

Nach dem Ausflug in die „Rote Politik" zurück in die letzten Jahre des Lebens in Liegnitz.

Eins muß noch bemerkt werden, wir schafften uns unseren kulturellen Unterhaltungsstand selber. Für die damaligen Verhältnisse mit beachtlichem Niveau.

Natürlich lebten wir vier Jahre nach dem Krieg anders als heute. Wie sieht denn heute unser Feierabend aus?

Druck aufs Knöpfchen und dann geht die Berieselung los. Teilweise gibt es schon zwei Fernseher in den Familien, damit Vater in Ruhe Sport und Fußball sehen kann. Der Zweitapparat steht dann meist im Kinderzimmer und ist ein kleines oder ein Koffergerät. Die Mutter will doch auf keinen Fall auf die 399. Folge der von Trivialität triefenden, kitschigen, zu Herzen gehenden Liebesintrige ihrer Nachmittagsserie verzichten.

Wer legt heute schon eine Schallplatte auf? CD-Wiedergabe haben die wenigsten bis jetzt und andere Schallplatten sind kaum erhältlich. Dann lieber schiebt man schnell eine Raubkassette in den Recorder, die gibt es jetzt preiswert an jeder Straßenecke zu kaufen. Und dann schön laut, damit die Nachbarn auch etwas davon haben. Unabhängig davon, ob sie an Rock-, Pop- oder Hotmusik überhaupt interessiert sind.

Wer nimmt ein Buch zur Hand? Wenn man welche hat, füllen sie nur schön geordnet die Schrankwand. Wer viel aufweisen kann, gilt als besonders intelligent. Unabhängig davon, ob er seine Bücher schon alle gelesen hat oder nicht.

Wer heute kein Auto hat, ist selber daran schuld. Wer wird schon auf der Deutschen liebstes Kind verzichten?

Ein Fahrrad! Die Fahrräder stehen herum und verrotten.

Alle wollen etwas für die Linie tun. Nehmen aber dann das Auto, selbst wenn um die Ecke nur Zigaretten zu holen sind.

Und eine Datsche mit Bungalow gehört zum guten Ton. Nach Möglichkeit weit weg, damit die Anfahrt am Wochenende lohnt.

Und ins Theater und Konzert wird nur gegangen, um die neue Garderobe zu zeigen. Da können die Pausen nicht lang genug sein. Und das Kabarett hat seinen Reiz verloren, da man jetzt immer Karten dafür bekommt.

Und genau das fehlte uns!

Also griffen wir zur Selbsthilfe.

Auch unseren Eltern war nach Unterhaltung, Geselligkeit, Tanz und kultureller Abwechslung. Im Krieg hatten sie selbst auf das alles verzichten müssen. Nun war der grausame Spuk vorbei und bei ihnen stellte sich enormer Nachholbedarf ein.

Wir Jungen mußten erst an die Unterhaltungsebene herangeführt werden. Wir mischten fleißig mit!

Legte ich mal die Schellackplatte „Der Kaiserwalzer“ von J. Strauß auf, kam die „Türken“ auf leisen Sohlen bis an unsere – wie immer – offen stehende Tür geschlichen und sagte mit verzückten Augen: „Ist das schön! Das ist noch Musik!“

Wann erklingt heute mal ein Walzer im Hörfunk?

Wäre das der Fall, würden wir wohl vor Schreck mitten im Zimmer stehen bleiben! Vielleicht auch verzückt?

Der Familienrat, die Freunde der Familie und unsere Bekannten einigten sich eines Tages, bei uns im Wohnzimmer einen großen Maskenball zu veranstalten.

Nun waren doch schon die Vorbereitungen dazu eine beglükkende, die Freizeit ausfüllende, lohnende Aufgabe. Ganz zu schweigen von der Vorfreude. Da wurde überlegt und beraten, erwogen und wieder verworfen, da wurde genäht und gelegentlich wieder aufgetrennt, gehe ich lang, gehe ich kurz, gehe ich eng tailliert oder lieber weit. Es war eine absolute Geheimniskrämerei.

Es nützte Gerd Hellman zum Beispiel gar nichts, daß seine zukünftige Schwiegermutter Schneidermeisterin war, da ja ihre Tochter Gerda nicht erfahren sollte, was er am Maskenball zu tragen beabsichtigte. Denn auch die festen Paare kamen einzeln und hatten dann bei der Demaskierung ihren höllischen Spaß, sich untereinander nicht erkannt zu haben.

Wir schmückten das Wohnzimmer mit Girlanden und nahmen den großen Tisch heraus. Ich schnippelte Wachskerzen auf den Fußboden, damit er glatt wurde zum Tanzen.

Als Konzertmeister am großen Grammophon fungierte Vaters Zunftkollege Walter Krause.

Vater war Tanz- und Zeremonienmeister und regelte den Einlaß und die Demaskierung.

Wir hatten sicherheitshalber Eintrittskarten ausgegeben. Vater nahm die Masken selber in Empfang, die sich daher nur bei ihm zu erkennen geben mußten.

Jeder war dazu verurteilt, eine Flasche Alkohol als Obolus mitzubringen und bei Vater beim Empfang an der Korridortür abzugeben. Jeder hatte seine Marke und auf die griff er später wieder zurück.

Oma hatte den ganzen Sonnabend in der Küche gestanden und eine Waschwanne Kräbbelchen gebacken. Lecker, lecker! Sie bot sie am Abend in den Tanzpausen an und fand reißenden Absatz.

Das Ehepaar mit ihren Jungen, die unter uns wohnten, wurden mit eingeladen und erhielten den Status von Ehrengästen. Sie nahmen die Einladung dankend an und wir waren froh darüber, niemanden auf dem Kopf herumtanzen zu müssen. Das Ehepaar sah in der Einladung eine willkommene Abwechslung.

Das Ehepaar Bader und Fräulein Türke saßen wie immer zum Abendbrot am Küchentisch bei offener Tür. So hatten sie vollen Blick auf die ankommenden Masken. Trotz vollem Mund und regen Kauen konnte Fräulein Türke sich ein „Oh“ und „Ah“ im Anblick der wirklich schönen Kostüme nicht verkneifen.

Vater führte dann die einzeln angekommenen Masken in unsere Küche, bis alle eingeladenen Gäste eingetroffen waren. Dort herrschte absolute Stille. Es gab nur ein Abtasten mit den

Augen, denn die Gesichter verbarg eine zum Kostüm passende Atlas- oder Seidengesichtsmaske, ein langer Bart oder eine aufgesteckte Nase mit dunkler Brille usw.

Waren alle da, öffnete Vater die Tür zum vorgerichteten Ballraum und bat zur feierlichen Eingangs-Polonäse einmal rund ums Wohnzimmer. Danach begann der eigentliche Tanz.

Nun kam man sich schon näher, wenn auch noch inkognito. Die wenigsten haben sich untereinander erkannt. Es war schon ein eigenartiges Bild. Man hörte nur Musik und sah dazu die Paare schweigend tanzen.

Wie wir das damals nur gemacht haben, solche herrlichen Kostüme hervorzuzaubern? Vor allem die Frauen! Biedermeier-, Rokoko- und Haremsdamen, Zigeunerinnen, Vamps, Märchenfiguren in schwelgende Pracht, wo alles aufeinander abgestimmt war.

Unter den Männern war sogar eine Brockenhexe, die hat bis zur Demaskierung auch keiner erkannt. Der oder die brauchte nur mächtig viel Platz von wegen der großen mit sperrigen Waldholz gefüllten Kiepe auf dem Rücken. Da kam schon mal ein kleiner Unmutslaut von einer Maske, wenn die Hexe mit dem Korb beim Tanzen ein so schönes Kostüm streifte. Gendarm, Glocherl, Torero, Pascha und was weiß ich heute noch alles waren die Männer maskiert.

Vater erlaubte sich noch vor der Demaskierung mit Mutter einen unlauteren Scherz. Mutter steckte im Kostüm einer Haremsdame mit dicht verschleiertem Gesicht. Gerade war Tanzpause, die Masken standen leger lauernd und abwartend herum, da öffnete Vater die Tür und rief unseren Hund. Der kam auch prompt, blieb erst abwartend und erstaunt ob der vielen unbekannten Menschen an der Tür stehen. Erst mit den auffordernden Worten von Vater: „Na, Pussi, such 's Frauchen" ging ein Raunen durch die Masken. Und was soll ich sagen, unser Hund ging schnurstracks auf Mutter zu. Ich bekam einen Schreck, denn sicher hätte er auch mich erkannt, wenn ihn Vater dazu aufgefordert hätte. So war nur Mutter bereits vor der Demaskierung demaskiert. Auf der einen Seite auch erfreut, daß unser Hund sie so schnell unter den vielen Menschen erkannt hat.

Es verlief immer alles harmonisch. Es war keiner übermäßig betrunken und es kam zu keinen Eifersuchtsszenen. Wir waren nur lustig und fidel.

Nach ungefähr einer Stunde schritten wir zur Demaskierung.

Dafür kam ein Tisch in die Mitte des Zimmers, davor und

dahinter je zwei Stühle mit der Lehne nach außen. Nun stiegen die Masken paarweise über die Stühle auf den Tisch. Dort angekommen, nahmen sie sich gegenseitig unter großen Hallo der Anwesenden die Masken (oder was es sonst war zur zeitweiligen Unkenntlichmachung) vom Gesicht bis alle durch waren. Es waren so ungefähr zehn Paare und mit den anderen zusammen tummelten sich bei uns fast dreißig Gäste.

Was ich getragen habe, kann ich beim besten Willen nicht mehr mit Bestimmtheit sagen.

Ich weiß nur eins. In der Saison 1950 war vor unserem Hausfasching Maskenball im Dorf Panthen mit der deutschen Jugend des Ortes. Eigens dafür stellte ich mir ein Kostüm zusammen als Pascha oder sagen wir mal Haremswächter.

Stiefeln hatte ich, dazu eine schwarze Pluderhose und um die Taille einen recht bunten Schal. Auf dem Kopf goldfarbenen Fez mit langer Trottel. Ein weißes Hemd mit weiten Ärmeln über das ein schwarzes Bolero kam, auf das ich große, aus Buntpapier ausgeschnittene, sechszackige Sterne mit selber fabrizierten Mehlkleister aufleimte und sie mittels heißem Bügeleisen trocknete. Dazu bastelte ich mir aus starker Pappe einen krummen, großen Türkendolch, den ich goldfarben beklebte und an der Taille locker mit einer Kette befestigte. Ein Gardinenring am Ohr und ein respektheischender, langer, schwarzer Schnurrbart vervollständigte das von mir entworfene mit viel Beifall der anderen quittierte Faschingskostüm.

Mitten im bunten Treiben in Panthen betritt ein Trupp Sieger den Saal. Amüsiert schauen sie auf den Trubel. Ich kann nicht sagen, ob sie solche Feste in ihrer Heimat kennen! Einer zeigt bewußt auf mich. Ich bekomme einen Schreck und werde blaß unter meinem großen Schnauzer und denke, was nun? Hatte ich doch in weiser Voraussicht die goldenen Sterne sechs- und nicht auf Siegerart fünfzackig angefertigt. Aber ihnen hatte sicher mein Kostüm als solches gefallen. Meiner Person schenkten sie weiter keine Beachtung mehr. Friedlich verließen sie uns wieder, nachdem sie uns eine Weile bestaunt hatten.

Zu unserem danach folgenden Maskenball verlieh ich mein Kostüm unter dem Siegel der Verschwiegenheit an einen Freund mit gleicher Figur. Alle glaubten, er sei ich! Wo werde ich denn so töricht sein, ein Maskenkostüm zweimal zu tragen. Da kann ich mir doch bald ein Schild umhängen.

Auch andere Familien feierten mit Freunden und Bekannten auf ähnliche Art.

Im Freistaat Sachsen und in den angrenzenden Regionen ist es wohl kaum üblich oder Sitte, Karneval zu feiern. Da bleiben nur die Faschingshochburgen Köln, Düsseldorf und Mainz, da unser Raum nun weg fällt.

Mutter und Oma machten selber Likör. Irgend jemand brachte Himbeeren. Unsere beiden Frauen experimentierten heimlich mit den Zutaten, wobei hochprozentiger Wodka der Hauptanteil war. Gab es keine Himbeeren mehr, nahmen sie Eier. Was die zwei zusammenbrauten, war durchaus süffig. Vierzehn Tage mußten die Flaschen an einem dunklen und kühlen Ort stehen, aber öfters geschüttelt werden. Oma schimpfte mit mir. Denn wenn ich Flaschen schütteln ging, war immer ein Verlust am Inhalt der Flaschen festzustellen.

Jemand hatte erfahren, daß ich im Herbst 1944 im vorhinein des Abschlusses der achten Klasse Ostern 1945, bei Edeka eine Lehrstelle als Großhandelskaufmann über die Eltern abgeschlossen hatte.

Heute einfach lächerlich. Aber es war so! Mutter mußte mit mir zur Berufsberatung. Und das kurz vor zwölf!

Nun gab man mir den Rat, es nach meiner Übersiedlung nach Deutschland im gleichen Genre zu versuchen. Aber jetzt schon Vorstudien für meine künftige Berufswahl zu betreiben. Mir wurde ein älterer Herr empfohlen, der gegen Bezahlung Unterricht in Stenographie geben konnte. Was ich dann auch tat.

So pilgerte ich einmal in der Woche abends durch den Nordpark in die Glogauer Straße für eine Stunde Steno-Unterricht gegen Sofortkasse. Über der Schwarzwasserbrücke linker Hand lag ein kleines, nicht gerade vertrauenerweckendes, dunkel anmutendes, niedriges Gebäude. Im Haus empfing mich alter Mief, der sich letztendlich in der Wohnung fortsetzte. Alles schwarz und völlig abgewohnt. Auf dem Tisch mußte immer erst Platz geschaffen werden für mich zum Arbeiten wenn ich kam. Die Hausfrau zog sich nach der Begrüßung zurück.

Aber man vergaß das Umfeld sobald man mit dem hochgeistigen Mann ins Gespräch oder zum Arbeiten kam. Er hatte einen absoluten, wachen Intellekt. Vor oder gelegentlich nach dem Unterricht entpuppte er sich als Philosoph. Man konnte bei ihm eine Menge lernen, nicht nur Steno!

Wie wird der alte, weise Mann mit seiner Frau die Zeiten weiter überstanden haben? Sie lebten, heute würde man sagen, weit unter der Armutsgrenze. So war es! Standen keine Kinder zur Seite und die alten Leutchen waren sich selber überlassen, nagten sie am Hungertuch. Nun rein geistiges Wissen ließ sich in der Zeit, unter den Umständen in denen wir lebten, nicht vermarkten. Da war nur Arbeitskraft gefragt. Sozial abgefedert war da niemand.

Leider mußte ich durch meine Ausreise meinen Lehrgang abbrechen. Wir haben es beide sehr bedauert – der alte weise Mann und ich. Früher hätte ich ihn kennenlernen sollen – viel früher!

In der Piastenstraße nördlich unterhalb des Schlosses lag eine kleine Parkanlage. In der Mitte ein mit Holzbalken eingefaßter Sandkasten zum Spielen für Kinder und Ruhebänke drumherum für unsere Mütter.

In meiner Kindheit waren wir oft dort und ich habe im Sandkasten gebuddelt. Wollten die Baben aus Sand in den kleinen Blechformen keine rechte Gestalt annehmen, haben wir mit unserem eigenen Wasser nachgeholfen. Dann ging's prima!

Aber das wollte ich eigentlich nicht sagen. Inzwischen bin ich ja jetzt schon älter.

Nein, dort in den Grünanlagen war Rummel. Karussells für Kinder und Erwachsene, Los- und Schießbuden, Buden für Getränke und Naschereien. Ein buntes Kleinmessebild wie man hier zu Lande zu sagen pflegte. Wobei die Fahrgelegenheiten sich bescheiden anmuteten zum Gegensatz von heute, versteht sich.

Uns hatten es die Schießbuden angetan. Damals steckten die sinnigen Papierblumen noch in spröden Tonhülsen. Da genügte bereits ein Streifschuß, die Hülse platzte und die Blume fiel herunter.

Das gesamte Rummelgut war aus deutschem Besitz. Teilweise noch erkennbar an der deutschen Beschriftung. Die Polen hatten sich nicht mal die Mühe gemacht, die zu entfernen. Die Karussells hatten nur unfreiwillig den Besitzer gewechselt. Es ist durchaus anzunehmen, daß auf den dort betriebenen, kleinen Fahrbelustigungen wir schon als Kinder gesessen haben.

Ebenso war es mit den Luftgewehren an den Schießbuden. Es war wie heute auch noch überall: einmal geladen – fünf Schuß.

Wir hatten alle keine Ahnung vom Schießen und eigentlich noch nie ein Gewehr in der Hand gehabt. Wir wußten nur, wenn das Korn vorn auf dem Lauf mit der Kimme, die weiter oben lag, übereinstimmt und vorn der gewollte Punkt anvisiert ist, kann man am Abzugshahn losdrücken. Hat man nicht gewakkelt und nicht gezittert, muß die Kugel das gewünschte Ziel erreicht haben. Meine Freunde hatten leidlichen Erfolg. Es reichte gerade so für eine Blume für die Freundin.

Ich stand wartend etwas abseits. Na ja, ich wollte mich doch nicht blamieren. Meine Freunde animierten mich als letzten aus der Runde, nun es doch noch zu probieren. Ich gab meinem Herzen einen Stoß und griff schließlich zögernd nach dem Luftgewehr.

Die Katastrophe war vorprogrammiert.

Der erste Schuß – ich war noch unsicher – daneben.

Der zweite – eine Blume.

Der dritte Schuß – eine Blume.

Der vierte Schuß – eine Blume.

Meine Freunde jubelten und klopften mir begeistert auf den Rücken.

Das Gesicht des polnischen Schaustellers verfinsterte sich. Erklärlich, dem war jeder Fehlschuß lieber. Das war schließlich sein Verdienst.

Ich setzte zum letzten Schuß an. Treffer! Die vierte Blume fiel. „Partisan", und noch mehr Worte, die man lieber nicht aufs Papier bringt, schrie mich der Schießbudenbesitzer an in einer Lautstärke, die über den ganzen Rummelplatz hallte. Alles drehte sich nach uns um. Man glaubte, es sei etwas Unreelles geschehen. Der Schießbudenbesitzer spielte verrückt. Wir verließen gemeinsam schnellen Fußes die Stätte des ansonsten fröhlichen Treibens. Wir waren natürlich wieder sofort als Deutsche identifiziert worden, wie immer. Unter den Polen hätten wir nur den Kürzeren gezogen. Die Polen alle hätten unter Garantie zu ihrem Landsmann gehalten.

Wir mieden den Rummelplatz in Zukunft, da wir jetzt wußten, wer gut schießen konnte.

Ein wunderschöner Sommer hatte über der Stadt seinen Einzug gehalten. Es sollte unser letzter Sommer in Liegnitz sein!

Zuvor erkundeten wir aber noch neue Bademöglichkeiten. Langsam hatten wir genug vom Lehmteich.

Unser Ziel war jetzt der weitaus idyllischer gelegene Pansdorfer See.

Das bedurfte allerdings einer Fahrt mit der polnischen Eisenbahn von einer Haltestelle.

Natürlich war es umständlicher als der Lehmteich. Schon allein der Weg zum Bahnhof, dann mit dem Zug, wo man sich an Abfahrtszeiten halten mußte, und dann angekommen mußte man zum See auch noch ein Stück laufen. Wollte man wieder zurück, mußte man wissen, wann fährt ein Zug. Aber nichtsdestotrotz, alles pilgerte zum Pansdorfer See. Verpflegung, vor allem Getränke, mußten selbstverständlich mitgenommen werden. Es gab sogar schon ein paar Deutsche, die hatten es bis zum Fahrrad gebracht.

Daß sich eine Fahrt zum Baden hier heraus lohnte, hatten wir bereits im Frühjahr ausgekundschaftet.

Mutter wurde mal wieder eines schönen Sonntags nicht zur Zeit fertig. Ich fuhr mit der Clique los, um den ganzen Tag so richtig zu genießen. Mutter kam alleine nach.

Sie hatte Mut. Sie verlangte am Schalter auf dem Bahnhof in deutsch mit schlesisch gefärbtem Dialekt von der polnischen Staatsbahnangestellten: „Einmal Pansdorf, hin und zurück" und legte einen großen Zloty-Schein auf den Drehteller am Fahrkartenschalter. Sie wurde prompt verstanden und erhielt ordnungsgemäß ihre Fahrkarte nach Pansdorf am See.

Mutter sollte in Kürze ihre Courage noch mehr unter Beweis stellen müssen.

Am See waren auch Fingers. Gertrud, wie konnte es anders sein, war wieder Verkäuferin. Diesmal in einem polnischen Kaufhaus in der Frauen-/Ecke Spoorstraße. Sie stellte mir ihren Kollegen vor. Er hieß Felix und war ein Jahr älter als ich.

Unsere Bekanntschaft in Liegnitz war nicht von langer Dauer. Als wir kurz danach weg machten, bekam er meine Adresse durch Gertrud, da wir Fingers vor ihrer Ausreise nochmal nach Liegnitz geschrieben hatten – von Wolperndorf aus.

So entstand mit Felix ein reger Briefwechsel!

Er war kein Liegnitzer, er stammte aus Steinau an der Oder. Er war mit seinen Eltern und Geschwistern erst vor kurzem nach Liegnitz gezogen. Der Vater hatte in Liegnitz eine lohnende Stellung bei den Polen angenommen. Sie sprachen alle perfekt polnisch. Felix war zweisprachig aufgewachsen. Im Herzen deutsch und im Ausweis polnisch. Die Eltern hatten adaptiert. Eine Adaptation schließt die Kinder vor der Vollmündigkeit automatisch mit ein. Eine Adaptation, eine Anpassung also, ist nie wieder rückgängig zu machen.

So mußte Felix seine drei Jahre Wehrdienst in der polnischen Armee ableisten – als eigentlicher Deutscher oder später wieder Deutscher.

1955 verließ er mit der Familie Liegnitz.

Erst als er zur Frühjahrsmesse 1964 hier war, lüftete er das Geheimnis, das das Verlassen von Liegnitz bis dahin umwob. Er hatte Angst, es damals im Brief zu schildern, ich könnte dadurch bei einer eventuellen Briefkontrolle Nachteile bekommen.

Wie wahr, wie wahr!

Deutsche gewesen, an Polen angepaßt und dann noch nach Deutschland und ausgerechnet nach Bremen in die BRD zu wollen, da spielten die polnischen Administratoren nicht mit.

Sie wollten aber weg! Aber wie?

Staatenlos – das ist die Chance!

Die Familie drücktc es nach schier unglaublichen Querelen schließlich doch durch, trotz Adaptation ziehen zu dürfen. Bis Stettin mit dem Zug, dann mit dem Schiff bis Bremen, damit sie ja nicht durch die ehemalige DDR mußten.

Nun waren sie wieder Deutsche, BRD-Bürger. Man könnte auch sagen, wieder Deutsche auf Umwegen.

So hatte bei uns jede Familie ihren Teil zu tragen. Mal waren es die kleineren Kinder, mal die alten Leutchen oder die Sicht, etwas zu tun zum Überleben, ohne die Folgen zu bedenken.

Wenn ich mir den Schicksalsweg von Felix mit seinen Angehörigen vor Augen halte, finde ich unseren Weg fairer. Wir waren Deutsche und sind es immer geblieben und haben uns immer voll dazu bekannt.

Mein neunzehnter Geburtstag sollte gleich die Abschiedsfeier sein! Aus den schon immer um uns herum kursierenden Gerüchten ist tatsächlich Wahrheit geworden: Die Ausreise ist möglich mit Mobiliar!

Lange hatten wir es nicht geglaubt. Die Angst vor einem völligen Neuanfang hatte uns immer und immer wieder zurückgehalten.

Die Mutter drängelte. Der Junge wird immer älter. Es wird höchste Zeit für uns. Er muß etwas Ordentliches lernen und einen Beruf ergreifen.

Oma wollte nicht. Sie wollte absolut nicht. Von ihrem geliebten Liegnitz weg und dann – wohin? Zu ihren Kindern konnte und wollte sie nicht. Die hätten auch gar keinen Platz gehabt. Und ob sie sie überhaupt gewollt hätten? In Briefen kann man viel schreiben.

Vater war zögerlich. Er fand sich eigentlich sonst in alles hinein. Nur mit der Arbeit! Es müßte so sein, daß er bei KETSCH die Ausreisepapiere der polnischen Behörden vorlegen konnte, die schriftlich unter Beweis stellen, daß wir Liegnitz verlassen müssen. Nur so konnte er von der Firma abkommen. Anders würde man ihn als Spezialisten nicht ziehen lassen.

Wir waren doch schon weg! Auf der Flucht vor den Siegern!

Und kamen zurück.

Wir mußten ein Jahr später ein zweites Mal weichen bis Haynau.

Und kamen zurück.

Wenn wir jetzt Liegnitz verlassen, ist es für immer, ohne ein Zurück.

Das war eine bittere Erkenntnis. Zumal es diesmal fast freiwillig – auf Antrag geschah. So stellten wir unter Beweis, daß wir bereit waren, unsere angestammte Heimat nach unserem Willen zu verlassen. Es kam einer Kapitulation gleich! Wir brauchten nicht unbedingt. Wir bewiesen durch unseren Antrag, daß wir wollen.

Wir gaben den polnischen Behörden unsere nur in der Einbildung entstandene Erkenntnis in die Hand, daß wir glauben und davon überzeugt sind, als Deutsche auf polnischem Territorium zu wohnen und zu leben. Unsere aufgezwungene Bewußtseinsänderung stimmte uns traurig.

Aber da mußten wir durch – als Opfer der Geschichte!

Fünf Jahre Hoffnung waren dahin!

Es war nun keine Hoffnung auf eine Änderung der Verhält nisse mehr abzusehen.

Deutschland war zweigeteilt. Die BRD und die DDR waren gegründet. Mittendurch ging der eiserne Vorhang. Zwei gesellschaftlich, unterschiedliche Welten und unüberbrückbare Systeme waren entstanden. Wir wußten es!

Ab und an verirrten sich mal deutsche Zeitungen zu uns. So waren wir über die Gegebenheiten informiert. Wir dachten, schon allein die ehemalige DDR ist Deutschland. Dort sind wir unter Deutschen, dort wird es uns besser gehen. Das erste ja, aber das zweite war ein ausgesprochener Flop. Die wirtschaftlichen Verhältnisse lagen weit unter denen, in denen wir gegenwärtig lebten.

Nun mußten wir über eine Grenze, die völlig neu war. Die Oder-Neiße-Friedensgrenze. Sie war vorerst unumstößlich, die Grenze, die das eigentliche Deutschland trennte von den unter polnischer Verwaltung stehenden deutschen Ostgebieten. Ihre tatsächliche Anerkennung sollte noch Jahre dauern. Und dann endgültig?

Alles neue, fremde, für uns schwer verständliche Tatsachen!

Die polnischen Behörden verlangten aber Angaben über das Ausreiseziel.

Vater wollte seine Schwestern angeben. Die wohnten auf einem kleinen Dorf. Er war der Meinung, dort finden wir ein Unterkommen.

'Das kann doch wohl nicht wahr sein!' dachte ich. Nichts gegen die Verwandtschaft. Aber aufs Dorf!

Mutter meinte, ich soll etwas Ordentliches lernen. Ja aber nicht Landwirt, Schäfer oder Traktorist? So einen Beruf hatte ich in meinen kühnsten Träumen nicht in Erwägung gezogen.

Aber es sollte noch viel schlimmer kommen als die unvermeidlichen Diskussionen es zu Hause ausmalten.

Eigentlich ganz gut vom Leben eingerichtet, daß man nie vorher weiß, was auf einen zukommt. Hätten wir zum damaligen Zeitpunkt nur im Geringsten geahnt, was uns in Hundsfeld, Eisenach und Wolperndorf erwartet, ich glaube, wir säßen heute noch in Liegnitz.

Aber dem ist nicht so!

Wir feierten erst mal feuchtfröhlich und vergnügt meinen Geburtstag. Meine Freunde brachten eine große Torte. Obenauf ein Pantoffel aus Marzipan. Sie ließen sich eben immer etwas einfallen. Bohnenkaffee dazu und abends ein ordentliches Menü. Zu trinken gab es nach Wunsch. Es fehlte an nichts.

Wir dachten, wie wir hier aufhören, so fangen wir in Deutschland, das heißt in der DDR, an. Weit gefehlt! Aber das wußten wir zum Glück noch nicht.

Ein bißchen Wehmut ließ sich nicht vermeiden. Alle waren immer gern zu uns gekommen. Es war ein Abschied für immer. Wir haben uns alle nie wiedergesehen.

Wir waren in naher Zukunft so mit uns beschäftigt, da hatten wir nicht mal Zeit für einen Blick zurück.

Mutter besorgte die Ausreisepapiere, was trotzdem nicht einfach und wie konnte es anders sein, mit Laufereien verbunden war. Der Ausreisetermin war für den zwanzigsten September 1950 angesetzt.

Die Auffanglager waren Breslau-Hundsfeld oder Leobschütz. Für uns unverständlich! So ein Unsinn! Wir wollten doch Richtung Westen! Aber der Weg nach Westen führte uns erst nach Osten. Wir mußten uns fügen. Denn Ausnahmen wurden keine gemacht. Noch hatten uns die polnischen Behörden in der Hand. Und das länger, als wir ahnten und uns lieb war.

Wir packten!

Wie kann man Möbel für so eine weite, ungewisse Fahrt ordnungsgemäß und transportsicher verpacken? Umgezogen sind wir in den letzten Jahren viele Male. Aber für eine weite Reise ins Ungewisse mußten wir anders herangehen. Einschränkungen waren uns nicht auferlegt worden. Nur blieb die Schlepperei auf Vater und mir sitzen. Mit Mutter und Oma konnten wir da nicht rechnen. Die packten nur!

Oma raffte alles ein was ihr lieb und teuer war. Vater sagte verärgert zu ihr: „Du schleppst es ja nicht!"

Jeder brauchte sein komplettes Bett, gemeinsam einen großen Kleiderschrank, einen Tisch, vier Stühle, die Kredenz (das Büfett war riesig und von Vater und von mir gar nicht zu bewegen), das Sofa und den Küchenschrank als Mobiliar. Dazu etliche Koffer, Körbe, Kisten und große Wannen mit Hausrat und persönlichen Sachen – und Esserei. Wie gut uns letzteres in Wolperndorf tat, kann man nicht beschreiben.

Unsere Frauen hatten dabei an alles gedacht, als hätten sie es im voraus gewußt. Da waren harte Würste, Dauerbackwaren, Konserven jeglicher Art, bis zu Pralinen und sogar Schokolade als eiserne Ration in unserem Gepäck.

Jedes einzelne Teil der Bagage mußte gut sicht- und lesbar beschriftet werden. Eine lohnende Aufgabe für mich.

Zum Transportieren reichte es, aber nichts war mehr vollständig. An sich war die Entscheidung gut, denn in den kleinen Kammern, in die wir später zwangsweise eingewiesen wurden, hätte mehr sowieso nicht hineingepaßt. Aber das konnten wir bis dato noch nicht wissen. Uns ging es in erster Linie um den Transport. Und ich denke noch mit Grausen daran, wie viele Male wir, das heißt Vater und ich, unser letztes Hab und Gut um-, aus- und eingeladen haben, bis wir endlich am Bestimmungsort ankamen.

Das Ehepaar Bader und Fräulein Türke, die noch zurückblieben, sahen mit erstaunten Blicken auf Möbel und Gepäck und sagten entgeistert: „Das wollen Sie alles mitnehmen? Um Himmels willen, da schleppt ihr euch ja kaputt! Beim Zoll müßt ihr sowieso alles aufmachen.“

Wenn das stimmt, dann waren das vielleicht Aussichten! Und es hat gestimmt. Zumindest was den Zoll anbelangt.

Durch unser unfreiwilliges langes Verweilen in Breslau-Hundsfeld unterlagen wir dann später mehrmals der Zollkontrolle und mußten alles so sachgemäß Verpackte und Verschnürte auf- und wieder zumachen. Das war vielleicht ein Vergnügen. Konnten aber alles behalten und letztendlich auch mitnehmen.

Familie Finger kam, stutzte und staunte. Tante Martha hatte natürlich gleich andere Vorschläge parat. Sie merkte auf Anhieb, daß das verpackte Mobiliar ohne Zusammenhang und aus dem Komplex herausgerissen war. Vater gab ihr Bescheid. Onkel Oskar gab Vater Recht. Was ihm einen vernichtenden Blick seiner Frau einbrachte. Gertrud sah es ein und äußerte sich vernünftig und einsichtig.

Uns blieb allerdings verborgen, wie sie diese Angelegenheit gemeistert haben, als sie kurz nach uns vor der gleichen Situation standen.

Freilich meinten es alle gut. Jeder wollte uns nur mit Worten helfen. Die Taten mußten wir letzten Endes allein vollbringen. Fehlte später etwas, traf es uns. Wir freuten uns doch, daß viele Anteil an unserem Abschied von der Heimat nahmen. Für uns war die Entscheidung gefallen. Das Datum stand fest und wir nahmen das mit und eben nur das für was wir uns nach langen, persönliche Erwägungen entschieden hatten.

Da war noch der Hund, unsere Pussi. Der Hund geht mit. So die Entscheidung der Eltern. Alles war empört. Im Stillen und hinter vorgehaltener Hand hielt man uns sogar für ein bißchen verrückt. Abgesehen davon hat Pussi alles gut überstanden. Erst mit fast zwölf Jahren mußte ihn Vater einschläfern lassen.

Der Hund brauchte aber für die Ausreise Papiere. Auch er verließ ein Land um in ein anderes Land zu kommen. Wie sagt man so schön: Von der Wiege bis zur Bahre, Formulare, Formulare! Die Bürokratie macht auch vor einem Hundeleben nicht halt.

Also ging Mutter zum polnischen Tierarzt, den es inzwischen auch bereits gab. Pussi wurde geimpft und für gesund erklärt nach in polnischer Schrift dargelegtem Nachweis. Mutter gab dafür fast die letzten Zloty aus.

Nun durfte das Tier laut Reglement aber nicht öffentlich mitgeführt werden. Es bedurfte dessen einer vorgeschriebenen Transportkiste. Also stellte sich Vater hin und werkelte. Was herauskam, sah scheußlich aus. Die Kiste war so lang wie der Hund mit Schnauze und Schwanz und vielleicht dreißig mal vierzig Zentimeter im Rechteck. Vorn war ein Türrahmen mit Maschendraht, damit Pussi Luft bekam. Obenauf ein stabiler Trageriemen aus festem Leder. Pussi stand davor, legte den Kopf zur Seite und sah ungläubig auf sein neues Transportmittel. Er nahm es aber an, weil er immer recht verständig war.

Vor unserer Ausreise stand uns noch ein humanitärer Akt bevor.

Der polnische Bürgermeister von Legnica wollte uns ausreisewilligen Deutschen sehen.

Jahrelang hatte er sich nicht um uns gekümmert!

Jahrelang hatte er nicht nach uns gefragt!

Es war der reinste Hohn!

Der „Empfang" fand im Neuen Rathaus am Friedrichsplatz im überdimensionalen Amtszimmer des Bürgermeisters statt. Er war von kleiner Statur und hatte etwas Napoleonisches an sich. Wir mußten alle in großem Abstand an ihm vorbeidefilieren. Huldvoll richtete er ab und an Fragen durch seinen Dolmetscher an die Deutschen. Als wir dran waren ließ er Vater fragen, ob wir wüßten, wo wir in Deutschland hin sollen oder wollen. Als ihm Vater antwortete, nach Grauingen, zu seinen Schwestern, nickte er nur jovial. Wie konnte dieser kleine Kommunist auch wissen, in welchen Teil Deutschlands das winzige Dorf liegt. Das war wahrlich ein krönender Abschluß.

Was allerdings geschehen wäre, hätten wir auf seine Frage keine Antwort gehabt, kann hier nicht gesagt werden.

Nun stellte es sich heraus, daß wir für den Abtransport der Möbel und des Gepäcks selbst Sorge zu tragen hatten. Die Sieger mußten in Kauf nehmen, Vater als Schornsteinfeger zu verlieren. Wir zogen gen Westen und die Sieger mußten sich damit abfinden, eines Tages gen Osten heimziehen zu müssen. Ihre letzte kollegiale Geste war die Bereitstellung eines Lkw. Da noch eine Familie aus unserem Haus mitzog, lohnte sich die Fahrt.

Am Tag vor der Abreise kam der Lkw. Außer dem Handgepäck wurde alles aufgeladen – Richtung Hag, zu der Festwiese und dem Spielplatz der Stadt. Dort war im Freien ein großes Sammel- und Auffanglager für die Habseligkeiten der deutschen

Aussiedler kurzfristig angelegt worden. Warum wohl so und nicht gleich zum Güterbahnhof? Das wußte niemand.

Nun stand dort alles unter freiem Himmel. Da aber die Polen sehr an den lieben Gott glauben, ließ er es nicht regnen. Alles blieb wenigstens trocken.

Mobiliar und Gepäck kam erst am Tag der Abfahrt in verplombte Güterwagen, die an den Personenwagen hingen, die uns nach Breslau-Hundsfeld brachten.

Breslau-Hundsfeld

Am 20. September 1950, pünktlich elf Uhr, verließen wir Liegnitz endgültig!

Viele Freunde und Bekannte standen am Zug. Einen Bahnsteig gab es nicht, da wir von Güterbahnhof aus abgefahren sind, der parallel zur Cartausstraße lag. Es gab ein letztes Händeschütteln und Winken – und es gab Tränen. Hatten wir das geschafft, was den Zurückgebliebenen noch bevorstand? Am schwersten ist wohl die Entscheidung, diesen Schritt zu tun.

Und es war wieder – wie in den vergangenen Jahren oft – von allen ein Abschied für immer!

Der Zug ruckte an, wir rollten!

Die Eltern und Oma saßen im Abteil. Ich stand draußen an der Waggontür und sah aus dem Fenster. Ich wollte allein sein mit meinen Gedanken. Ich wollte allein sein mit dem letzten Blick auf die Stadt meiner Kindheit und Jugend. Kind, Schüler, Jugendlicher war ich hier gewesen.

Der Zug überquerte die Katzbach, vorbei an den Häusern des Stadtteils Cartause. Ganz schnell noch einen Blick auf die Silhouette der Stadt. Die Kirchtürme ragten heraus. Der Turm der Peter-und-Paul-Kirche, in der ich am 13. September 1931 getauft worden bin und davor der Turm der Liebfrauenkirche, wo uns Pastor Steckel am 23. März 1947 konfirmierte. Aber bald war die Stadt meinen Blicken entschwunden. Rechts und links nur noch fast abgeerntete oder nicht bestellte Felder. Unser fruchtbares Land fand bei den Neusiedlern in der Landwirtschaft nicht die Aufmerksamkeit, die ihm zukam. Die Kornkammer Deutschlands hatten sie noch nicht angenommen. Wie sollten sie auch. Sie wirtschafteten nur in die eigene Tasche. Wie sollte da in Zukunft das Volk satt werden? Eine Kollektivierung der Landwirtschaft stand noch aus. Sie kam auch nicht. Die Freiheit der Bauern blieb. Also auch die Freiheit der Abgaben an den Staat. Daß sich diese Diskrepanz in den folgenden Jahren negativ auf die gesamte polnische Volkswirtschaft auswirkte, trugen die Neusiedler-Bauern mit Gleichgültigkeit und ihrer Mentalität angepaßten Nachlässigkeit. So lagen viele Felder brach – bis heute.

In der Ferne rote Dächer von kleinen Dörfern, auf den Wiesen weidete ab und zu eine Herde Kühe, da und dort mal ein

Pferd beim Grasen oder eine Schar aufgescheuchter Gänse oder Hühner, die durch das Geräusch des Zuges aufgeschreckt worden waren.

Das Leben auf dem Dorf hatte mit dem Leben in der Stadt noch nicht Schritt halten können. Es vollzog sich langsamer. Die politische Ökonomie lief schwer an und sie lernte erst laufen. Wobei Schwankungen vorprogrammiert zu sein schienen. Bis zur Gegenwart? Die Ökonomie kam nie ins Laufen. Sie sollte auch nie gesunden.

Meine Gedanken gingen zurück!

Neunzehn Jahre hatte ich hier gelebt. Davon fünf Jahre Krieg und fünf Jahre Nachkriegszeit. In drei Gesellschaftsordnungen war ich eingebettet gewesen – bisher. Geboren in der Weimarer Republik, groß geworden im Dritten Reich und nun fuhren wir dem real existierendem Sozialismus entgegen. Aber diese Gesellschaftsordnung kannte ich noch nicht, die sollte ich erst so richtig kennenlernen.

Normalerweise steht ein Mann in meinem Alter kurz vor der Gründung einer Familie. Abgeschlossene Schulausbildung, Lehre, Berufserfahrung, Geldverdienen, anschließend Frau und danach Kinder.

Die Umstände wollten es aber, daß ich gerade die achte Klasse erreicht hatte. Das war's dann auch! Alles andere stand mir noch bevor. Spät, vielleicht zu spät, aber wiederum auch noch nicht so spät, um den Anschluß noch zu schaffen. Ich hatte unheimlichen Nachholbedarf. Werde ich es packen? Wird man mir in der mir noch neuen und fast unbekannten Gesellschaftsordnung die Zeit dafür lassen und eine Chance geben? Fragen über Fragen stürmten über mich herein im Vorblick. Im Rückblick muß ich heute sagen, ich habe es gepackt, wenn ich auch immer und überall der Senior war.

Vielleicht hängt das mit meinem Sternbild zusammen! Ich bin Löwe! An sich gebe ich nicht allzu viel darauf, wenn es da unter anderem heißt: Löwe-Menschen sind charakter- und willensstark, sie setzen das durch, was sie sich vorgenommen haben, auch unter mißlichen Umständen, sie sind …

Na ja, ein Körnchen Wahrheit scheint schon da zu sein, wenn ich jetzt Rückschau halte!

Ich habe mich in vielen Lebenslagen durchgeboxt, wo andere bereits das Handtuch geworfen hätten. Mein Wille, das zu erreichen, was ich mir vorgenommen habe, hat mich bis heute begleitet.

Aber so weit war es ja noch nicht. Noch rollten wir einer ungewissen Zukunft entgegen.
Vieles ist gesagt worden über das Leben der Deutschen fünf Jahre nach dem Zweiten Weltkrieg in Liegnitz, aber bei weitem nicht alles. Im Rückblick auf das bisher auf das Papier gebrachte, wirkt alles wie eine Farce. Die kaleidoskopartige Schilderung des Lebens der Deutschen zur damaligen Zeit kann keinen Anspruch auf Vollständigkeit haben.

Ich war nicht überall und konnte auch nicht überall sein. Zu unterschiedlich waren die Lebensweisen. Freud und Leid, Glück und Unglück, Zerwürfnis und Wiederversöhnung, Hochs und Tiefs, Arglist und Vertrauen, Mißverständnis und Verstehen lagen innerhalb der Familien durch die äußeren Umstände eng beieinander. Oft kam es durch die Berührung mit dem uns fremden Umfeld zu den oben geschilderten. Oft mußte anders entschieden werden als unter deutsch-deutschen Verhältnissen. Da konnten Meinungsverschiedenheiten und Reibereien in der Intimsphäre nicht ausbleiben.

Bei Vater und Mutter lief es auch nicht immer. Aber da war ich und da war Oma. So kam unser Quartett eigentlich gut zurecht. Vater sagte halt weiter zur Oma: „die Alte". Na ja, aber sie war die Mutter seiner Frau. Und da konnte er nicht vorbei. Das tat er dann auch nicht. Wenn es um uns ging, ging es um uns alle vier.

Dank Frau Stanias Drängen, fand ich für die Jahre eine Tätigkeit, die mich verdienen ließ. Dafür bin ich ihr ewig dankbar. Wäre ihr Anstoß nicht gewesen, wer weiß wo ich sonst gelandet wäre? Herausgekommen ...

Aber das war schon fast nur noch Legende!

Es konnte keineswegs mein Bestreben sein, ein absolutes Bild der damaligen Zeitumstände zu geben. Es kreuzten damals noch viele Menschen unseren Weg, deren Schicksal ein Buch allein verdient. Vieles mußte ich auslassen, um einiges chronologisch aus meiner Sicht und meinem Empfinden heraus schildern zu können.

Alles sollte von meiner Sicht darauf hinweisen, so war es und so ist es gewesen.

Über die Schilderung mögen andere urteilen wie Tatsachen zu Papier zu bringen sind.

Mutter rief mich und riß mich aus meinen Gedanken in die rauhe Wirklichkeit zurück. Parchwitz lag bereits hinter uns und Breslau war nicht mehr allzu weit. Ich setzte mich zu meinen

Angehörigen und sah an mir herunter. Ich trug meine Lieblingsklamotten und war nicht davon abzubringen. Hätte es damals bereits Jeans und Turnschuhe gegeben, hätte ich unter Garantie Jeans-Anzug und Turnschuhe getragen. Ich sah auf meine schwarzen Stiefel, die engen hellen Breeches und die in der Taille anliegende Kurzjacke. Oben sah der Rollkragen eines leichten Wollpullover heraus. Ich nahm die Mütze ab, die nicht schräg genug auf dem Kopf sitzen konnte, die ich aber nach Geheiß von Mutter aus Gesundheitsgründen, betreffs der vorgerückten Jahreszeit zu tragen hatte. Und Oma meinte, ein Mann ist erst perfekt angezogen mit Hut. Ich hatte nur eine Mütze auf, da war ich in ihren Augen nur halbperfekt.

Der Löwe war durchgekommen. Ich machte, was ich wollte. Die Eltern hatten mir bequemere Reiseklamotten vorgeschlagen. Ich aber setzte meinen Kopf durch.

Wir kamen in Breslau an, waren aber noch nicht ganz da. Wir mußten nach Breslau-Hundsfeld, einem Vorort von uns aus hinter Breslau mit Gleisanschluß für Güterverkehr und Bahnstation für Personenverkehr. Die Bahnstation lag etwas abseits vom Ort, wie das in Dörfern oder Vororten oft der Fall ist.

Unmittelbar an der Bahnstation aber lag ein großes Gartenrestaurant. Im Halbrund eine riesige Pergola, in der Mitte unterbrochen durch einen Musikpavillon. An der Rückwand der Pergola lag der Bahnhof Breslau–Hundsfeld. Davor ein großer Garten als Sommersitz mit hohen Kastanien. Direkt gegenüber der Pergola, nur durch den großen Garten getrennt, war der überdimensionale Saal mit anschließender, großräumiger Gaststätte, die unmittelbar an die Straße grenzte, beziehungsweise den Eingang zum gesamten Ensemble darstellte.

Idealer, strategischer Dreh- und Angelpunkt der Polen für das, was sie mit uns vorhatten.

Der Saal war in Zweierreihen mit Doppelstockbetten vollgestellt, auf denen uns Strohsäcke entgegensahen.

Alles mußte den Zug verlassen, da hier so gut wie für uns alle erst einmal Endstation war. Von der Sache her konnte man den Transport als Sonderzug bezeichnen. Er blieb in der Zusammensetzung bestehen, Güterwagen gekoppelt mit Personenwagen sollten gleich weiter den Deutschen zur Fahrt nach dem zweigeteilten Deutschland dienen, nur über eine andere Route.

Wir wurden in den Saal verwiesen. Am Saaleingang erhielten wir gegen Unterschrift Bettwäsche und je eine Decke. Wir suchten und fanden einen Viererblock Doppelstockbetten. Diese Art zu schlafen kannten wir bereits, sie war uns nicht neu. Mein Blick ging nach oben. Eine ganz schöne Höhe hatte der Saal. Sicher haben hier unter diesem Dach einmal rauschende Ballnächte stattgefunden und der Saal hatte viele vergnügungssüchtige Menschen gesehen. Andere Menschen in einer anderen Zeit. Nun nahm der Saal wieder Menschen auf, nur in einer ihm ungewohnten Art. Er wurde gezwungenermaßen völlig zweckentfremdet mißbraucht.

Uns sollte es gleich sein, der Aufenthalt war ja sicher nur von kurzer Dauer – dachten wir vier. Aber die Polen dachten über uns anders. Nur wie und was sie über uns dachten, haben wir nie erfahren.

Die von Liegnitz her verplombten Güterwagen wurden geöffnet und mußte zwecks Zollkontrolle entladen werden. Zur vorübergehenden Aufbewahrung des Mobiliars und des Gepäcks diente die große, überdachte Pergola. Namen- und familienweise angeordnet, sollte alles von den Eigentümern übersichtlich zur Zollkontrolle bereitgestellt werden.

Da der Bahnhof in unmittelbarer Nähe lag, mußte alles manuell entladen und zur Pergola transportiert werden. Nachdem alles ordnungsgemäß stand, kam der Zoll. Er machte verschiedentlich Stichproben, beschlagnahmte aber nichts. Jedes Möbel- und Gepäckstück bekam einen Sichtvermerk. Danach wurde alles wieder eingeladen und die Güterwagen erneut verplombt.

Vater und ich hatten uns ganz schön geschafft. Hier allerdings erst zum ersten Mal. Diese Spielchen sollten sich für uns fortsetzen. Hätten wir das geahnt, wären uns die Glieder gleich weich geblieben. Wir dachten, nun ist es getan! Aber weit gefehlt!

Als zur Abreise aufgerufen wurde – fehlte unser Name!

Omas Anteil lief unter unserem Namen, also konnte Oma auch nicht extra aufgerufen werden. Es ging so: Name = Personen!

Und Oma war bei uns unter unserem Namen die vierte Person. Eine Trennung des Gepäcks wäre gar nicht möglich gewesen, da wir alles gemeinsam verpackt hatten. An eine Aufteilung nach Personen beziehungsweise Familienangehörige hatten wir beim Einpacken nicht gedacht. Wie sagt man so schön: Mitgefangen – mitgehangen!

Alles Nachfragen und alles Nachforschen war umsonst. Wer nicht auf der Liste steht, kann nicht aufgerufen werden. Und wer nicht aufgerufen wird, kann nicht mitfahren. Wer nicht mitfahren kann, bleibt da! Uns traf fast der Schlag!

Wenn wir vorerst dableiben müssen und noch nicht mitfahren dürfen, was wird dann mit unserem Mobiliar und unserem Gepäck, das durch den Zoll und bereits in den verplombten Güterwagen verladen ist?

Ach so, ja resümierte man (die verantwortlichen Polen)! Na das Gepäck bleibt selbstverständlich auch hier, das muß umgehend wieder ausgeladen werden. Wohin? Na auf die Pergola, wo sonst hin!

Zum Glück wußten wir noch, in welchen Güterwagen wir unser Hab und Gut verstaut hatten. Das war gar nicht so einfach zu merken, da bekanntlich die Güterwagen alle gleich aussahen. Und noch ein Glück im Unglück, unser Gepäck stand gleich hinter der Waggontür, da wir als letzte mit unseren Sachen den Güterwagen gefüllt hatten. Nicht auszudenken, hätten wir als erste den Güterwagen gefüllt. Geholfen hätte uns auch da niemand die Sachen wegzuräumen, die vor unserem Gepäck standen.

Auf zum dritten Streich. Wortlos schritten Vater und ich zum Güterwagen. Mutter und Oma blieben maßlos enttäuscht, verärgert und blaß vor Zorn zurück.

Unter den Augen des polnischen Zolls und der polnischen Eisenbahner entluden wir zwei unser Mobiliar und das Gepäck und stapelten es wieder in der Pergola. Mit angepackt hat keiner. Wir blieben unserem Mißgeschick allein ausgeliefert. Deutsche ließ der polnische Zoll aus Sicherheitsgründen nicht helfen.

Anschließend wußten wir, was wir getan hatten. Vater und ich hatten uns schon „eingearbeitet". Jeder Handgriff saß, als hätten wir in unserem Leben nichts anderes gemacht als Möbel- und Gepäcktransporter.

Bei der Abreise all der anderen war der Abschied herzzerreißend! Soweit waren wir gekommen. Bis hierher und nicht weiter. Und keiner hatte eine Erklärung dafür. Die, die wegfuhren nicht, wir, die zurückblieben nicht, und die verantwortlichen Polen angeblich auch nicht. Die zuckten nur die Schultern. Sie sprachen kaum deutsch und kannten die Zusammenhänge auch nicht – vermutlich.

Als der Zug sich mit den Deutschen in Richtung Deutschland in Bewegung setzte, standen und hingen sie alle an den Fenstern und sangen: „Muß ich denn, muß ich denn, zum Städtele hinaus …“.

Dieses Lied sollte noch oft erklingen, gesungen von Deutschen, die vor uns das Glück hatten, Hundsfeld schnell und ordnungsgemäß als kurzfristiges Durchgangslager verlassen zu können. Seit der Zeit kann ich dieses Lied nicht mehr hören. Ich habe es hassen gelernt.

Da standen wir vier und sahen dem Zug nach. Der Gesang verhallte und der lange Zug entschwand unseren Blicken.

Auf einmal war vorerst Ruhe um uns. Eine unheimliche Stille tat sich auf. Sie war bedrückend, sie war deprimierend. Es war wie die Ruhe nach einem Sturm. Die vielen Menschen waren fort, sie hatten das hundertfache Stimmengewirr mitgenommen mit ihrem Zug.

Die verantwortlichen polnischen Mitarbeiter waren gegangen. Sie hatten ihre Pflicht getan. Mit Stolz in der Brust ein gutes Werk zur weiteren, endgültigen Polonisierung ihres neuen, großen, durch den Zweiten Weltkrieg territorial erstarkten Landes getan zu haben. Im Moment kümmerte sich niemand um uns. Die Ernüchterung kam erst am nächsten Morgen.

Die darauffolgende Nacht war entsetzlich. Wir lagen allein zu viert in dem Riesensaal in unseren Doppelstockbetten. Um uns herum das noch nicht aufgeräumte Wirrwarr des letzten Durchganges. Uns floh der Schlaf. Die Aufregung des Tages forderte seinen Tribut. Dazu verspürte ich starke Gliederschmerzen und wußte im Augenblick wo der Mensch überall Muskeln hat.

Gegessen hatten wir nichts mehr. Die Küche hatte geschlossen. Die Information, daß Deutsche zurückgeblieben sind, war nicht bis in die Küche vorgedrungen.

Wir hätten wahrscheinlich sowieso keinen Bissen heruntergebracht. Die Aufregung der letzten Stunden war uns vieren auch auf den Magen geschlagen.

Am anderen Morgen, ich hatte mich angezogen und trat ins Freie, um frische Luft zu atmen.

Vor mir der große Garten. Die hohen Kastanien rauschten im Wind. Im Hintergrund die Pergola. Wie im Hohn, darunter unsere Habseligkeiten, groß beschriftet und von weitem leserlich erkennbar.

Lange stand ich nicht. Mit polnischen Worten wurde ich in die Wirklichkeit zurückgerufen. Die Köchin war es. Sie sah mich verwundert an. Sie war sich in der frühen Morgenstunde nicht ganz darüber im klaren, ob ich der letzte vom vorangegangenen Durchgang oder der erste vom kommenden Durchgang sein. Eine rundliche Person, wie Köchinnen zu sein pflegen – und kein Wort deutsch. Aber das machte nichts, wir verstanden uns trotzdem. Sie machte Frühstück. Als ich ihr kurze Zeit später folgte, um unsere Verpflegung in Empfang zu nehmen, staunte ich, wieviel sie vorbereitet hatte. Ich dachte bei mir, das ist doch von uns vieren gar nicht zu schaffen?

Das Rätsel sollte sich bald klären.

Bei jedem Transport nach Deutschland blieben Deutsche hier zurück.

Aus welchem Grund auch immer oder auch aus keinem.

Es gehört in die Rubrik der Undurchschaubarkeiten die uns in den vergangenen fünf Jahren schon so oft verfolgte. Es sollte, zum Glück, die letzte dieser Visionen sein. Wir haben für unseren unfreiwilligen, langen Aufenthalt nie eine erschöpfende Erklärung erhalten. Wir nicht und alle anderen davon Betroffenen auch nicht. Es war ein ausgesprochener Zwang, es war ein Drangsalieren, es war absolute Schikane! Man griff Deutsche heraus – und behielt sie ohne Angaben von Gründen zurück. Man ließ sie im Ungewissen über ihr weiteres Schicksal. Es war nervenzermürbend. Wir waren uns keiner Schuld bewußt. Die ganzen Jahre in Liegnitz sind wir nie offiziell mit den polnischen Behörden in Konflikt geraten.

Es war wie Untersuchungshaft ohne Bewährung.

Was warf man uns vor?

Es sollte nie geklärt werden!

Ein Trost! Wir hatten Schicksalsgefährten.

Es war klar, in dem großen Saal konnten wir allein nicht bleiben.

Wir konnten auch darin nicht bleiben, denn der nächste Durchgang kam in Kürze.

Aber die Polen hatten so ihre Taktik!

Eine mit Obstbäumen bepflanzte Allee führte in den eigentlichen Vorort Hundsfeld. Dort war rechter Hand – an der Straße gelegen – eine ehemalige Schule, nicht allzu groß, aber übersichtlich. Von außen führte ein Durchgang hinein in einen von Gebäuden umschlossenen Hof. Rechts lagen Schuppen und

Remisen, links das kleine Schulhaus. Dort sammelten die Polen die zurückgebliebenen Deutschen. Die, wie wir, ohne Angaben von Gründen auf unbestimmte Zeit an der Ausreise gehindert wurden.

Was der Saal, aus dem wir kamen, zu groß war, waren die Räume hier zu eng. In einem Zimmer waren gerade zweimal zwei Doppelstockbetten nebeneinanderliegend frei geworden. Da hinein wurden wir verwiesen. Auf Gedeih und Verderb mit für uns bisher völlig fremden Menschen. Ohne Rücksicht auf jung und alt oder Mann und Frau. Und wir kamen mit Hund. Wir hatten doch noch Pussi mit. Na, mit ausgebreiteten Armen nahm man uns am Anfang nicht gerade auf – verständlich.

Unsere Doppelstockbetten standen am Fenster. Gegenüber die der Zahnarztfamilie Pietsch. Ein Ehepaar mit Tochter aus Glatz. Das vierte Bett in dem Quartett hatte eine Försterstochter aus Oppeln belegt. Dahinter in dem Doppelstockbett je ein junger Mann aus Brieg und der andere aus Oberschlesien. Letzterer sprach polnisch und spielte gut Mundharmonika. Auch das bewußte Lied, was ich nicht mehr erhören kann. Na ja, wir kamen so leidlich miteinander aus. Die große Nervosität lag über allen. Schließlich waren die anderen hier seit Wochen untergebracht und harrten der Ausreise von Tag zu Tag, von Woche zu Woche, von Monat zu Monat. Unsere Ängste konnten daher von ihnen nur belächelt werden? Wir waren ja gerade erst angekommen. Was sollten sie da sagen?

Es gab eine Toilette und einen Gemeinschaftswaschraum. Nun begann für uns ein richtiges Lager-Lotterleben. Für mich ein Abenteuer. Ich war nur auf Tour. Mal hier, mal da und machte mich auch ökonomisch nützlich.

Ach ja, unsere Bagage! Die konnte natürlich nicht in der Pergola stehenbleiben. Sie störte beim nächsten Transport und war nachts unbewacht. Das Risiko eines Diebstahles war zu groß. In der Beziehung wollten die Polen eine reine, weiße Weste behalten.

Also kam Order, unsere Sachen von der Pergola nach dem Schuppen in der Schule umzulagern. Das war Sahne mit Ei in meinen Ohren. Wieder Hucken und Puckeln. Ein Lkw stand bereit und wir brachten unsere Sachen in Sicherheit und in unsere Nähe, von der Pergola nach dem Schuppen in der Schule.

Das hatte auch sein Gutes. Zwar hatten die Zöllner ihren Siegel bereits darauf gedrückt, Mutter und Oma fanden eine Lösung, an unsere Bekleidung heranzukommen. Schließlich hatten sie eingepackt und wußten dadurch, in welchem Behältnis sich was befindet. Es war ausgesprochen notwendig, denn wir mußten doch die Unterwäsche, Hemden und Strümpfe wechseln wenn sich das Lagerleben weiter auf unbestimmte Zeit hinaus verzögerte. Sollte unser Leben hier länger dauern, als uns lieb ist, kam der Winter auf uns zu. Dann brauchten wir sicher warme Sachen.

Es mußte Verpflegung, das heißt Paletten und Kartons mit Konserven, aus der Stadt geholt werden. Dazu wurden freiwillige Mitfahrer benötigt. Ich war dabei und mit mir einige junge Frauen. Der junge, hübsche Armee-Lkw-Fahrer verstand kein deutsch. Einen Dolmetscher hatte man nicht zur Seite gestellt, weil das von der Sache her nicht notwendig erschien.

So sah ich Breslau wieder. Breslau war Festung gewesen und das Ausmaß der Zerstörung glich vielen deutschen Großstädten nach dem zweiten Weltkrieg. Zu achtzig Prozent lag die Stadt in Schutt und Asche. Beachtlich – sie war fast trümmerfrei und überall sah man rege Aufbautätigkeit. Dazu war die Polonisierung in vollem Gange. Ob zu der Zeit noch Deutsche in der Stadt waren, konnte ich bei der kurzen Stippvisite natürlich nicht in Erfahrung bringen. Das Leben pulsierte wieder und das Flair einer Großstadt hatte bereits Einzug gehalten.

Ob das Haus unserer Verwandten noch stand, konnte ich nicht feststellen. Teilweise hatten sich die Straßenzüge verändert und der Lkw-Fahrer hatte seine vorgeschriebene Tour, von der er nicht abwich. Es wäre wohl auch zuviel verlangt gewesen, auf Wunsch aller eine Stadtrundfahrt zu veranstalten. Sicher hatten einige von den Mitfahrern die Absicht und sich auch deshalb nur zu der Fahrt gemeldet, aber dieser Wunsch konnte nicht erfüllt werden.

In den großen Schulferien im Sommer 1944 nahm mich Oma übers Wochenende mit zu einem Besuch unserer Breslauer Verwandten. Wir fuhren mit dem Zug. Alles besetzt, nur noch Stehplätze. Jemand stand aber doch auf und bot Oma einen Sitzplatz an. Ich durfte mich im Gang auf einen dort abgestellten Koffer setzen, der im überfüllten Gepäcknetz keinen Platz mehr gefunden hatte.

Als Reisegepäck hatte ich eine schwarze Ledertasche. Da die mir zur Reise nicht gut genug erschien, wichste ich sie tüchtig mit schwarzer Schuhcreme ein und brachte sie danach auf Hochglanz. Ich war mächtig stolz auf mein Werk. Die schwarze Lederaktentasche glänzte wie Speckschwarte. Mein übertriebener Reinigungsfimmel sollte mir jedoch zum Verhängnis werden.

Mutter hatte mich schön gemacht. Welche Mutter gibt sich nicht ganz besondere Mühe, wenn ihr Kind auf Besuch zu Verwandten fährt. Da machte Mutter auch keine Ausnahme. Ich trug ein weißes Hemd!

Im Zug, die Menschen saßen und standen dicht an dicht um mich herum. Ich hockte auf dem Koffer. In der Angst, daß er nicht zusammenbricht, da er ja nicht uns gehörte, preßte ich die frisch mit schwarzer Schuhcreme behandelte Tasche fest an meinen Körper um sie auf keinen Fall in dem Gedränge zu verlieren.

Als wir in Breslau ausgestiegen waren und auf dem Bahnsteig standen, sah ich an mir herunter. Mein weißes Hemd war schwarz gesprenkelt. Es hatte ein neues Muster erhalten. Mir schossen die Tränen in die Augen. Futsch war die Reinheit und dahin das Blütenweiß. Oma sagte ich vorerst nichts. Sie hatte auch mit sich zu tun. Ihr Stock, ihr Köfferchen, ihre Handtasche, dazu das Gerangel in Richtung Ausgang die Treppen runter und die richtige Elektrische zur Fahrt zu unseren Verwandten zu finden.

Dort mußte ich am Abend für Oma und die Tanten (denn die Männer und die Söhne waren ja im Krieg) aus der nahegelegenen Gaststätte Bier holen. Es gab aber damals nur Helles oder Gemischtes, vom Zapfhahn in einen mitgebrachten Krug. Gemischtes war halb helles Bier und halb dunkles Bier. Nur dunkles Bier allein wurde nicht ausgeschenkt. Das war rar. Der Gastwirt in seiner Ahnung fragt mich noch, ob ich nur Helles oder vielleicht doch Gemischtes möchte. Ich in meiner Unkenntnis über alkoholische Getränke nahm nur Helles. Das Verhängnis folgt auf dem Fuße.

Wieder zurück, erzählte ich auch noch alles genau. Na ja, böse war man mir nicht direkt, nur ein wenig ungehalten, denn Gemischtes wäre den Frauen allemal lieber gewesen.

Und wie ich so deppert vor den Frauen stehe, erst da gewahrt Oma mein Mißgeschick mit dem gesprenkelten Hemd. Ich leiste den Offenbarungseid und werde dazu noch belächelt. Nun war es für einen Waschprozeß zu spät. So sah mich der Sonntag in Breslau beim Spaziergang durch den Scheidniger Park leicht verschmutzt.

Nun weiter:

Nachdem wir in der Stadt einige Auslieferungslager angefahren und den Lkw beladen hatten, deutete uns der polnische Fahrer mit Händen und Füßen sprechend und dabei auf die Uhr zeigend an, daß wir hier von der gleichen Stelle in genau einer Stunde nach Hundsfeld zurückfahren. Sicher hatte er noch etwas nur ihn betreffendes zu erledigen.

Wir schwärmten aus und gingen auf eigene Faust auf Erkundung. Weit von dem für die Rückfahrt angegebenen Ort konnten wir uns nicht entfernen, denn eine Stunde ist da nicht viel.

Die Stunde war um und pünktlich erschien der Lkw am vorgesehenen Standpunkt. Der Rückfahrt nach Hundsfeld stand nichts mehr im Weg – aber die Frauen fehlten noch. Wir sahen in alle Himmelsrichtungen, nichts von unseren Frauen zu sehen. Der Fahrer wurde ungeduldig ,die Zeit verging, der Fahrer wurde ungemütlich – und als dann mit großer Verspätung die Frauen endlich kamen, wurde der nette, charmante Fahrer sogar recht zornig und schimpfte laut. Wenn wir auch die Sprache nicht verstanden, für den Inhalt der Worte brauchten wir keinen Dolmetscher.

Schade, alles hatte so harmonisch begonnen. Aber der Pole war Armeeangehöriger und hatte bestimmt seine genaue Order erhalten, die nun durch die Verspätung der Frauen ins Wanken kam. An sich hätten so viele auch gar nicht mitzufahren brauchen. Was wir geladen hatten, war nicht der Rede wert. Es war für uns alle mehr oder weniger eine willkommene Abwechslung aus dem tristen Lagerleben gewesen.

Das Auffang- und Aussiedlerlager für Ausreisewillige! Deutsche aus Polen? Breslau-Hundsfeld unterlag sicher einer nationalen, wenn nicht sogar einer internationalen Inspektion.

Eine solche haben wir miterlebt.

Alles das geschah genau abgepaßt zwischen zwei Durchgängen. Die Polen gingen raffiniert vor. Das Auffanglager waren sie bereit zu zeigen, aber natürlich ohne deutsche Aussiedler. Sie legten eine emsige Geschäftigkeit an den Tag. Das Unterste wurde nach oben gekehrt und umgedreht. Es wimmelt von hohen „Würdenträgern“. Keller, Küche, Garten, Pergola und eben ganz besonders der große, ehemalige Tanzsaal unterlagen einer kontinuierlichen Generalsäuberung. Hygienisch genau und perfekt, ganz steril brachten sie es allerdings nicht hin. Malern hätte dringend Not getan. Aber das scheiterte an der Kürze der Vorzeigezeit.

Wir Zurückgebliebenen wurden mit eingespannt. Wir mußten bis zum späten Abend, bis zum Einbruch der Dunkelheit, mit ran. Wir waren wie immer, billige und willige Arbeitskräfte.

Billig – da man uns für den großen zusätzlichen, außerplanmäßigen Kraftaufwand nicht extra bezahlen mußte.

Willig – waren wir aus Furcht, registriert zu werden und dadurch unsere Ausreise noch mehr zu verzögern.

Mutter schloß sich uns an, sonst hätte sie „putzen" müssen.

Was folgte, war ein Akt für sich!

Die Strohsäcke mußten neu gefüllt werden. Dafür mußten erst mal mehrere hundert Betten von den alten Strohsäcken befreit werden.

Lkws fuhren im Konvoi und im Pendelverkehr zwischen dem Objekt und den Dörfern, die das alte Stroh aus den ausrangierten Strohsäcken für Streuzwecke wieder verwendeten und den Dörfern, die in große Mengen Stroh zum Auffüllen der neuen Strohsäcke abzugeben hatten, hin und her. Am Erdboden wurden die neuen Strohsäcke mit frischem Stroh prall gefüllt und manuell auf die Lkws gehievt. Hoch, höher am höchsten und ohne Sicherung und Befestigung lagen die gestapelten Strohsäcke auf den Lkws. Oben darauf thronten wir. Jede Fahrt zum Objekt war ein Abenteuer. Wir jungen Kerle machten uns eine Jux daraus. Und die Lkw-Fahrer fuhren nicht gerade zimperlich. Eile war geboten, sie hatten ein bestimmtes Limit vorgegeben bekommen. An uns lag es nicht. Ich bin sicher, sie haben ihre Vorgaben erfüllt.

Als alle Doppelstockbetten mit neuen Strohsäcken im Saal versorgt waren, wurden sie mit weißen Laken versehen, Kopfteile, alles in weiß, kamen darauf und am Fußende fabrikneue Wolldecken. Es war ein Anblick für die Götter. Man stelle sich vor, der überdimensionale, hohe Saal mit Hunderten von Doppelstockbetten in Reih und Glied und alle weiß bezogen. Ein Anblick, den man nie wieder vergißt, weil einem so etwas nicht alle Tage geboten wird.

Bei uns aber, im Ort, im Mini-Objekt, tat sich nichts. Wenn und wann und ob überhaupt nach all dem Auffrischungstrubel eine internationale Kommission gekommen ist, entzieht sich unserer Kenntnis. Wir haben weder etwas davon gesehen noch etwas davon gehört. Für uns stand nur eines fest, uns hier hatte man wohlweislich verschwiegen. Denn wir waren jeden Tag da. Wir hätten der Kommission Fragen gestellt, die die Polen hätten beantworten müssen. Und genau diese Konfrontation mieden die Polen. Also blieb bei uns alles beim alten.

Wir erhielten die drei Mahlzeiten am Tag in Thermoskübeln. Sie dienten zum Warmhalten der Speisen und Getränke während des Transportes vom Hauptlager zum Mini-Objekt. Wie morgens für Kaffee, mittags für die Hauptmahlzeit und abends für Tee. Aber auch für das Zubehör der einzelnen Mahlzeiten wurden die Thermoskübel benutzt.

Diese Kübel wurden getragen. Die Entfernung war ungefähr eine Viertelstunde Fußweg vom großen Objekt aus, wo Küche und der Versorgungstrakt lagen. Also liefen wir und schleppten die Kübel, da ein Handwagen oder wenigstens ein sogenannter Rollfix nicht vorhanden waren. Warum auch, wir wollten doch beschäftigt sein? Es ging reihum, aber oft war ich dran oder opferte mich freiwillig.

Die Köchin mochte mich und war ganz erstaunt, daß ich immer noch da. Durch ihre Fülle strahlte sie viel Ruhe und Gemütlichkeit aus. Sie hatte etwas Mütterliches an sich. Sie war zwar in der Küche die Chefin, kam aber gut zurecht mit ihren Mitarbeitern.

Wie sich später herausstellte, waren sie alle aus Ostpolen, wo sie selbst die Heimat verlassen und sich in Breslau hatten eine neue Heimat schaffen müssen. Sie waren wie wir, Opfer des Schubes der Grenzen des Großen Bruders nach Westen. Sie konnten empfinden was es heißt, die Heimat verlassen zu müssen. Und dann mit Möbeln! Da waren wir nach ihrem Ermessen gut dran.

Der Oberschlesier aus unserem Zimmer und ich arrangierten uns nun vollauf mit der Küche. Wir betrachteten das, im übertriebenen Sinne dargelegt, als unser zweites Arbeitsrechtsverhältnis.

Die Köchin und wir waren jeden Morgen die ersten in der Küche. Wir zwei holten Steinkohlen und Holz aus dem Keller und heizten die Kessel an. Hatte die Köchin ihren weißen Kittel an und ihre weiße Haube aufgesetzt, nahm sie ein großes Messer zur Hand, schwenkte es wie ein Zepter und sah uns erwartungsvoll an: Na, Jungs, was machen wir wohl heute? Kochen – das war ihre Welt! Sie schritt uns voran ins Vorratslager und bestimmte was heute gebraucht wird. Und wir schleppten willig Kisten, Kartons, Büchsen, Konserven und Fleisch in die Küche.

War ein Durchgang da, von mehreren hundert Deutschen Essenteilnehmern, ging es rund in der Küche daß die Fetzen flogen. Da kam es auch mal vor, daß unsere gemütliche Köchin laut wurde.

War der Sturm wieder vorbei, wurde es fast familiär. Außer besonders guter Verpflegung bekamen wir immer ein kräftiges, zusätzliches, zweites Frühstück.

Jedesmal, wenn wieder am Abend zuvor ein Transport abgegangen war und ich am darauffolgenden Morgen in der Küche erschien, war die Köchin ganz traurig, daß ich immer noch nicht hatte mitfahren dürfen. Sie verstand es nicht. warum wohl? Wir verstanden es ja selber nicht.

Die Zeit verstrich, es wurde Ende Oktober, wir saßen immer noch in Hundsfeld. Um uns herum hatte keiner mit den letzten Transporten mitfahren dürfen. Die Tage wurden kürzer, es wurde zusehends abends eher dunkel, der Herbst war ins Land gezogen. Wir entschieden uns langsam für wärmere Sachen. Die Langeweile machte sich breit. Durch die einsetzende kühle, nasse Witterung waren alle mehr oder weniger auf das Zimmer angewiesen. Und dort saß man fast übereinander. Alles war froh, wenn „die" oder „der" mal für Stunden fortwaren, damit etwas Platz in der ewigen Enge eintrat. Handarbeiten hatte Oma nicht mit und an große Romane hatte Mutter nicht gedacht. Wer hätte auch geglaubt, daß es zu so großer Langeweile kommen würde. Und in dem ersten Monat hatten sich die Frauen alles Wissenswerte aus ihrem Leben untereinander erzählt. Der Gesprächsstoff war erschöpft. Neuigkeiten gab es keine und über wen sollte geklatscht oder getratscht werden, wir hatten doch nur uns? Der Oberschlesier kaufte ab und zu eine polnische Zeitung. Er übersetzte und las uns daraus vor. Aber was soll's? Das brachte auch nichts! Uns jedenfalls nicht!

Wieder war ein Transport angekommen. Wieder stand fest: Weiter geht es am Abend! Wieder ohne uns und ohne einen unserer Zimmermitbewohner!

Wieder die große Frage: Warum?

An wen sollte man sich auch wenden? Wer war zuständig? Wer war verantwortlich?

Kam ein Transport, schwirrten einige Polen in Zivil herum, denen man es ansah, daß sie das Sagen hatten. Aber es gab keinerlei Amt, keine Behörde, keine Dienststelle die uns diesbezüglich als Anlaufpunkt gedient hätte.

Kam ein Transport, war alles fertig vorbereitet. Da existierten Personenauflistungen mit sämtlichen erforderlichen Angaben für die Ausreise. Da stand Waggon, Abteil, Sitzplatz, Abfahrt und Zielankunftsort fest. Vermutlich wurden die Unterlagen bereits in Breslau erstellt. Aber wie sollten wir jemals auf so eine in Breslau vorbereitete Liste kommen, wenn man unsere Existenz hier völlig ignorierte? Man hatte uns im wahrsten Sinne des Wortes kaltgestellt, aufs Abstellgleis geschoben. Also mußten wir uns bemerkbar machen, daß wir noch da sind. Also mußten wir uns bemerkbar machen, daß wir endlich fort wollten. Mutter tat es!

Am Nachmittag gab sie sich einen letzten, verzweifelten Ruck und nahm ihr Herz in die Hand. Es gelang ihr, einem verantwortlichen Polen (wer hier welche Funktion hatte war undurchschaubar) unser Anliegen vorzutragen. Er stutzte, Mutter glaubte vorerst nicht verstanden worden zu sein. Ein Dolmetscher war nicht in der Nähe. Doch der Pole hatte Mutter wohl verstanden und musterte sie von oben nach unten mit durchdringenden Blick. Mutter blieb das Herz stehen. Er aber dachte, aha, das ist eine Deutsche von denen, die schon länger hier sind. Ob er den Grund wußte oder was sonst noch in seinem Kopf vorging, blieb unerforscht.

In akzentfreiem, reinem Deutsch kam die Antwort: „Das nächste Mal fahren alle."

Sie war jovial und kam von oben herab. Er drehte sich herum, ließ Mutter stehen und lief schnelle weiter. Er war sichtlich verärgert, so direkt von einer Deutschen angesprochen worden zu werden. Zu einem Gespräch, zu einer Erklärung unserer mißlichen Umstände, geschweige zu einer Diskussion, war er absolut nicht bereit. So wußten wir so viel wie vorher. Alles war und blieb weiter offen. Konnte man seinen Worten trauen? Eben nicht! Denn es gingen in naher Zukunft noch viel Transporte – ohne uns!

Wann war für uns das nächste Mal?

Das war die nervenaufreibende, undurchschaubare Hinhaltepolitik, deren Machenschaften ihresgleichen suchen.

Das kurze Gespräch, beziehungsweise die untertänigste Frage, hatte im Garten des Objektes stattgefunden. Als moralische Unterstützung stand ich Mutter zur Seite. Wir blieben noch eine Weile mitten im Garten stehen und sahen dem geschäftigen Treiben zu, was wieder herrschte, wenn ein Transport ankam und kurz danach zur Abfahrt vorbereitet wurde.

Die Deutschen waren größtenteils im Saal. Draußen regulierten die polnischen Eisenbahner in Uniform mit dem polnischen Zöllnern die letzten Formalitäten. Sie standen in Gruppen herum und unterhielten sich – dienstlich oder privat –

wer wußte es genau.

Man sah auf uns. Man sah auf Mutter, aber am meisten auf mich. Einer zeigte sogar mit dem Finger nach mir. Mutter hatte die Situation erkannt. Sie bestand darauf, daß wir sofort den Rückzug antreten. Ich wollte nicht. Warum auch? Und warum so plötzlich? Ich fügte mich. Nun kam für mich eine bittere Erkenntnis, an die ich doch nie im entferntesten gedacht hatte. Mutter meinte nur: sieh dich mal an, dann wirst du wohl begreifen, warum man auf dich mit Fingern gezeigt hat. Ich begriff immer noch nicht. Was war schon an mir so besonderes? Eine leise Ahnung beschlich mich.

Im sogenannten Dritten Reich gab es Lager, deren Aufseher mir optisch sehr ähnelten.

Daß einem Sachen, die einem gefallen, die man sich selber zusammengestellt hat, zum Verhängnis werden können, wurde mir erst jetzt richtig bewußt.

Natürlich trug ich heute wieder meine Stiefel, dazu die beige Breeches und passend die Bundjacke. Auf dem Kopf, halb auf dem rechten Ohr die Mütze. Mutter rügte mich, denn sie hatte gesehen, als wir zusammen im großen Garten standen, daß ich dazu noch beide Hände in die Hüfte gestemmt hatte. Und das machte mein Visionsbild bei den Polen perfekt und ließ Ahnung von schlimmen, vergangenen Zeiten bei ihnen aufkommen. Was für ein makabrer Trugschluß?

Wie kann man ungewollt Menschen reizen? Nun wußte ich es! Ich konnte mich nun hier an den Sachen nicht mehr richtig erfreuen.

Am Abend fuhr auch der Transport ab. Wir jungen Leute gingen wie immer, wenn ein Transport abging, zum Bahnhof Hundsfeld, um unsere Landsleute würdig zu verabschieden. Wir setzten uns auf eine Bank.

Als der Zug abfuhr, winkten wir ihm nach bis er unseren Blicken entschwunden war. Der Oberschlesier spielte dazu auf der Mundharmonika sein Standardständchen. Wir waren wieder, wie so oft in den letzten Wochen, bangen Herzens zurückgeblieben.

Oma kam sich mit Mutter in die Haare. Oma, auch im Sternbild des Löwen geboren und gewohnt ihren Willen durchzusetzen und das zu erreichen, was sie sich vorgenommen hat, glaubte Mutter ihre kurze Begegnung mit dem einen der maßgeblichen Polen nicht. Die Auskunft von ihm zweifelte sie sehr an. Sie hielt es nicht für möglich!

Beide Frauen, mit, durch große Ungeduld strapazierten Nerven, stritten. Es war unwahrscheinlich, aber Oma drehte durch. Sie war nicht nur Löwe, sie kam sich auch vor wie ein Löwe. Sie empfand ihr Dasein mit den vielen Fremden in einem kleinen Raum wie im Käfig. Freilich, so hatten wir das gar noch nicht gesehen!

Ich war viel unterwegs und machte mich nützlich. Auch am Samstag oder am Sonntag. Vater schwirrte aus und Mutter lief mit Pussi durch die Gegend. Da saß Oma immer im Zimmer. Ohne Handarbeit, ohne Buch, oft Stunden ohne jegliche Unterhaltung. Legte sie sich nachmittags etwas hin, konnte sie nachts nicht schlafen. Ging sie mal raus, wo sollte sie auf der Straße hin? Ja, sie hatte die Herumsitzerei bis zum Eichstrich satt. Am Liebsten wäre sie auf der Stelle nach Liegnitz zurück. Dort wußte sie nur nicht wohin. Deshalb wagte sie es nicht. Uneinsichtig war sie auch noch. Das unsere Zimmermitbewohner schon viel länger da waren und genauso wenig Aussicht hatten, heute oder morgen wegzukommen, interessiere sie nicht. Ihr Ego war stärker. Sie wollte es wissen! Sie zog sich an, nahm ihren Stock und ging Richtung Hauptlager.

Na, dachte ich, wenn Oma nur nicht jetzt noch alles schlimmer macht für uns als alles schon ist. In ihrem Zorn ist sie unberechenbar. Sie traf tatsächlich jemanden Verantwortlichen an. Wie sie es angestellt hatte und wie der Disput lief, hat sie uns nicht verraten. Im Endergebnis kam es auf das gleiche heraus wie bei Mutter, was wir bereits wußten: Das nächste Mal fahren alle!

Wir bekamen alle immer die gleiche Antwort. Eigenartigerweise fragten sie uns nicht mal nach dem Namen oder wie lange wir schon hier sind und machten sich auch keinerlei Notizen. Wie wollten und wie sollten sie da auch wissen, daß wir beim nächsten Mal alle fahren? Es war und blieb deprimierend!

Der November war fast herum und in den Geschäften begannen die Weihnachtsvorbereitungen. Der Himmel war grau verhangen und die Tage kurz. Schnee war noch nicht gefallen, nur war es schon merklich kalt geworden. Wir hatten auf wärmere Sachen zurückgreifen müssen. Das Weihnachtsfest und den Jahreswechsel im Lager?

Keiner sprach es aus, nur jeder hatte den Gedanken im Kopf!

Oder auch anders. Da müßte das polnische Betreuungspersonal die christlichen Feiertage arbeiten? Denn die Verpflegung müßte ja auch am vierundzwanzigsten Dezember und die Feiertage gesichert sein. Sollten sie diese zusätzliche Leistung ihren Mitarbeitern aufbürden?

Ein Funke Hoffnung, daß bis dahin vielleicht ...?

Es war fast noch Sommer, als wir von Liegnitz weg sind. Und jetzt steht das Weihnachtsfest vor der Tür. Erstaunlich, wie die Zeit hier im Lager in Hundsfeld, von dem ich nicht mal mehr den polnischen Namen weiß, vergangen ist.

Es war wieder ein Transport angekommen. Liegnitzer waren dabei. Wir begrüßten uns. Man war erstaunt, uns noch hier vorzufinden. Viele, die nach uns weg sind, hatten schon nach Liegnitz geschrieben, um den Kontakt aufrecht zu erhalten. Nun hatten fast alle Deutschen Liegnitz den Rücken gekehrt. Nur vereinzelte waren noch zurückgeblieben aus privaten Gründen. Es war ein schwindend kleiner Prozentsatz – vorläufig.

Morgen sollte es weitergehen – nach Deutschland Ost oder West!

Mit uns???

Ja, diesmal mit uns!

Die letzte polnische Schikane war: Sie sagten es uns in letzter Minute. Es ging Hals über Kopf. Wir überschlugen uns. Erstaunlich, daß Oma dabei keinen Herzschlag bekam.

War es ihr oder Mutters Initiative zu verdanken? Oder waren wir ganz einfach dran?

Wen interessierte das jetzt noch? Fort, raus aus dem Lager! Hundsfeld ade!

Endstation Wolperndorf

Es war ein verhältnismäßig milder und lichter Tag Ende November 1950 über Hundsfeld. Sogar die Sonne war etwas herausgekommen. Sie wollte unsere Herzen heiter stimmen und uns Freude im voraus mitteilen, was heute Gutes auf uns zukommt. Natur und Menschen fühlten gemeinsam. Es war eine Übereinstimmung der Emissionen. Ein Trugbild war ausgeschlossen.

Am späten Nachmittag donnerte rückwärts, laut knatternd, ein leerer, offener Lkw durch die Einfahrt in den kleinen Hof des Mini-Lagers. Schnaufend hielt das Fahrzeug inne. Der Fahrer stieg aus und öffnete mit Krach und Ruck die hintere Ladeklappe. Polternd fiel sie nach unten.

Keiner wußte, was das wieder zu bedeuten hatte. Zu unserem Glück befanden wir uns alle im Haus, beziehungsweise auf unseren Zimmern. Wir sahen uns gegenseitig an. Keiner fand eine Erklärung. Die Antwort ließ nicht lange auf sich warten.

Plötzlich erklang laut unser Name. Wir glaubten nicht recht gehört zu haben. Wir standen wie versteinert. Aber nur kurz. Wir rafften uns schnell aus unserer Fassungslosigkeit auf, als kurz informiert wurde: „K. kann fahren, machen schnell!"

Mehr deutsch konnte der polnische Lkw-Fahrer wahrscheinlich nicht. Uns genügte es. Wir hatten verstanden.

Unser Verlassen des Lagers kam einer Flucht gleich.

Erfahrungsgemäß war um diese Zeit zur Abfahrt schon alles gelaufen. Das wußten wir, denn wir hatten in jüngster Vergangenheit oft genug Gelegenheit gehabt, den zeitlichen Ablauf eines Transportes von weitem zu beobachten. Da waren die Abteile zugewiesen, da hatte jeder bereits seinen Sitzplatz in den dementsprechenden Waggons. Das Gepäck war durch den Zoll und in die verplombten Güterwagen verladen.

Die Zollkontrolle hatten wir schon hinter uns. Unsere Habe trug doch den Sichtvermerk.

Waren unvorhergesehen noch Plätze frei? War es Zufall? War es Bestimmung? War es Absicht?

Wie dem auch sei – besser ein Ende mit Schrecken als ein Schrecken ohne Ende!

Vater und ich, wie wir waren, stürzten die Treppe herunter,

rissen das Schuppentor auf und begannen in rasender Hast unser Mobiliar und alles was unser war, auf die Plattform des leeren Lkws zu laden. Alle Deutschen kamen und legten mit Hand an.

Mutter und Oma brachen oben im Gemeinschaftszimmer die Zelte ab.

Rafften und stopften alles in Behältnisse, was uns reichlich zwei Monate Lagerleben erleichtert hatte.

Mutter kam noch heruntergerannt, riß einen bestimmten Koffer auf und entnahm ihm zwei Kleider. Eins für sich und eins für Oma. Frauen wollen in jeder Situation schön sein. Vater sah es mit Mißmut und brummte etwas Unverständliches vor sich hin.

Ein überstürzter Abschied von den Zurückgebliebenen folgte. Es war auch hier, wie überall in den letzten Jahren, ein Abschied für immer. Uns blieb keine Zeit für Überlegungen. Man beneidete uns, fort zu können. Mißgunst drang durch die Worte des Abschieds. Freilich, verständlich, denn alle waren schon länger im Lager als wir. Da hatten Tränen einen doppelten Sinn.

Aber für Rührseligkeiten blieb keine Zeit. Als der polnische Lkw-Fahrer nämlich merkte, daß all unsere Sachen verladen waren, drängte er zur Abfahrt. Schließlich wartete man auf uns, die maßgeblichen polnischen Herren, die das Sagen hatten, die polnischen Eisenbahner und der polnische Zoll.

Eile war geboten. Uns beschlich die Angst, zu spät zu kommen und durch unsere eigene Verspätung vielleicht dann doch wieder nicht mit zu dürfen. Also nichts wie fort!

Ein letztes Winken und der vollbeladene Lkw rollte mit uns zum Tor hinaus.

Der Weg führte uns erst zum großen Hauptlager. So lautete auch die Order, die der Kraftfahrer hatte. Der Zoll kam auf uns zu und wollte seines Amtes walten. Ich sprang vom Wagen und deutete an, daß wir bereits von ihnen einen Sichtvermerk haben. Man sah es – und erkannte mich. Nun ja, oft genug hatte ich ihnen bei ihrer ausübenden Tätigkeit zugeschaut. Auch sie erinnerten sich optisch an mich. Sie wußten wer ich war und unterließen daraufhin eine nochmalige Kontrolle unserer Sachen.

Ein verplombter Waggon mußte nochmals entsiegelt werden. Anscheinend wußten die Zöllner auf Anhieb wo noch Platz war. Als die Güterwagentür aufging, war genau dahinter noch Raum genug, um unsere Sachen unterzubringen.

Der Lkw fuhr näher heran. Vater und ich stapelten alles ordnungsgemäß auf die noch freie Fläche. Wir hatten sie gut genutzt, es hatte alles Platz und war gegenseitig so abgestützt, daß eigentlich auf dem langen Transport nichts zu Bruch gehen konnte.

Indessen standen die polnischen Eisenbahner und die polnischen Zöllner herum und ließen Vater und mich allein die Verladung vornehmen. Freilich, der Zoll mußte aus dienstlichen Gründen aufpassen, daß nur unsere Sachen und sonst nichts verladen wird. Und für das Verplomben war er letztendlich auch verantwortlich und zuständig.

Wir hatten es gepackt!

Wir bekamen unser Abteil zugewiesen. Es war ein Sechspersonenabteil. Ach ja, da war doch noch der Hund. Pussi durfte nicht mit ins Abteil. Da er aber „saubere" Papiere hatte, die jeder Pole lesen konnte und für ausreichend befand, kam Pussi in seinem Tragegestell in den Packwagen. Mutter konnte ihm schnell noch eine Schale mit Wasser mit hineinschieben. Zu trinken benötigen Tiere, ohne zu Fressen halten sie es eine Weile aus. Mutter behielt den Packwagen im Auge.

Wie sie mir erzählte, setzte sie sich wegen dem Hund einer gewagten Situation aus. Ich schlief, ich hatte das gar nicht gemerkt. Während der Fahrt in der Nacht, im Finstern, für uns im Niemandslands, war es vor oder war es nach der Grenze, sie weiß es selbst nicht mehr so genau, hielt der Zug nach stundenlanger Fahrt auf freier Strecke. Mutter wurde dadurch munter, denn sie hatte sowieso nur vor sich hin gedöst, da an Schlaf bei ihr nicht zu denken war.

Ihr erster Gedanke! Pussi! Der Hund muß Gassi. Sie steigt auf freier Strecke aus dem Zug und läuft zum Packwagen, schiebt die nicht verplombte Tür zurück, eben nur so viel, daß sie selbst durchkann. Findet im Dunkeln das Tragegestell, nimmt den Hund und läßt ihn am Bahndamm sein Geschäft verrichten. Es klappt, sie verfrachtet Pussi wie gehabt und läuft seelenruhig am Zug entlang und steigt wieder in unseren Waggon ein. Sie sitzt gerade im Abteil, ruckt der Zug an und fährt weiter. Uff, dachte sie, das ist mir aber gelungen.

Ich schlief indessen im Gepäcknetz. Wundere mich heute noch, wie mich das damals ausgehalten hat. Irgendwie waren Decken da, die hatte ich untergebaut. Als Kopfkissen diente mir ein Handgepäckstück. So konnte ich mich wenigstens lang ausstrecken und brauchte nicht auf der Bank zu hocken und dadurch hatten die Eltern und Oma unten im Abteil Platz für sich.

Der Abschied bei der Abfahrt unseres Zuges war undramatisch verlaufen. Natürlich hatten auch diesmal wieder Zurückgebliebene am Bahnsteig gestanden oder auf der Bank gesessen, dem Zug nachgewunken und das Standardständchen auf der Mundharmonika war erklungen.

Ich war eingestiegen ohne einen Blick zurück. Irgendwie hatte ich es satt. Die Aufregung der letzten Stunden, die schnelle Plagerei mit den Sachen und die immer noch nicht ganz verarbeitete Erkenntnis, endlich geht es fort.

Aber wohin?

Das hatten uns die Polen nicht gesagt. Und wir hatten keine Vorstellung davon. Auch die Fahrtroute war nicht bekannt.

Wir überquerten im Zug die Oder-Neiße-Friedensgrenze ohne daß wir es merkten an welcher Stelle.

Zoll-, Ausweis- und Fahrkartenkontrolle kamen für uns nicht in Frage. Zu verzollen hatten wir nichts und die Gepäckwagen waren alle verplombt.

Ausweise?!

Das stößt mir jetzt erst auf. Da sind wir tatsächlich über fünf Jahre in Liegnitz herumgelaufen, ohne Identitätsnachweis. Jeder hätte uns wegfangen können ohne Legalitätsausweis. Bisher hatte keiner von uns einen Ausweis. Woher auch? Hier waren wir nur auf einer großen Sammelliste ausreisefreiwilliger Deutscher aus den unter polnischer Verwaltung stehenden deutschen Ostgebieten laut Potsdamer Abkommen. Punkt, Strich! Das war es!

Wir fuhren ohne Fahrkarte. Alles auf Staatskosten. Ja, auf wessen Staat? Da gibt es ein Lied mit passendem Text. Heute! – Damals war das noch nicht populär.

Alles zusammen gesehen war eine Kontrolle völlig sinnlos. Das hatten auch unsere Verfrachter eingesehen und ließen uns diesbezüglich in Ruhe. Wir erwachten erst und wurden munter im doppelten Sinne auf dem Gebiet der ehemaligen DDR.

Es war ein nahtloser Übergang von einem Land in das andere. Von der Heimat, von der ehemaligen Heimat, nach Deutschland, in die DDR. Er vollzog sich ohne innere Anteilnahme. So lange hatten wir darauf gewartet, warten müssen. Nun war der Schritt getan und eigenartigerweise empfanden wir nichts dabei. Wir haben nicht gejubelt, sind uns nicht vor

Freude in die Arme gefallen oder haben vor Rührung geweint. Wir nahmen es nur zur Kenntnis, ruhig und gelassen, als hätten wir damals im voraus geahnt, was in naher Zukunft alles auf uns zukommt.

Unsere Fahrt sollte auch an der Grenze lange noch kein Ende nehmen. Vermutlich wollte man uns Spätheimkehrern die schöne deutsche Heimat DDR in seiner ganzen Länge zeigen. Ein Hoch den Organisatoren! Das war ihnen gelungen. Denn wo ihr „glorreicher" Staat fast aufhörte, liegt Eisenach. Und genau da war für uns Endstation. Leider, leider, ging es damals nicht noch ein paar Kilometer weiter! Es hatte einen nahtlosen, von uns unbemerkten Übergang von der polnischen Staatsbahn zur Deutschen Reichsbahn mit Lok- und Personalwechsel an der Friedensgrenze gegeben. Aber für uns gab es keinen Lok- und Personalwechsel von der Deutschen Reichsbahn zur Deutschen Bundesbahn. Es wäre auch furchtbar gewesen, uns damals dem Klassenfeind auszuliefern. Wie human man war? Wir hatten doch gerade schlimmes durch, da wird man uns doch nicht schon wieder bösen Menschen aussetzen!

Das Ausmaß der langen Reise wird uns erst acht Tage später bewußt, wo wir die gleiche Strecke zu zwei Drittel Richtung Osten wieder zurück machen mußten. Warum wohl? Eine Antwort darauf bekamen wir nie. Ein Grund für die Fahrt gen Osten war nach unserem Ermessen der, daß der Kreis Altenburg uns aufnehmen mußte, aber kein Quarantänelager hatte.

Aber nun waren wir erst mal in Eisenach auf dem Güterbahnhof angekommen. Ohne Empfang, ohne Salut und ohne Willkommen. Ob man uns nun hier wirklich wollte? Die Atmosphäre war merklich unterkühlt. Über unseren Zuwachs hat niemand gejubelt.

Es war später Nachmittag!

Quarantänelager pflegen nicht am Bahnhof, nicht in Stadtmitte, sondern für gewöhnlich am Stadtrand zu liegen. So war es jedenfalls in Eisenach.

Für den Transport nach dem Lager standen Busse bereit und für das Gepäck die Lkws. Mutter und Oma fuhren voraus. Vater und ich luden unsere Sachen auf einen bereitstehenden Lkw. Im Lager angekommen, bekamen die Ankommenden mit „Großem Gepäck", so wie wir, unter einem weiten Schleppdach mit hervorgezogener Rampe einen Abstellplatz zugewiesen. Wir stapelten unsere Sachen geschickt vom Lkw herunter auf den zugewiesenen Platz. Mutter kam dazu und dirigierte uns. Vater knurrte, er hatte es nicht gern, sich bei unserer „Lieblingsbeschäftigung“ bevormunden zu lassen. Aber wir mußten einsehen, Mutter hatte Recht. Warum Frauen nur immer Recht haben? Mutter hatte weiter gedacht als Vater und ich. Uns lag nur daran, alles wohlbehalten aus dem Güterwagen auf den Lkw herunter ordnungsgemäß und platzsparend abzusetzen.

So weit, so gut!

Die Quarantänezeit war auf vierzehn Tage vorgesehen. Wir hatten bald Dezember, der Winter stand vor der Tür und wir brauchten alle vier die warme Bekleidung. An Waschen war vorläufig nicht zu denken, also konnten vorerst Unterwäsche und Strümpfe nur gewechselt werden. So mußten die Behältnisse mit unseren persönlichen Kleidungsstücken vorn postiert werden, damit man bei Bedarf ungehindert herankam. Zoll kam nicht mehr in Frage, wir konnten nun aus- und einpacken nach Belieben.

Es gab wieder einen großen Saal, wenn auch nicht in dem Ausmaß wie in Hundsfeld, mit – na, mit was schon? – mit Doppelstockbetten und Strohsäcken. Ehe wir Gelegenheit hatten, uns häuslich niederzulassen und etwas einzurichten, mußte geduscht werden. Das empfanden wir als angenehm. Aber nach dem Duschen mußte Weiblein und Männlein, bevor man wieder Gelegenheit hatte sich anzukleiden, zum Entlausen. Und das fand ich deprimierend. Man behandelte uns wie Zigeuner. Wir waren empört. Kamen aber nicht drumherum. Ohne Entlausung kam man nicht an seine Siebensachen heran. Der Durchlauf funktionierte perfekt. Man hatte uns im Griff.

Das Entlausen war moralisch schlimmer als praktisch. Wir liefen im Gänsemarsch an einer links und einer rechts stehenden Krankenschwester hindurch, die sich zum Zweck der Entlausung dort in einem Nebenraum aufgestellt hatten. Sie besprühten uns überall da, wo der Mensch Haare hat, mit luftpumpenähnlichen Instrumenten mit weißem, etwas übel riechendem Puder.

An sich bei uns völlig überflüssig, wir hatten keine Tierchen. Hundsfeld schien in der Richtung sauber gewesen zu sein. Ich persönlich bin da sehr anfällig. Wäre auch nur eine Laus im Lager gewesen, die hätte unter Garantie ich gehabt.

In Bünauburg hatte es uns alle erwischt. Mutter und Oma hatten zu tun, in ihre langen Haare wieder Ordnung zu bringen.

Das war mehr als unangenehm gewesen. Das hat uns gelangt. Aber hier ließ man nur saubere Neubürger in die DDR.

Verständlich war die Vorsorge, und nichts ist dagegen einzuwenden.

Während des Zwangsduschens des Aus- und Ankleidens, konnten extreme Fälle beobachtet werden.

Es gab drei Arten von Umsiedlern:
- solche wie uns, mit Mobiliar und Gepäck,
- welche mit nur Gepäck und
- andere nur mit dem, was sie auf dem Leibe hatten.

Alles nach Wunsch und Vorstellung!

Neben mir zog sich ein junger Mann an. Seine Strümpfe waren nicht nur total verschmutzt, nein, auch dazu noch mit vielen großen Löchern versehen. Er mußte sie wieder anziehen, es waren seine einzigen, sonst hätte er in dieser kalten Jahreszeit an seinen Füßen frieren müssen.

Da waren wir gut dran. Was hat mich Mutter traktiert mit der Anzieherei, ich hatte manchmal meinen Horror. Wir waren eben doch keine Zigeuner, wir waren äußerst kultivierte Neubürger.

Allein an der Verpflegung merkten wir, daß zum gegenwärtigen Zeitpunkt die wirtschaftliche Lage hier in unserem zukünftigen „Nobel-Staat", noch kein Staat zu machen ist. Sie war ausreichend schon, aber bei weitem weniger kräftig als wir es bisher gewohnt waren. Leider war hier alles so treu deutsch gut durchorganisiert, daß keine zusätzlichen Hilfskräfte in der Küche benötigt wurden. Ich habe das sehr bedauert.

Ich ging mit Mutter vom Lager aus in die Stadt. Wir wollten uns etwas Zusätzliches kaufen. Wir dachten, was in Liegnitz möglich war, müßte doch hier auch zu machen sein. Wenn uns da nach etwas ausgefallenem war, ist Mutter los und holte was zu schneckeln. Sie kam nie leer zurück. Dann kochte Oma Bohnenkaffee und wir ließen es uns schmecken. Gesagt – getan, wir wollten auf unserer Stadttour ebenso verfahren. Es mußte doch klappen, wir waren in deutschen Landen und hatten das dementsprechende Geld. Nun waren wir in dem Land, wo das Geld seinen Wert hatte, daß wir als Deutsche jahrelang keine Gelegenheit hatten, es auszugeben. Bald wurden wir eines anderen belehrt. Hier gab es alles auf Marken, auf sogenannte Lebensmittelkarten, die wir seit Kriegsende nicht mehr kannten. Und die hatten wir nicht, zu dem Zeitpunkt jedenfalls noch nicht.

An einer Ecke war eine Konditorei mit leckeren Torten im Schaufenster. Uns lief das Wasser im Mund zusammen. Wir betraten den Laden. Ein Stück Torte 5 – in Buchstaben: fünf – Mark. Wir sahen uns an. Unser erster Einkauf auf deutschen Boden und gleich mußten wir so tief in unser Portemonnaie greifen. Es war arg aber unser Appetit war größer. Wir kauften vier Stück Torte, für jeden von uns eins. Vater haben wir wohlweislich den Preis verschwiegen, er hätte uns für nicht ganz gescheit gehalten.

Wieder auf der Straße, sagt Mutter zu mir: „Die konnten ja hier in dem Geschäft fließend deutsch."

Ich sah sie erstaunt an und konterte: „Aber Mutter, wir sind doch jetzt in Deutschland."

Mutter war verblüfft: „Ach so, ja, na eben! Aber daran muß ich mich erst noch langsam gewöhnen!"

Um die Zeit zu überbrücken gab es abends kulturelle Veranstaltungen. Da hatte man Gelegenheit, die Einheimischen, ansässigen Altbürger von Eisenach zu beobachten. Es waren meistens Musikgruppen, die zur Unterhaltung aufspielten. Alles Amateure, sogenannte Volksmusikanten. Alle waren äußerst schlank, die Damen wie die Herren. Aber sehr gepflegt.

Uns hatte nun doch das monatelange Lagerleben gekennzeichnet. Bei allen Bemühungen, nicht gänzlich zu verwildern, ließ es sich nicht verleugnen, daß wir seit Wochen nur aus Koffern lebten. Uns fehlte seit langem die gewohnte, häusliche Sorgfalt. Unser Erscheinungsbild war sauber, aber wenig gepflegt. Untereinander war das gar nicht offenbar festzustellen. Bei Vergleichen war der Unterschied sichtbar. Die Schlankheit der Menschen hier war begründet. Nun sahen wir optisch die tatsächlichen Auswirkungen der Schilderungen aus den Briefen, die wir von unseren Verwandten nach Liegnitz bekommen hatten. Die Ernährungssorgen waren hier an den Menschen nicht spurlos vorübergegangen.

Wir hatten zu Hause nur eine gewaltige, aber kurze Durststrecke gehabt. Danach pendelte es sich langsam gut ein. Es hatte oft genug nur Naturalien gegeben. Aber das waren Nahrungsmittel. Und was sonst noch fehlte, wurde gekauft. Auf Zloty! Die hatte man, so oder so. Irgendwie kam jeder zu Geld. Daher hatten wir nicht mehr diese englische Taille wie die Menschen hier.

Aber wir sollten bald an den gleichen Lebensstil gebunden

werden, der für uns vom Standard her einen mächtigen Schritt zurück bedeutete. Lebensmittel auf Marken und Kleidung auf Bezugscheine. Dazu beschränkt Geld, da es an Verdienstmöglichkeiten mangelte. Aber das stand uns noch bevor. Erst mal irgendwo seßhaft werden. Wo nur – wo?

Die Lagerleitung organisierte einen Ausflug zur nahegelegenen Wartburg. Nur war die Jahreszeit dafür nicht gerade besonders günstig. Aber schon den Bemühungen der Veranstalter muß Achtung gezollt werden. In Eisenach und die Wartburg nicht gesehen zu haben wäre absolut frevelhaft gewesen. Alle Innenräume waren nicht geheizt und Fernsicht gab es an dem Tag unseres Besuches, durch den trüben, wolkenverhangenen Dezembertag, keine. Wir konnten nun sagen, wir kennen die Wartburg. Unsere erste Begegnung mit einem der Aushängeschilder Kulturgut DDR.

Der Quarantäneaufenthalt wurde verkürzt. Die staatlich angeordnete Gesundheitskontrolle war ausreichend, da es in unserem Durchgang keinen Verdacht auf seuchenhafte Krankheiten gab und die Verhütung der Einschleppung bewiesen war. Bereits nach acht Tagen konnte festgestellt werden,wir waren sauber und konnten auf die Menschheit losgelassen werden.

Wer nicht genau angeben konnte: wohin, wurde durch die Behörden gleichmäßig verteilt.

Da es uns nicht unbedingt aufs Dorf nach Grauingen zog, dachten wir besser zu handeln, uns mit unbestimmten Ziel mit aufteilen zu lassen.

Das war für uns alle vier ein folgenschwerer Fehler, den wir fast sechs Jahre bekämpft haben. Aber wer konnte das im voraus ahnen? Ein Sonderzug wurde bereitgestellt, für uns der letzte.

Und wieder und zum wievielten Mal schon mußten wir Mobiliar und Gepäck auf den Lkw laden und im Güterwagen verstauen. Es war noch nicht das letzte Mal. Wir verließen das Lager und dachten, diesmal endlich geordneten Verhältnissen entgegenzufahren. Doch vorläufig ein großer Trugschluß.

Am frühen Morgen des Nikolaustages verließ der Sonderzug Eisenach. Er bestand zur Hälfte aus Personen- und Güterwagen. Das Endziel war Altenburg in Thüringen? Dort sollte die Aufteilung der Umsiedler auf den Landkreis erfolgen. Die Fahrt ging unter anderem über Gera, Gößnitz bis Altenburg. Diesmal war Pussi mit im Abteil. Wir waren ja in Deutschland und einen Zoll oder irgendwelche Kontrollen gab es nun nicht mehr. Wir fuhren immer noch bis an den Bestimmungsort auf Staatskosten.

Was wir den Staat gekostet haben? Und wie waren wir oft unzufrieden und haben auf ihn geschimpft. Man ist doch immer ungehalten an der falschen Stelle. Die Fürsorge an uns war absolut administrativ aber keineswegs menschlich. Das haben wir massiv zu spüren bekommen. Man schob uns herum wie Figuren auf einem Schachbrett. Der menschliche Wille war ausgeschaltet. Der Zwang, das Muß, war vorherrschend. Eine Entfaltung der Persönlichkeit war völlig ausgeschlossen.

Gegen Mittag erreichten wir Altenburg.

Vor dem Bahnhof standen Busse. Die Familien wurden vom Zug aus etappenweise auf die bereitstehenden Busse verteilt. Außer dem Fahrer gab es zu jedem Bus einen Herrn mit einer Namensliste. Auf einer der Listen standen wir. Uns wurde mitgeteilt, daß wir vorläufig nur mit unserem Handgepäck, was diesmal wirklich nur das Allernotwendigste enthielt, zum Bestimmungsort gebracht werden. Mobiliar und Großgepäck wurde automatisch nachgeschickt. Auf unsere erstaunte Frage wann, erhielten wir nur ein Schulterzucken.

So hatten wir uns das nicht vorgestellt und so hatte uns auch niemand informiert. In den letzten Wochen und Monaten hatten wir bei allen Unbillen wenigstens unsere Habe in unmittelbarer Nähe gehabt. Und nun auf unbestimmte Zeit nur mit dem, was wir gerade auf dem Leib hatten, auszukommen, war tatsächlich ein Unterfangen. Schließlich hätten wir über so eine Verfahrensweise ordnungsgemäß informiert werden müssen. Es traf uns hart, denn die Ungewißheit ging auch hier weiter. Es gab keine Ruhe. Die Aufregungen gingen weiter, ohne bekanntes Endziel. Man verschwieg es uns wissentlich; auf die Gefahr hin (hätten wir es gewußt) wären wir unter Garantie in keinen der bereitstehenden Busse eingestiegen. Wir beugten uns der höheren Gewalt. Wir stiegen ein und bald lag die kleine Stadt hinter uns. Je weiter der Bus sich von der Stadt entfernte, wurde mir bang und schwerer ums Herz. Ich hatte so eine Vorahnung im Kopf, daß der Bus über kurz oder lang im Niemandsland enden würde. Es war aber nicht nur eine Vorahnung, es wurde bald Gewißheit.

Unser Bus hatte bereits im Dorf Beiern und im Dorf Flemmingen gehalten, wo Familien ausgestiegen waren. Mit uns harrten noch vier Familien der Verteilung.

Wir näherten uns dem Ende der Welt!

Nach der nächsten Linkskurve ging es eine Anhöhe hinauf. Straßen gab es hier nicht mehr, die hatten lange aufgehört. Es gab nur noch unbefestigte, fest- und breitgefahrene, bessere Feldwege mit großen Unebenheiten. Wir merkten es auf unseren Sitzplätzen. Der Bus bahnte sich mühsam seinen Weg auf der für ihn unangebrachten Strecke. Als wir die Anhöhe erreicht hatten, stand da als Symbol einsam und allein und weit sichtbar eine große Eiche. Es war eine Kreuzung. Rechts verlief genauso eine unmögliche Straße nach Göpfersdorf und links ging es nach Penig.

Vor uns, etwas im Tal, die Hundert-Seelen-„Idylle" Wolperndorf. Unser Endziel?

Am Horizont, so weit das Auge reichen konnte, ein Mischwaldgürtel. Das war es, das Ende der Welt!

Denn es gibt nirgends auf der Welt einen Ort, wo es keinen Übergang von einem Land in das andere gibt. Am Waldrand war Thüringen zu Ende und hinter dem Wald lag Sachsen. Wollte man das Land Sachsen erreichen, war das nur möglich auf einem Trampelpfad durch den Wald ohne jeglichen Wegweiser.

Noch heute ist auf jeder Landkarte ersichtlich, daß Wolperndorf verkehrsmäßig total in der Luft hängt. Man kommt hin, von der einen Seite, aber nicht weiter, nur wieder zurück.

Der Bus rollte langsam den sanften Berg hinab ins Dorf. Etwa in der Mitte des Dorfes, auf halber Strecke vor dem Wald, hielt er an. Die noch im Bus verbliebenen drei Familien wurden aufgefordert auszusteigen. Wir waren noch nicht an der Reihe. Nachdem die drei Familien ihr neues Domizil zugewiesen bekommen hatten, zuckelte der Bus weiter. Ich sah entsetzt auf den Weg, denn der war auf einmal zu Ende. So hielt auch notgedrungenermaßen der Bus an – am vorletzten Bauernhof des Dorfes, einen Steinwurf weit vom Wald. Nun waren wir an der Reihe auszusteigen. Wir hatten unser Endziel erreicht. Ungläubig sahen wir aus dem Busfenster. Hier sollten wir bleiben, in dieser Einöde? Womöglich für immer? Für uns unvorstellbar als Stadtmenschen. Unsere Herzen krampften sich zusammen, wir kämpften mit den Tränen. Die Beine versagten uns ihren Dienst. Wir waren wie angenagelt auf unseren Plätzen.

Hier?

Nein! Nie!

Vater und Oma stiegen trotzdem langsam aus.

Vater hatte es ganz einfach satt. Seit September nur Gemeinschaftsunterkünfte und kein geregeltes Familienleben mehr, sowie keine Hausmannskost. Nun gut, wir hatten nicht gehungert, aber das Essen kam nicht von Mutters Herd. Verständlich also, Vater trachtete nach Ruhe in den eigenen vier Wänden. Und die boten sich hier an. Bald mußten auch die Sachen kommen, dann war alles wieder im Lot. Ich aber war mit meinen eigenen Vorstellungen beschäftigt, jung und ungestüm, der „Löwe" kam durch. Er ließ sich nur schwer bändigen. Das Ego aber wurde im Keime erstickt. Ich beugte mich schließlich der Sippe, wenn auch widerwillig.

Mutter und ich blieben sitzen. Unschlüssig, das Richtige getan zu haben, standen Vater und Oma draußen vor dem Bus und beäugten die leeren und abgeernteten Felder ringsherum. Es war das einzige, was es weit und breit zu sehen gab. Alles Felder bis an den Horizont. So richtig einverstanden waren sie auch nicht mit der neuen Umgebung.

Mutter versuchte redegewandt, dem, mit einem ovalen Abzeichen am linken Revers, in dem sich in der Mitte zwei Hände reichten, versehenen Herrn (in Schlesien nannte man so eine Erscheinung „Gopsch") klarzumachen, daß wir hier auf keinen Fall ausstiegen und auch nicht beabsichtigten zu bleiben. Wie Mutter nun mit Nachdruck in der Stimme ihr Ansinnen durchzusetzen versuchte, verfinsterte sich das Antlitz des bestimmenden Herrn aufs äußerste.

Wir waren die letzten, die er unterzubringen hatte. Ausgerechnet wir leisteten Widerstand. Wir wurden direkt aufsässig und beugten uns nicht widerspruchslos. Alle anderen Familien aus dem Bus hatten sich vorbehaltlos in ihre von ihm zugewiesenen Quartiere einweisen lassen.

Nun wir wollten nicht!

Wir wollten absolut nicht!

Wir waren geborene Städter. Wir hatten immer in der Stadt gewohnt. Und nun vor uns dieses winzige Dorf am Rande der Welt?

Uns sträubte sich das Gefieder. Das für Jahre! Vielleicht für immer und ewig? Keine Bahn- oder Busverbindung zur Außenwelt! Völlig abgeschnitten von jeglichen Verkehrswegen. Waren wir hier erst einmal abgesetzt, kamen wir nie wieder weg.

Unser Zögern und Mutters Disput machte den Herrn mit dem ovalen Abzeichen nicht nur verwirrt und nervös, sondern regelrecht böse.

Hart und grob fuhr er uns an: „Sie sind jetzt Bürger der Deutschen Demokratischen Republik und haben unseren Anordnungen Folge zu leisten.“ Sprach's, zerrte Mutter und mich halb mit Gewalt aus dem Bus, in den er danach schnell selber wieder auf den Platz neben den Fahrer hineinsprang.

Rasch wendete der Bus, so gut das möglich war, auf dem schmalen, engen und durch Bauerngefährte verunebneten Weg und war bald unseren Blicken entschwunden.

Wir blieben nun tatsächlich zurück! Aller Kampf war ausgestanden. Sollte hier unsere innere Ruhe einkehren? Mit hängenden Schultern und gesenkten Köpfen standen wir vor unserem kleinen Handgepäck. Es sollte für drei Wochen unsere einzige Habe bleiben.

Pussi drängte sich ein wenig verängstigt (ob der neuen, ungewohnten Umgebung) fest an Vaters Bein. Er hob den Kopf und schnupperte. Die Luft roch fremd.

Wir drehten uns um. Es ging ein wenig bergab. Dort unten lag der Bauernhof der Familie Müller, die uns aufnehmen mußten. Kein Willkommen kam uns von da entgegen.

Wir konnten nur sagen: „Guten Tag DDR, wir sind da!“

Epilog

Bauer Müller und seine Frau waren nicht gerade begeistert, vier Erwachsene aufnehmen zu müssen. Wobei bereits das Ehepaar Melzer aus Liegnitz, welch ein Zufall, bei ihnen wohnte. Die Bauersleute hatten zwei Töchter, etwas älter als ich.

Durch ein großes Tor betraten wir den Hof des Bauerngutes. In der Mitte war der Misthaufen. Er qualmte langsam in der kalten Witterung vor sich hin und und versprühte seinen Duft. Rechts lag der einstöckige Fachwerkbau, der als Wohnhaus diente. Das Geviert wurde umschlossen von Stallungen und Scheunen.

Wir betraten das Haus. Es roch nach Kuhstall. Kein Wunder, links die Tür führte zu ihm. Im ersten Stock erhielten wir drei Kammern zugewiesen. Durch die Fenster konnten wir das gegenüberliegende Bauerngut der Familie Berger sehen.

Die erste Kammer sollte uns später als Wohnküche dienen.

Die zweite und dritte bewohnte das Ehepaar Melzer.

Die vierte wurde das Wohn- und Schlafzimmer der Eltern und das meinige.

Die fünfte winzige Kammer belegte anschließend Oma.

Es war kurz vor Weihnachten!

Wir entschlossen uns, vorerst in der vierten Kammer gemeinsam zu bleiben.

Wenn man mal „mußte", mußte man sich anziehen. Die „Bequemlichkeit" war weit. Um sie zu erreichen ging man diagonal über den Hof am Misthaufen vorbei in einen Stall. Dahinter links war eine Tür. Öffnete man sie, stand man davor. Griffbereit lag zurechtgeschnittenes Zeitungspapier in einem kleinen Holzkästchen, damit das kleingeschnittene Papier durch den Luftzug nicht wegfliegen konnte.

Hatte man sich entblößt, zog es mächtig. So, daß man gezwungen war, sich zu beeilen.

Ohne Licht, das wurde gespart. Müllers fanden alles im Dunkeln. Sie hatten recht. Hatte man die Tür vom Hof her erreicht, brauchte man nur dem Geruch nachzugehen und war dann richtig. Wir Städter „schätzten" das sehr.

Unser Handgepäck gab nicht viel her. Für das Essen sah es ähnlich aus. Vater wollte nun endlich wieder von seiner Frau bekocht werden. Ein Ofen war da. Vater bettelte beim Bauern

Feuerung. Nun wurde es wenigstens warm. Wir hatten noch keine Lebensmittelkarten. Und wenn schon. Im Dorf gab es kein Geschäft. Den Unterschied zwischen Konsum und HO sollten wir noch kennenlernen.

Zum Schlafen kein Bett und zum Zudecken keine Federbetten. Keine Tasse und keinen Teller.

Notdürftig stellte uns die Gemeinde nach Tagen Betten mit Strohsäcken zur Verfügung. Man hatte geglaubt, uns nicht weiter helfen zu brauchen, da bekannt war, wir hätten alles selbst. Aber es war noch immer nicht da.

Mir ist heute noch unklar, wie wir die Zeit bis zum Eintreffen unserer Möbel und das Gepäcks überstanden haben.

Wir unterrichteten den Bauern, auf was wir warten. Man sah uns ungläubig an. Verständlich! Leider haben vor uns die Umsiedler viel erzählt, was sie hatten und gehabt haben. Wobei jeglicher Nachweis fehlte. Man rangierte uns in die gleiche Kategorie ein. So richtig wollte man unsere Ankündigung von den erwarteten Möbeln und dem Gepäck nicht glauben.

Sahen wir denn bloß so aus als seien wir Hochstapler?

Gnädig fiel vom Bauern oder von Frau Melzer mal eine Mahlzeit ab.

Zumal zum Fest! Zum Heiligabend!

Bei uns war die Stimmung auf Null!

Nun waren wir in Deutschland, das heißt in der gerade ein Jahr alten DDR. Wir waren unter Deutschen. Aber so hatten wir uns das in den kühnsten Träumen nicht vorgestellt!

Wo sollte man hier arbeiten?

Wo sollte ich hier eine Lehrstelle finden?

Von wegen Friseur, Dekorateur, Innenarchitekt oder Kaufmann bei Edeka?

Von hier aus gleich gar nicht!

Dann mußte ich mich erst aufklären lassen, daß meine Berufswünsche die absolute Domäne der Frauen sind. An diese Gesellschaftsordnung mußten wir uns erst gewöhnen. Hier konnte nicht jeder machen was er wollte. Hier wurde bestimmt! Hier wurde diktiert!

Schließlich landete ich dann später in der Metallbranche und war mit Neunzehn der älteste Lehrling den es jemals gab.

Aber soweit war es noch nicht.

Vor Weihnachten war ich mit Mutter und Frau Melzer in das Nachbardorf Göpfersdorf zur Weihnachtsfeier gegangen. Das direkte dörfliche Leben war uns beiden fremd. Wir gingen nur mit der Abwechslung halber. Man konnte schließlich nicht nur den ganzen Tag in der Kammer sitzen.

Weihnachten war ich in Wolperndorf in der Kirche. Alle sahen mich verwundert an. Ein neues Gesicht in einem Ort, wo jeder jeden kennt. Schon mein Äußeres mußte auffallen. Ich lief immer noch in meiner Reisebekleidung herum. Gegen die Bauern, die im Festtagsstaat in der Kirche saßen, provozierte ich ungewollt zum Kontrast. Was sollte ich machen, die Sachen waren doch noch unterwegs.

Zwischen Weihnachten und Neujahr gab es eine Information, unsere Sachen seien eingetroffen und abholbereit.

Nun war all unser Hab und Gut mit der Bahn von Eisenach nach Altenburg und von da in den Zug in Richtung Narsdorf bis Langenleuba-Niederhain transportiert worden. Wer weiß mit wievielmal Umladen? Wie wird nur alles angekommen sein?

Nach Weihnachten hatte es geschneit. Wo fuhr zwischen den kleinen Dörfern am ende der Welt schon ein Schneepflug?

Vater bat Bauer Müller einzuspannen. Wir hatten keine Zeit mehr zu verlieren. Wir wollten endlich unsere Sachen. Der Bauer tat uns den Gefallen. Der Bahnhof Langenleuba-Niederhain lag gut eine Stunde Fußmarsch von Wolperndorf entfernt. Schneller schafften es auch die Pferde nicht, da es einige Steigungen und Gefälle auf den Dorfstraßen zu überwinden galt. Und dazu lag Schnee. Wo keiner lag, hatte der scharfe, kalte Winterwind die Abschnitte der Dorfstraßen in eine glatte Eisbahn verwandelt. Die Straßengräben waren zugeweht.

Die Fahrt war hin mit dem leeren Fuhrwerk ein Unterfangen. Wie sollte sich erst der Rückweg gestalten mit Ladung?

Bauer Müller staunte nicht schlecht, als er auf der Bahnstation unsere Möbel und das viele Gepäck sah. Wir waren überglücklich! Alles war wohlbehalten eingetroffen. Es fehlte nichts, und es war auch kaum etwas beschädigt. Vater und mir standen die Tränen in den Augen. Ich hätte am liebsten jedes einzelne Möbel- und Gepäckstück vor lauter Freude geküßt.

Eins war uns aber klar, alles brachten wir nicht fort mit dem Fuhrwerk. Eine zweite Fahrt machte sich erforderlich. So beschränkten wir uns erst mal auf das Notwendigste. Betten, Federbetten, Tisch, Stühle, Geschirr, Eßwaren und natürlich Kleidung.

Nun begann die beschwerliche Rückfahrt.

Inzwischen war es dunkel geworden und Straßenbeleuchtung gab es keine.

Nur gut das Vater sich im Umgang mit Pferden auskannte. Bauer Müller saß auf dem Kutschbock und hielt die Leine und bediente die Bremse. Vater führte die Pferde am Zügel und lief nebenher, damit wir nicht von den verschneiten Dorfstraßen abkamen und im Straßengraben landeten. Vorneweg ich mit der Laterne. So brauchten wir fast die doppelte Zeit.

Angekommen ging es gleich ans Auspacken. Endlich wieder ein Bett. Endlich raus aus den Sachen, in denen wir schon seit Wochen steckten.

Eine Kiste war besonders schwer. Vater und ich hatten damit unsere Mühe. Wir staunten nicht schlecht, als wir sie öffneten. Da hatten Mutter und Oma wohl des Guten zuviel getan. Wir glaubten unseren Augen nicht zu trauen, was uns da entgegenkam. Zwei große, gußeiserne Bratpfannen, wo immer die Kaninchen drin gebraten worden sind, die Bibel, und alles fein säuberlich aufgefüllt mit Steinkohle.

Mann, o Mann – unsere Frauen!

Am anderen Morgen die gleiche Prozedur noch einmal. Nur diesmal ohne Laterne. Nun hatten wir drei schon Routine. Endlich war alles geschafft. Im Dorf verstummten die Klatschweiber. Unsere Sachen waren Wirklichkeit geworden.

Am 4. Januar 1951 fuhr ich mit Oma nach Meerane zum Geburtstag ihrer Schwiegertochter und zum Wiedersehen nach sechs Jahren. Wir mußten dafür in entgegengesetzter Richtung von Wolkenburg aus abfahren. Wieder eine Stunde Fußmarsch bis zum Bahnhof, wo wir dann unterwegs noch umsteigen mußten, um Meerane zu erreichen. Wieder eine Stunde durch den Wald und durch den Schnee gestapft. Und das mit Oma. Sie fiel mehrmals hin. Aber weich, der Schnee nahm sie sanft auf.

Als wir reisefertig angezogen in unseren guten Sachen den beiden Bauerstöchtern auf dem Hof begegneten, bekamen sie vor Staunen über unser Aussehen den Mund nicht wieder zu und es blieb ihnen die Luft weg, unseren Gruß zu erwidern.

Sie sahen uns noch lange nach wie einer Fata Morgana, trotzdem ich das Hoftor längst hinter uns geschlossen hatte.

Johanneskirche, Liegnitz 1957